엄마테크,
돈 잘 버는 엄마들의 온라인 출근 로드

엄마테크,
돈 잘 버는 엄마들의 온라인 출근 로드

강민영 | 박지숙 | 안지희 | 윤소영 | 조여정 | 허지영 지음

SNS
네이버카페
유튜브
디자인툴
공방
셰어하우스로
수익 창출하기

서문

이 책은 6명의 블로그 이웃이 함께 집필했다. 이 블로거 6인의 모임 이름은 '심나프', 심장이 나대는 프로젝트라는 뜻이다.

우리는 '언젠가 내 이름으로 책을 출간하고 싶다'는 생각을 막연히 가지고 있었다. 사실 2020년에 각자의 이름으로 전자책을 출간한 경험이 있지만 이번에는 각자의 콘텐츠로 괜찮은 종이책을 만들기 위해 모였다. 우리는 블로거라 글을 쓰는 것이 일상이지만, 이번 종이책엔 일상에 진심까지 더해 우리가 진정으로 하고 싶었던 이야기를 가득 담고 싶었다. 생각하는 대로 저지르는, 온라인 활동에 진심인 6명의 엄마들. 이들과 함께 했기 때문에 나는 이 책을 준비하는 내내 심장이 두근거렸다.

《엄마 테크, 돈 잘 버는 엄마들의 온라인 출근 로드》가 출간되기까지 작업을 도와주신 조력자 두 분이 있다. 출간 경험이 많은 김연주 작가와 선배 작가이자 팀의 막내인 김나현 작가다. 이 두 분은 공동 저자 6명을 이미 잘 알고 있어 콘텐츠별로 어떤 내용의 원고가 들어가면 좋을지 구체적인 의견을 주었다. 이렇게 우리의 책은 여러 사람의 손을 거쳐 완성도가 올라갔다.

저자 6명은 각각 다른 지역, 다른 환경에서 생활하는 사람들이다. 그 중에는 전업주부도 있고 워킹맘도 있다. 이렇게 상황이 다른 6명이 어떻게 모일 수 있었을까? 그건 바로, 결혼하고 아이를 낳기 전까지 내로라하는 능력으로 인정받으며 열심히 살아온 여자였다는 공통점이 있었기 때문이다. 그리고 한 번도 경험해 보지 못한 육아를 하느라 이전의 삶과는 다른 인생을 살게 되었다는 점도 있다. 우리는 육아에 치이는 그 바쁜 와중에도 희망을 놓지 않고 어딘가에는 지금보다 괜찮은 삶이 있을 거라는 믿음으로 온라인 세상에 빠지게 되었다. 그리고 세상의 눈을 의식하기보다 항상 자기 자신을 돌보고, 자기 자신을 더 사랑했다.

이 책에선 6명의 저자가 사이드 잡을 통해 수익을 올리는 현실적이고도 구체적인 방법을 소개한다. 심나프 멤버는 모두 본인의 블로그를 운영하며 자기만의 콘텐츠로 돈을 벌고 있다. 우리가 그동안 쌓아 온 경험과 노하우를 책으로 만들자고 했을 때, 우리 중 누구도 '이 책을 읽고 따라한 독자가 혹시 나보다 잘되면 어떡하지?'라고 생각하지 않았다. 오히려 우리가 온라인 활동을 시작한 이유와 아무도 알려 주지 않는 상황에서 우여곡절을 담은 각자의 스토리를 이야기함으로써 독자와 저자 서로가 서로의 파트너가 되기를 소망한다. 우리가 지금 억대 연봉을 벌고 있는 것은 아니지만 월급 외에 다양한 수입 파이프라인을 만들었고, 그 덕분에 용돈과 간식비를 조금 자유롭게 쓰고 있을 뿐이다. (간식을 어디서 먹느냐는 사람마다 다른데, 나의 경우는 '포시즌스 호텔'에서 밥값보다 비싼 빙수를 먹는 것이 목표다.)

온라인 활동을 하며 소중한 경험과 자존감 그리고 소중한 사람들을 얻었다. 열심히 살아도 항상 제자리에 머무르는 것 같았던 내가 온라인에서의 활동을 통해 바닥이었던 자존감을 스스로 회복하게 되었다. 경력이 단절된 전업주부나 워킹맘도 마찬가지다. 그리고 이러한 과정에서 만난 소중한 이들 덕분에 내 이야기를 하나의 콘텐츠로 만들어 낼 수 있었다. 우리 중 어느 한 사람도 온라인에서 활동하며 돈 버는 방법을 따로 배운 적은 없었다. 다만 더욱 성장하고 싶은 마음과 잘 살고 싶은 마음과 스스로에 대한 믿음을 가지고 시작한 일에 뜻을 함께하는 사람들이 모여 아름다운 결실을 만들어 낸 것이다. 그리고 앞으로도 우리는 이 콘텐츠를 계속 성장시켜 '내 것'으로 만들어 갈 것이다.

이 책을 보며 해 보고 싶은 것이나 할 수 있다고 생각되는 것이 있다면 일단 무조건 시작해 보자. 다른 사람의 허락은 필요 없다. '내가 이걸 왜 해야 하지?'라는 질문에 대해 스스로 이유를 가지고 있고 용기만 있다면 충분히 가능하다. 여러분 가까이에서 '심나프'를 만들어 보길 바란다. 이유를 찾으며 계획하는 것보다 일단 저지르고 수습하는 방식을 선호하는 사람이라면 무조건 시작하는 것도 좋은 방법이니 각자의 방식으로 우리 함께 성장해 나가자. 여러분의 새로운 도전을 응원한다.

여섯 엄마를 대표하여, 안지희

저자 소개

윤소영(해피스완)
블로그, 인스타그램, 전자책

스타트업에서 마케터로 근무 중인 워킹맘이며, 온라인에서의 다양한 수익화 경험을 담아 《사이드잡으로 월급만큼 돈 버는 법》을 출간한 저자입니다. 네이버카페 '콘텐츠 협업체'의 리더이며, '어피티', '퍼블리' 등 다양한 플랫폼에서 활동하고 있습니다.

- blog.naver.com/ajiyoon
- cafe.naver.com/doubleline22
- @happyswan_hue

강민영(마인드카소)
캔바

프로덕트 디자인을 전공한 프리랜서입니다. 캔바를 통해 '꿈을 디자인하는 드림보드 만들기 프로젝트' 및 SNS 콘텐츠와 관련된 디자인 협업을 진행하고 있습니다.

- blog.naver.com/frissday
- @design_caso
- @mindcaso

조여정(여정포레스트)
원데이 클래스, 인스타그램

19년차 치과위생사이자 '여정포레스트' 공방 대표입니다. '한국 자이언트얀 협회' 대표이자, 온라인 클래스 강사로 활동하고 있습니다.

- blog.naver.com/14october
- @yj.forest

박지숙(줄리썸머)
네이버카페

잊고 살던 나와 친해지기 위해서 매일 그림일기를 쓰고, 고전을 필사하며 뒤늦게 인생 공부를 합니다. 어른들의 유치원을 모티브로 한 네이버카페 '킨더줄리'를 운영하며 우리의 일상을 향기롭게 가꾸기 위해 힘쓰고 있습니다.

- blog.naver.com/suki5844
- cafe.naver.com/kinderjulie
- @julie_dsummer

허지영(허지영TV)
유튜브, 키네마스터, 멸치, 인스타그램

키네마스터 강사이자 《세상에서 가장 쉬운 영상 편집 2시간 만에 유튜브 크리에이터 되기》의 저자입니다. 현재 공공기관, 기업, 교육청에서 강사로 활동하고 있습니다.

- blog.naver.com/woojunjjang
- @salonde_jiyoung
- youtube.com/c/허지영TV

안지희(진심으로클레오)
셰어하우스

두 아들을 키우는 워킹맘입니다. 본업 외에 사이드 잡으로 돈 버는 일에 관심이 많아 현재 대학가에서 셰어하우스를 운영하고 있습니다.

- blog.naver.com/cleoahn
  blog.naver.com/cleo_sharehouse
- @cleo_sharehouse

추천사

여섯 명의 저자는 모두 블로그에 조각 글을 올리다가 만난 사람들입니다. 연령대, 사는 지역, 하는 일까지 모두 다르죠. 그런데도 서로 의기투합하여 6인 6색의 독특한 책을 만들어 냈습니다. '그 사람의 신발을 신고 걸어 보기 전에는 그 사람에 대해 판단하지 말라'는 속담이 있습니다. 여섯 명의 저자는 원고를 쓰는 동안 기꺼이 서로의 신발을 바꿔 신으며 상대방의 인생 속으로 걸어 들어가 보고 때론 힘들고 아프기도 했을 지난 시간을 어루만져 주며 서로의 삶을 더 깊게 들여다보았습니다. 이제 여섯 명의 저자는 자신들이 가장 잘 할 수 있는 일을 바탕으로 독자 여러분께 다가가려 합니다. 이 한 권의 책이 독자 여러분과 여섯 저자의 삶을 연결하는 통로가 되어 주길 기대하며, 독자와 저자가 서로를 지지해 주는 친구가 되면 좋겠습니다.

《내가 유난히 좋아지는 어떤 날이 있다》 외 동화작가 **김리하**

'옆집 엄마는 어떻게 돈을 벌까?' 그 궁금증을 속 시원하게 풀어 주는 여섯 엄마의 스토리와 함께, 위기의 순간을 기회로 바꿔 돈을 벌게 된 저자 여섯 명의 노하우를 공개합니다. 평범한 엄마가 시간과 공간의 한계를 벗어나 온라인 출근 로드를 만들어 간 과정을 하나하나 따라 하다 보면, 독자분들도 엄마라는 이름에 가려져 있던 '나'도 찾고 '돈'도 버는 '엄마테크'를 시작하게 될 것입니다. 거창하지 않아도 괜찮습니다. 지금 내 자리에서 할 수 있는 것부터 조금씩 실천해 보세요. 온라인에서의 경험과 시간이 쌓이면 이전과는 전혀 다른 삶을 살아가게 될 것입니다.

《엄마를 행복하게 하는 자존감 수업》 저자 **김나현**

베타 리더 추천사

　이 책은 나 자신을 먼저 알고 나를 사랑하는 것에서부터 세상이 바뀔 수 있다는 것을 알려 준다. 나는 10년 동안 아이 네 명을 육아하며 '○○의 엄마', '○○의 아내', '○○의 며느리'로 지내 왔다. 아이들에게 최선을 다하는 동시에 남편의 사업이 잘되어야 한다는 책임감으로 끊임없이 내조하는 세월 속에서, 나는 어느새 순종적인 며느리가 되어 있었다. 남편은 나와 늘 연애하는 마음으로 살기를 바랐지만, 아이들이 조금 더 크면 그때 우리가 하고 싶은 것을 하자며 미뤄 왔다. 육아하는 동안 내 욕심을 채우는 것은 지극히 이기적인 것이며 나쁜 엄마라고 생각하며 참았다. 그렇게 11년 동안 나의 모든 것을 내어 주고 이제 시간적 여유가 생겨 본격적으로 '나'로 살아갈 준비를 하였으나, 막상 나는 내가 누구며, 무엇을 좋아하고 잘하는지 어떤 것을 할 때 행복한지 아무 것도 알지 못했다. 그저 내 이름 세 글자만 남은 텅 빈 내 속을 무엇으로 채워야 할지 몰라 날마다 눈물로 보내고 있었다.

　그런데 이 책의 여섯 저자는 나를 다시 움직이게 했다. 나와 비슷한 사연을 읽으며 위로와 공감을 얻었고, 책의 문장들을 통해 할 수 있다는 용기를 얻어 첫발을 내디딜 수 있었고, 할 수만 있다면 책의 내용을 꼭꼭 씹어 내 것으로 만들어 소화하고 싶었다. 저자들의 경험담을 따라가며 이 책을 통해 많은 사람이 자신의 원하는 일을 찾고, 그 일을 통해 행복을 얻을 수 있겠다는 희망도 품게 되었다. 나 자신과 육아의 현실과 미래 사이에서 고민하는 우리에게 이 책은 좋은 지침서가 되어 줄 것이다.

네 아이의 엄마이자 나를 다시 마주하기 시작한, **김동현**

경단녀에서 벗어나 첫 출근을 하던 날 갑자기 시작된 아이의 고열, 3개월 꼬박 열심히 준비한 자격증 시험을 앞둔 어느 날 시작된 아이의 어린이집 등원 거부 등 일과 육아 사이의 힘겨운 줄다리기를 몇 차례 겪으면서 나는 더 이상 일하기 위해 노력하는 것을 그만두었다.

'엄마는 일을 하면 안 되는구나.'

물론 든든한 남편과 사랑스러운 아이의 모습을 보며 하루하루 행복했지만 내가 아닌 그들을 앞세운 내 인생은 어쩐지 공허하고 불만족스러웠다.

전업주부, 경단녀, 평범한 직장인이었던 이 책의 저자들은 어떻게 온라인에서 영향력을 행사하며 수익까지 창출하게 되었을까? 현재의 화려한 모습 뒤에 가려진, 시련과 고난이 가득했던 시작점과 시행착오로 힘들었던 순간들을 진솔하게 풀어 낸 그녀들의 이야기에 같이 울고 웃었다. 그리고 '온라인 세상에서는 일과 가정의 조화를 이룰 수 있으니, 나도 다시 일을 할 수 있겠다!'는 생각을 하게 되었다.

에세이와 실용서를 오가는 이 책은 기초적인 SNS 시작 방법부터 동영상 편집과 콘텐츠 디자인 툴 사용법, 그리고 원데이 클래스와 셰어하우스 운영 노하우까지 알차게 담고 있다. 책을 읽다 보면 저절로 따라 하고 싶고, 나와 맞는 '엄마테크'의 길이 보인다. 이 책 한 권으로 누구나 시작할 수 있다. 엄마는 당연히 할 수 있으니까!

온라인 출근을 준비하는 엄마, **김영화**

이제 막 온라인에서 건물을 짓기 시작한 나에게 이 책의 한 문장 한 문장은 감탄의 연속이었다. 이 책은 막연하게 온라인으로 돈을 벌 수 있다고 말하지 않는다. 다만, 여섯 명의 저자가 직접 실행하고 경험한 방법들을 자세하게 풀어내서 '나도 도전해 볼 수 있겠다, 해 보고 싶다'라는 생각이 들게 한다. 아이를 키우는 엄마의 이야기에 공감하며 함께 눈물을 흘리다가, 힘든 터널을 고군분투하며 지나 온 이야기에서는 무릎을 치며 '아! 정말 대단하다'라는 감탄사가 입 밖으로 절로 나왔다.

포스트 코로나로 모든 것이 온택트(Ontact)화 되고 있다. 이제는 온라인에 접속하지 않으면 살아남기 힘든 세상이다. 블로그, 인스타그램, 유튜브, 브런치 등 이미 많은 사람이 SNS 채널에 포진되어 영역을 선점하고 있다. 하지만 선점한 사람이 많다고 해서 주눅들 필요는 전혀 없다. 생산자가 많은 만큼 그 채널의 소비자 또한 계속 증가하기 때문이다. 그렇다면 과연 어떻게 온택트 시장에서 살아남을 수 있을까?

엄마테크와 함께 지금 당장 시작해 보자. 늦었다고 생각할 때는 진짜 늦은 것일 수 있지만, 앞으로 남은 날 중에서 가장 빠른 날은 바로 '오늘'이다. 지금 시작한다면 1년 뒤에는 오늘을 떠올리며 '엄마테크로 저도 다시 일 시작하고 돈도 벌었어요. 여러분께도 강력히 추천합니다'라는 글을 쓰게 될 것이다. 결혼과 출산 등으로 경력이 단절되어 다시 일하고 싶지만 막막한 분, 온라인에서 이제 막 집 짓기 기초 공사를 시작한 분, 엄마가 할 수 있는 사이드 잡이나 재테크 방법이 궁금한 분은 이 책 한 권으로 다양한 아이디어를 얻을 수 있을 것이다. 내 주위에도 다시 일을 시작하고 싶지만 어디서부터 어떻게 시작해야 할지 모르는 여성들이 많은데, 그 해답으로 이 책을 자신 있게 추천한다.

온라인 건물을 짓기 시작한 미래의 온라인 건물주, **문소영**

엄마테크, 6인 6색 여성들의 삶을 재구성하는 글쓰기

한국 사회에서 아내, 며느리, 엄마로 살아가는 일은 녹록지 않다. 그런 의미에서 다양한 환경에서 자라난 6인 6색의 저자가 자기 자신을 찾는 과정을 기록하고 진정한 내가 누구인지 알아가는 과정이 담긴 이 책은 보는 내내, 내 마음을 뭉클하게 했다. 특히나 '자신만의 방'을 공유하는 여섯 저자의 이야기가 참 좋았다. 끊임없이 일과 삶에 대해 치열하게 고민하는 우리에겐, 그녀들이 쌓아 온 개방적이고 따뜻한 협업과 연대가 필요하다.

나는 결혼, 임신, 출산 등 다양한 이유로 일을 지속하지 못하는 여성들이 이 책을 꼭 읽어 보았으면 한다. 불확실, 모호, 변동, 복잡이란 단어가 우리의 마음을 지배하는 이 시대에, 우리 여성들이 참여하는 활동은 매우 중요하기 때문이다. 내년에 두 번째 스무 살을 맞이하여 사회 재진출과 전문적인 직업인으로 어떻게 살아가야 할 지 고민하는 나에게 시의적절하게 와 준 《엄마테크, 돈 잘 버는 엄마들의 온라인 출근 로드》, 이 책에게 감사의 마음을 전한다.

곧 두 번째 스무 살을 맞이하는, 신향주

전업주부로 15년, 아이 챙기는 일을 가장 우선으로 하며 살아 왔다. 그 시간은 대체할 수 없는 소중한 시간임을 알지만, 아이들이 커 가면서 내 시간이 많아진 요즘이 되어서야 '그동안 내 자신을 잃고 살지는 않았나' 하는 생각이 들었다. 내가 좋아하는 일을 할 때는 망설임이 생기지만, 정작 아이들이 좋아하는 일에는 막힘 없이 몰두하고 있었던 것이다. '이제는 내 자신을 찾고, 소소하더라도 나만의 경제적 자유가 필요하다'고 생각할 즈음에 이 책을 만났다.

파이프라인을 구축하고 싶다는 생각만 앞서고 막상 어떻게 실행에 옮겨야 할지 너무 막막했는데, 이 책에는 이미 다양한 분야에서 자리 잡은 여섯 저자의 이야기가 담겨 있다. 그리고 그녀들의 이야기를 발판으로 수익 파이프라인 구축 방법을 구체화할 수 있어서 좋았다. 내가 지금 고민하는 것들을 저자들도 과거에 고스란히 고민해 왔다는 점과 '늦은 것이 시작하지 않는 것보다 더 낫다'는 말에 용기를 내어 이제 나도 한 걸음 내디뎌 보려 한다. 이 세상의 모든 엄마를 응원한다.

경제적 자유를 향해 첫걸음을 내딛은 주부9단, 이정원

차례

서문 002
저자 소개 005
추천사 007
베타 리더 추천사 008

Part 1
SNS에서 어떻게 영향력을 만들어 가는가?
· 윤소영 ·

육아 기록이 없어 항상 미안한 엄마 016 • 이 모든 시작은 네이버 블로그로부터 022 • 나의 경험이 묻어나는 콘텐츠 주제 찾기 029 • 온라인에서 나의 재능을 드러내는 노하우 036 • 나의 포트폴리오가 되는 SNS 만들기 042 • '느슨한 연대'와 실행의 힘 048

Part 2
캔바로 부활한 디자인 경력, 꿈까지 깨워 내다
· 강민영 ·

플리마켓으로 운영했던 개인 브랜드를 폐업하며 결심했던 세 가지 062 • 누구나 SNS 콘텐츠 디자이너가 되어야 하는 시대 067 • 온라인 디자인 플랫폼 캔바로 부활시킨 나의 경력 076 • 나만의 프로젝트와 디자인 협업하는 법 083 • SNS 콘텐츠 디자인 기초 089 • 캔바 템플릿을 활용한 섬네일과 카드뉴스 제작 노하우 100

Part 3
온택트 시대, 온라인 클래스로 수익 창출하기
· 조여정 ·

경단녀 벗어나기 – N잡러 시대 114 • '하루 15분'이면 충분해 – '15분의 기적' 실천하기 121 • SNS 시작해 보기 125 • 원데이 클래스 129 • 원데이 클래스 성공 노하우 133 • 인스타그램은 한계가 없다 140

Part 4
재구독을 부르는 온라인 카페 노하우, 결국은 관계
· 박지숙 ·

엄마도 '나만의 공간'이 필요해 – 블로그 150 • 절대 포기하지 않아, 나로 사는 삶 157 • 구해줘 홈즈: 블로그라는 나만의 시공간에 일기 쓰기! 164 • 온라인에 마련한 내 집: 꾸준한 블로그 인증에서 온라인 카페 오픈까지 174 • 블로그와 온라인 카페로 출근하기 185 • 재구독을 부르는 온라인 카페 운영 노하우 – 관계의 달인이 되어라 195 • 카페에서 함께 프로젝트를 하는 이유 202

전업주부 13년 차, 내가 잘하는 것은 무엇일까? 210 • 온라인으로 출근합니다 217 • 구독자 500명 유튜버의 수익화 노하우 223 • 스마트폰으로 유튜브 시작하기 230 • 10분 만에 크리에이터 되기 239 • 멸치 앱으로 유튜브 오프닝 영상 만들기 246 • 요즘 대세 숏폼(Short-Form) 콘텐츠 263

Part 5
구독자 500명 유튜버의 수익화 노하우
· 허지영 ·

Part 6
워킹맘이 셰어하우스를 시작하면서 얻은 것들
· 안지희 ·

알바생부터 점주까지 276 • 셰어하우스, 왠지 내가 찾던 사이드 잡인 것 같아 287 • 셰어하우스 대표, 진심으로 클레오입니다 292 • 인하대 대표 클레오 셰어하우스 304 • 나도 셰어하우스 창업해 볼까? 313 • 한달에 2시간 일하고 월 50만원 버는 시스템 323

Part 1

SNS에서 어떻게 영향력을 만들어 가는가?

윤소영
해피스완

#온라인수익화
#SNS콘텐츠

SNS에서
어떻게 영향력을
만들어 가는가?

사용 툴 ✦ 블로그, 인스타그램, 전자책

윤소영(해피스완)

육아 기록이 없어 항상 미안한 엄마

나는 요즘 유행하는 N잡러(2개 이상의 직업을 가진 사람)다. 18년의 경력을 가진 워킹맘이자 블로그와 인스타그램을 기반으로 사람들이 SNS를 쉽게 활용할 수 있도록 알려 주는 사이드 잡을 하고 있다. 그리고 나의 블로그와 인스타그램에서 인연을 맺은 분들과 활동하는 '콘텐츠 협업체'의 리더이기도 하다. 콘텐츠 협업체라는 약 300여 명의 회원이 활동하는 커뮤니티로 사업을 하는 사람, 수익화 모델을 찾는 사람, 일상을 기록으로 남기는 사람 등 다양한 사람들이 모여 서로의 좋은 일은 축하해 주고 격려를 아끼지 않는다.

나는 꾸준히 기록하는 사람이 되고 싶다. 그리고 어떤 상품을 잘 판매하며, 누군가에게 어떤 일이 있을 때 가장 먼저 의논하고 싶은 사람이 되고자 오늘을 살아가는 중이다. 그러나 과거의 나는 아이가 폭풍 성장을 하던 출산휴가, 육아휴직의 시기에 그 흔한 육아일기조차 남기지 않은 그런 엄마였다.

올해 초등학교 4학년인 아들을 보고 있자면 아가 시절 기록이 없어 조금은 미안한 마음이 든다. 물론 살아가는 데 육아일기가 꼭 필요한 것은 아니지만 말이다.

[마케터로 활동했을 당시 참여한 컨퍼런스]

얼굴이 빨개지도록 애써서 몸을 뒤집고 기저귀 서랍을 헤집으며 신나게 웃던 아이에 대한 기억들이 내 머릿속에만 있다는 건 아쉬운 일이다. 하루하루 달라지는 아이의 모습을 보면서 하루에도 수십 장씩 사진을 찍었지만, 지금은 노트북 어딘가에 깊이 저장되어 있을 뿐 꺼내 본 적이 없다.

엄마라는 이름을 처음 얻었던 시점에는 아이와 나를 위한 고귀한 행동이라며 아이의 성장 기록을 손으로 적어 내려갔다. 그러던 어느 날, 마땅히 아이의 변화가 주제여야 할 그 노트를 다시 들춰 본 나는 적잖이 부끄럽고 당황스러웠다.

쏘서(신생아 놀이기구), 공갈 젖꼭지, 젖병 소독기, 한복, 신발, 물티슈를 샀다.

그 육아일기엔 아이의 작은 변화 대신 내가 구매한 물품들이 우리 집에 도착했음을 알리는 이야기들만 가득했다. 이후에도 육아하면서 짬이 날 때마다 육아일기장을 한두 번씩 들춰 보았지만 여전히 '육아 아이템 구매 기록장'이 되는 걸 보면서, 기록하는 행위 자체를 그만두겠다고 쉬운 타협을 했다. 나는 아이를 낳기 전에는 별다른 취미나 취향 없이 직장만 다녔다. 규모가 제법 큰 회사였기에 특별한 관심사가 없어도 사건 사고를 일으키는 조직 구성원으로 인해 지루할 틈이 없었기 때문이다.

하지만 출산휴가와 육아휴직으로 나에게 갑작스럽게 많은 시간이 생겼다. 게다가 산후조리원에 있던 날부터 시작된 남편의 지방 근무로, 월요일부터 금요일까지는 온전히 나와 아이만의 시간이었다. 온종일 신생아와 말 한마디 없이 지내야 해서 조금은 심심하고 외로웠기 때문일까. 특별히 육아 정보를 얻을 방법이 없던 나는 자연스럽게 지역 맘 카페에 회원가입하고 그곳에서 추천하는 육아 필수 아이템을 하나둘씩 구매하기 시작했다. 어쩌면 날마다 반복되는 것 같았던 아가의 모습보다는 택배 아저씨가 배송해 준 물건들이 나에게는 더 큰 변화였기에 기록했던 걸지도 모른다.

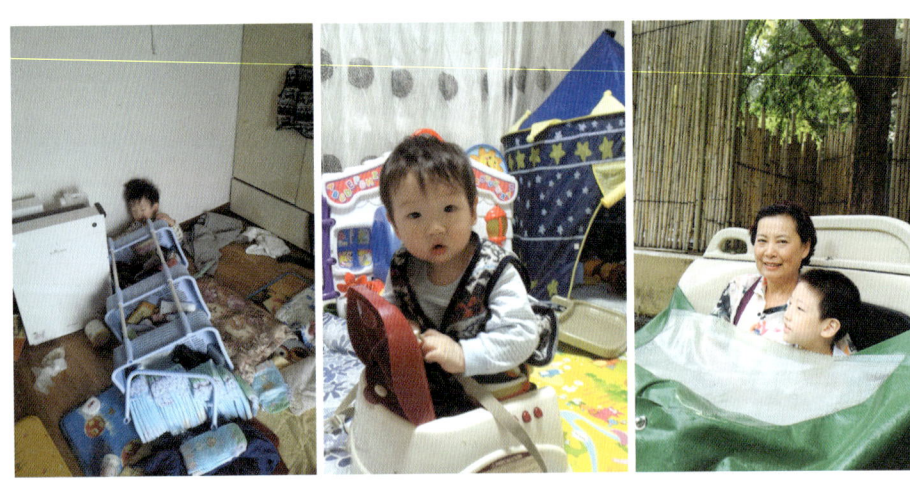

[육아 전시장 같았던 우리집과 아이의 폭풍 성장기 모습]

'좀 더 유용하고 다양한 것을 남들보다 저렴하게.' 이건 어느 쇼핑몰의 캐치프레이즈가 아닌 나의 소비 다짐이었다. 국내 인터넷 쇼핑은 물론 해외 직구, TV홈쇼핑, 블로그 공동구매, 동네 아울렛의 특가 세일 등 온·오프라인을 넘나들며 '언젠가 필요할 것 같은' 무언가를 찾아 헤맸다. 그뿐만이 아니었다. 구매한 맘 카페 추천 아이템을 몇 번 사용해 보고 나의 기대와 다르면 바로 중고 시장에 내놓았다. 중고 물품 거래는 생각보다 손이 많이 간다. 깨끗하게 씻는 것은 기본이요, 사진을 찍고 소개 글을 쓰고 가격을 정해야 한다. 누군가 내가 올린 물건에 관해 물어보면 대답해 주고 입금받을 은행 계좌번호도 알려 줘야 한다. 그 후엔 단단하게 포장해서 택배로 부치거나 직거래를 위해 장소를 정하기도 한다. 아기 띠를 맨 채 아이와 함께 직접 구매자를 만나러 나가기도 했다. 이런 활동들이 그 당시 나에겐 세상과 소통하는 유일한 통로였다.

그렇게 갓난쟁이와 하나가 되어 지내던 중 지역 맘 카페 모임에서 파워 블로거라 불리는 한 엄마를 알게 되었다. 사람들 말에 따르면 우리 동네의 식당 이름을 검색하면 포털 화면에 그녀가 기록한 글들이 노출된다고 했다. 그 덕분에 다양한 무료 서비스를 받는 대단한 사람이라는 것이다. '무료로 신제품을 쓸 수 있다고?' 귀가 번쩍 뜨이는 것 같았다. 나야말로 직장에서 계속 콘텐츠를 만들고 편집하던 사람이 아닌가? 파워 블로거를 보고 있자니 나도 해 보고 싶다는 마음이 생겼다. 육아휴직 기간에도 카드 값이 줄지 않아 고민이던 나에게 굉장히 기쁜 소식이었다.

이런 사심을 가지고 시작한 네이버 블로거 생활은 어렵지 않았다. 내가 구매한 것들의 기록이 정보가 되는 블로그 공간. 특히 해외 직구 방법이나 사이즈 정보, 리뷰를 올리면 고맙다는 댓글이 달리는 것을 보며 나도 무언가 의미 있는 일을 해낸 것 같아 뿌듯했다. 아이와의 스튜디오 촬영을 비롯해 다양한 신제품을 무료로 사용할 수 있어 신났던 날들이었다. 개인적으로 연락하는 사이는 아니었지만, 그 파워 블로거 엄마를 이긴 것 같은 생각도 들었다.

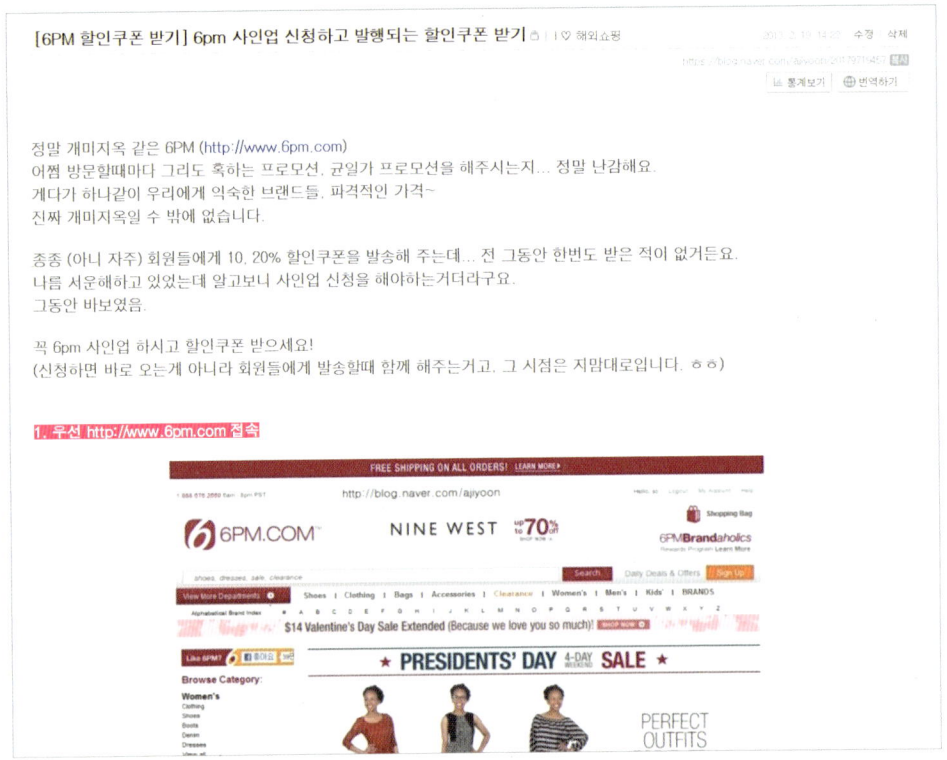

[해외 직구에 대해 설명한 포스팅 화면]

[블로그 체험단으로 진행했던 청담동 스튜디오 두 돌 사진]

그런데 딱 거기까지였다. 블로그에 글을 쓴다는 건 내 마음에 드는 것을 사서 대충 적는 것과는 다른 차원이었다. 어설픈 영어 실력으로 외국 쇼핑몰을 뒤지며 하는 포스팅은 생각보다 많은 시간이 필요했다. 게다가 나는 돌도 안 된 아이를 키우는 엄마이지 않은가? 칭얼거리는 아이를 달래 가며 노트북에 매달려 있기엔 시간이 부족했다. 문득 내가 지금 무엇을 하고 있는 건지 회의감이 들기도 했다. 그러던 중 육아휴직이 끝났고 회사에 복직하게 되면서 자연스럽게 블로그 세계를 떠나게 되었다. 1년 가까이 블로그를 운영했지만, 그 공간을 통해 특별히 소통하는 사람은 없었다. 그래서 블로그를 그만둔 후에도 '왜 그만두었냐, 글을 못 봐서 아쉽다' 같은 말을 해 주는 사람 역시 한 명도 없었다.

그래서인지 나는 내 블로그에서의 소통에 힘쓰기보다 맘 카페 안의 유명한 사람들을 동경했고, 누군가의 고민에 진지하게 댓글을 달며 카페 회원등급을 올리고자 부단히 노력했었다. 회원등급이 뭐라고…. 그때의 나를 만난다면 맘 카페가 아니라 나의 플랫폼에 기록하라고 두 손 꼭 잡고 이야기하고 싶다. 블로그 같은 플랫폼도 좋고 손으로 적는 공책, 노트북의 한글 프로그램 등 어떤 것도 상관없다. 온전히 내가 소유할 수 있는 것에 편하게 기록하면 된다. 맘 카페는 그 카페 운영자의 소유이자 수익화 모델이다. 나의 플랫폼이 우선순위고 내가 위안받을 수 있는 커뮤니티는 2순위임을 잊지 말자. 과거의 나처럼 맘 카페 생활을 최우선에 두지 말라는 것이지 '함께하는 집단의 힘'을 부정하는 것은 아니니 오해하지 않기를 바란다.

물론 나는 그 시간을 후회하지는 않는다. 흐지부지하게 끝난 그 흑역사 시절을 '이렇게 하면 안 된다'는 예시로 이야기해줄 수 있기 때문이다. 중독에 가까웠던 쇼핑 취미 덕분에 필요하지 않은 물건을 쌓아 두는 것은 부질없다는 것과 한번 할인한 제품은 또 싸게 판다는 교훈을 얻었다(핫딜은 돌고 돈다!). 그리고 구매 형태를 즐기는 소비자였기에 무언가를 팔고자 하는 사람들에게 구매자의 마음을 자세히 알려 줄 수 있다. 그때의 경험으로 다른 사람에게 도움을 줄 수 있다는 건 참 감사한 일이다.

아이가 커 버린 지금, 유아기 아이를 둔 엄마들의 아지트인 그 맘카페는 더이상 가지 않는다. 그렇게 열심히 활동했지만, 아쉽게도 그때의 인연을 지금까지 이어 온 사람도 없다. 다만 외로웠던 집중 육아기에 그 맘카페는 내게 큰 위로가 되었고, 그것만으로도 그 시절 맘카페에 충성했던 내 자신에 대해 후회는 없다. 하지만 시간이 흘러 그때는 몰랐던 것을 깨닫고 난 지금, 마음 한구석에 있는 아쉬움은 어쩔 수 없다. '그때 이것들을 알았다면 좀 더 근사한 내가 되지 않았을까'라는 부질없는 마음만이 미련으로 남을 뿐이다.

이 모든 시작은 네이버 블로그로부터

나는 2019년 여름부터 네이버 블로그를 통해 사람을 모집하여 블로그, 인스타그램 수업을 진행하고 있다. 수업을 진행하다 예전의 나와 같은 엄마들을 만나면 그 시절 생각이 나서 더욱 응원하게 된다. 아이를 키우는 상황도 비슷할뿐더러 과거의 나처럼 비효율적으로 블로그 운영을 하는 사람이 많기 때문이다. 지금의 내가 그 시절의 나를 만난다면 무슨 조언을 해 줄 수 있을까? 물론 미숙했던 집중 육아기에 대한 총체적 아쉬움은 남지만, 여기에서는 나의 온라인 생활에 관한 이야기만 다루고자 한다.

SNS의 기능을 잘 아는 것보다 더 중요한 것은 온라인 세상의 '재미'를 느끼는 것이다. SNS를 해야 하는 이유와 재미를 알게 되면 기능적인 부분은 검색하는 노력과 시간을 투자하여 쉽게 익숙해질 수 있다. 재미는 비슷한 사람들과 소통하며 함께 성장하는 즐거움, 수익화로 경제적 이익을 얻는 안정감 등 여러 가지가 있는데, 특히 나는 자신의 방향을 찾아가며 적게라도 수익화가 되어야 블태기(블로그 권태기)를 이기고 오래오래 온라인 세상을 즐길 수 있다고 믿는다. 평소 이런 생각을 하고 있기에 나를 선택해 준 사람들이 수익화 아이템을 찾을 수 있도록 동기 부여를 해 주고, 할 수 있다면 수익화의 힌트를 함께 고민해 보고 싶은 마음이 크다. 그들이 귀한 시간을 할애해서 마지막 수강료 송금 버튼을 누르기까지 했을 고민을 누구보다 잘 알고 있기 때문이다.

[첫 블로그 수업 현장 화면]

이제 블로그를 막 시작했거나, 예전의 나처럼 비효율적인 블로그 운영으로 힘든 분들은 아래 세 가지를 참고하면 좋다.

1. 효율적인 블로그 운영을 위한 집중 시간을 정하자

새벽이든 밤이든 집중할 수 있는 하루 몇 시간의 블록 타임(block time)을 설정해야 한다. 평상시에도 글감에 대해 생각은 하되 시간을 정해 두고 글을 쓰고 블로그 운영하는 시간을 확보해 두는 것이다. 그래야 '돈도 안 되는 블로그 하느라 일상에 소홀하다'는 억울한 누명을 쓰지 않는다. 나의 경우 평소에 갑자기 생각나거나 누군가의 질문 중에서 포스팅할 가치가 있다고 판단되는 것이 있으면 수첩에 메모해 두고 그 아이디어를 종일 생각하며 정리해 두었다가 출근 전 새벽 시간에 쓰는 방식으로 운영했다.

2. 생산자, 판매자 마인드로 전환하자

　나름 좋은 물건을 선택하는 데 일가견이 있다고 인정받던 나였다. 그런데도 내가 직접 물건을 팔거나 누군가에게 서비스를 제공하고 수수료를 받았던 적이 없다. 오히려 기껏 구매대행을 도와주고도 돈 달라는 말이 부끄러워 손해를 보면서 구매해 준 적도 많았다. 나는 그때 왜 그랬을까? 그때는 본업 이외의 다른 루트에서 수익화를 추구하는 것에 대해 전혀 눈뜨지 못했기 때문이다. '나의 시간과 노력의 대가'를 받는 것은 당연한 것임을 잊지 말자. 물론 지금 당장 단가를 정하고 돈을 받으라는 이야기는 아니다. 누군가가 만든 서비스를 소비만 하는 사람이 아니라 나도 언젠가는 생산자이자 판매자가 될 사람이라는 것을 인지해야 한다는 것이다. 그렇게 하면 나중에 똑같이 무료 서비스를 제공하더라도 다양한 관점으로 인사이트를 얻을 수 있다. 수익화 모델을 찾아야 오래도록 SNS를 즐길 수 있음을 잊지 말자.

3. 블로그 주제는 두 가지 정도 정하자

　내가 과거에 운영했던 블로그의 주제인 쇼핑 관련 아이템은 사람들이 많이 검색해 보는 주제다. 자연스럽게 블로그 유입으로 연결시킬 수 있고 블로그를 키울 수 있는 좋은 주제지만 쇼핑 글감을 유지하려면 새롭고 신기한 것들을 찾아 계속 소비를 해야 한다. 물론 쇼핑을 좋아하는 나였지만 그런 나도 주 몇 회씩 포스팅을 위한 소비를 하기엔 어려움이 있었다. 이는 쇼핑뿐만이 아니다. 아이와의 여행, 요리, 인테리어 등 체험을 해야 하는 주제들 모두 마찬가지다. 따라서 재테크, 독서 리뷰, 다이어트 기록, 이유식 일기 등 나의 일상 속에 녹아 있거나 평소에 관심 있던 것을 공부하는 주제를 추가하면 좋다. 성장을 위한 자극이 되기도 하고 운영하는 데 큰 비용이 들지 않으니 부담도 줄어든다. 일상에 녹아 있으면서 인터넷 손품을 팔아서 구성할 수 있는 주제 한두 가지는 꼭 병행하길 추천한다.

[네이버 블로그 주제 설정 화면]

네이버 블로그, 꾸준히 기록하다

　육아휴직이 끝나고 회사로 복귀한 나는 이전보다 업무 성과가 떨어지는 것 같아 불안한 마음이 들었다. 이런 감정을 제외하면 크게 달라진 것 없이 회사 생활을 이어 갔다. 친정 엄마의 절대적인 도움을 받으면서도 회사 일과 육아를 병행한다는 건 쉽지 않았다. 그래서 자기계발 같은 생산적인 일에 시간을 쏟아야 한다는 생각은 할 수도 없었다.

　그렇게 근속 연수를 쌓아 가던 어느 날, '나는 어떻게 살아가야 하는가?'에 대한 의문이 커졌다. 회사에서 얼마나 더 버틸 수 있겠느냐는 불안감도 컸다. 게다가 나는 10년 넘게 장기근속 중이었는데 조직의 필요로 중도에 입사한 사람보다 여러 가지로 불공평한 처우를 받고 있다는 사실을 알았다. 결국 나는 이곳을 떠나 새로운 변화가 필요하다는 결론에 이르렀다. 그런데 새로운 조직에 문을 두드리는 나에게 선뜻 곁을 내주는 곳은 없었다. 워킹맘으로 치열하게 살아온 시간이 있는데 이제 와서 직장을 그만두고 육아에만 전념하기에는 내 경력이 너무 아까웠다. 이직이 어려울 것 같아 퇴사 이후의 대안을 만들기 위해 다양한 시도를 했고, 몇 번의 시도 끝에 운 좋게 이직에 성공했다. 신입으로 첫 회사에 입사한 지 13년 만의 쾌거였다. 그런데 옮겨 간 회사에서 분명히 알게 되었다. 어떤 조직도 내게 100% 만족을 줄 수 없다는 것을 말이다. 조직에 나의 모든 걸 의지하려 했던 내가 어리석었다는 걸 깨달았다. 나는 더욱 절박한 마음으로 '도대체 무엇을 할 수 있을까'를 곰곰이 생각했다. 그때 불현듯 블로그가 떠올랐다.

나는 실천의 아이콘 아니던가! 잠든 블로그를 살리기로 하고 바로 주제 탐색에 들어갔다. 과거처럼 시간과 돈을 계속 투입해야 하는 쇼핑 아이템으로는 블로그를 지속하기가 어렵다는 걸 알았기에 새로운 주제를 찾아보기로 했다. 나는 별다른 취미도 특기도 없는 사람이라 주제를 정하는 것이 참 어려웠다. 그렇게 고민한 끝에 선정한 주제는 블로그 기초 사용법, 소비 다이어트(절약), 책 리뷰였다.

블로그 기초	앞으로 블로그 강의를 하고 싶었기에 관련 기능들의 설명을 적기로 했다. 나 스스로 공부할 수 있는 주제기도 하고, 블로그 초보들이 검색을 통해 내 블로그에 유입된다면 나의 잠재 고객이 될 수 있을 것으로 생각했다.
소비 다이어트 (절약)	앞으로 퇴사할 생각을 하니 마이너스 통장이 나의 목을 죄어오는 느낌이었다. 나의 씀씀이는 줄지 않고 투자한답시고 받은 대출이 나를 괴롭히고 있었다. 어떻게든 마이너스 통장의 고리를 끊어야 했기에 나만의 절약 일기를 적기로 했다.
책 리뷰	전 국민의 취미인 독서. 이런 주제를 운영하면 포스팅을 위해서라도 책을 읽을 것 같아 주제로 잡아 보았다.

주제를 어느 정도 명확하게 정하고 나니 글 발행에 대한 부담이 줄어들었다. 미래의 나를 위한 콘텐츠를 쌓는다고 생각하니 신바람도 났다. 하지만 나는 여전히 회사에 다니고 있었기에, 블로그 이웃과의 댓글 소통은 나에게 귀찮은 일은 아니었지만 블로그 운영에 온종일 매달리기는 어려웠다. 그래서 어떻게 하면 조금이라도 더 효율적으로 SNS를 운영할 수 있을지 연구하기 시작했다. 내가 터득한 효율적인 방법은 글감 기획, 목차 활용, 정보성 글쓰기 총 세 가지다. 블로그뿐 아니라 유튜브, 인스타그램 등 콘텐츠를 만드는 데에도 모두 적용 가능하니 꼭 익숙해지길 추천한다.

❶ 글감 사전 기획하기

노트북을 켜고 그때부터 글감을 고민하면 꽤 많은 시간이 걸릴 수 있으니 평상시에 떠오르는 주제들이나 나의 일상 중 콘텐츠로 만들면 괜찮을 것들을 미리 적어 두는 것을 추천한다. 나는 주제별로 글감을 5~6개씩 항상 정리해 뒀다. 예를 들면 소비 다이어트 주제는 주 1회 입출금 기록 공유와 절약 관련 글감, 책 리뷰 주제는 읽은 책들의 제목과 내 인생에 적용할 한 문장, 블로그 기능 주제에서는 사람들이 나에게 물어본 것들을 적어 관리했다.

[블로그에 임시 저장해 둔 글감들]

❷ 목차 활용하기

나는 블로그 포스팅은 물론이고 강의 기획, 회사 보고서 등 업무에도 목차를 활용한다. 목차는 콘텐츠를 어떤 흐름으로 구성할 것인지 정리하는 계획표다. 내가 하고 싶은 말은 무엇인지, 어떤 순서로 이야기할 것인지 미리 간단하게 정리하는 것 정도로 생각하면 좋다. 간단하게 키워드만 적어도 글이 옆길로 새는 것을 상당 부분 막을 수 있다.

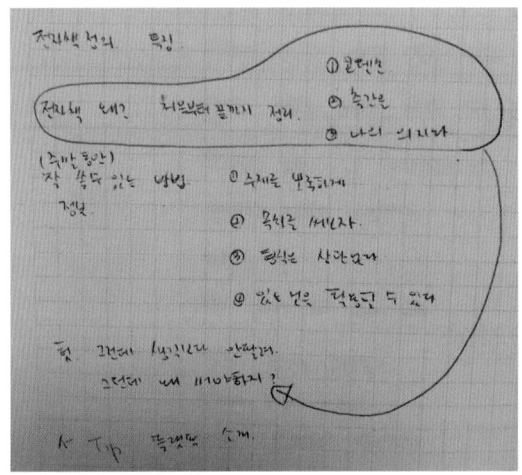

[노트에 휘갈겨 쓴 목차 아이디어]

❸ 정보성 글쓰기

SNS마다 특징과 이용자들의 방문 목적이 조금씩 다르다. 네이버는 검색 기반 플랫폼이기 때문에 양질의 검색 결과를 가져올 수 있는 콘텐츠를 선호한다. 또 네이버 이용자들은 대부분 자신에게 필요한 정보를 찾고자 접속하는 경우가 많다. 나의 감정이 담긴 에세이보다 정보성 콘텐츠 발행 비중을 높여야 하는 이유기도 하다. 가령 내가 핸드크림을 선물 받아 기쁘다는 감정을 기록하면 그건 그냥 일기다. 여기에 추가로 핸드크림 향기는 어땠는지, 성분은 무엇인지 등을 남겨 주면 누군가에는 유용한 정보가 된다. 이렇게 나의 일상을 정보로 바꾸는 능력을 갖춰야 한다.

없는 시간을 쪼개 힘들게 포스팅을 썼는데 방문자가 없으면 참 아쉽다. 몇 시간을 투자해 블로그 글을 쓰는데도 방문자가 없어 속상하다는 분들이 종종 있는데 대부분 이런 분들은 정보성 글쓰기를 하지 않기 때문이다.

절박했던 나는 매일 새벽 5시에 기상해서 블로그 운영을 다시 시작했다. 이런 노력 덕분에 내 안에 깊이 숨어 있던 해피스완을 발견하게 되었다. 이는 내 인생의 전환점을 가져온 행복한 사건이다. 해피스완을 만나고 추구하는 바가 비슷한 사람들과 함께 성장할 기회를 얻을 수 있었다. 물론 월급 이외의 수익화를 만드는 계기도 되었다. 조직 개편 시기마다 예민해지고, 팀장의 아침 기분에 따라 나의 하루가 좌지우지되던 일은 이제 내 생활에는 없다. 삶의 중심을 나에게로 가져오려고 노력했기 때문이다.

나의 경험이 묻어나는
콘텐츠 주제 찾기

"해피스완님, 제 주제 좀 찾아 주세요."
"저는 어떤 글을 써야 할까요?"
콘텐츠에 관한 질문 중 내가 가장 답하기 어려워하는 질문이다. SNS를 시작하는 데 있어 가장 어려운 것이 무엇을 올릴지 정하는 것이다. 나의 일상은 너무 평범한데 이런 평범함을 기록해서는 인기 있고 수익화도 되는 SNS 채널이 될 것 같지 않다는 걱정이 들기 때문이다. 나 역시 학교와 회사에서 항상 조용하고 평범하게 살았기에 주제 고민을 하느라 한 달 정도 블로그를 시작도 하지 못했던 기억이 난다.

많은 책들이 내가 가장 자신 있게 할 수 있는 것부터 시작하라고 조언하지만 현실은 내가 무얼 자신 있게 할 수 있는지 막막하다. 나의 특장점이 잘 보이지 않기 때문이다. 설령 내가 어떤 걸 잘한다고 생각하더라도 나보다 훨씬 더 전문성 있는 사람들이 눈에 밟히기 마련이다. 분명한 사실은 '나만을 위해 기다리고 있는 주제는 없다'는 것이다.

나의 콘텐츠 주제를 찾는 다양한 방법이 있겠지만 아래 세 가지 정도의 기준으로 나의 경험과 경력을 찬찬히 생각해 보길 바란다. 스브스뉴스 하대석 기자는《아이 엠 미디어》에서 SNS를 하는 데 가장 중요한 것은 자존감이라고 했다. 지금은 잘 모르고 조금 부족하다고 느껴도 기죽을 필요가 전혀 없다는 것이다. 어차피 나의 콘텐츠를 쌓으면서 계속 배우다보면 자연스럽게 극복할 수 있기 때문이다. 오히려 지금 잘 모르고 곤란한 것들은 앞으로 대박을 칠 기회라고도 한다. 자신감은 없어도 되지만 자존감만은 꼭 지키고 있으라는 말을 기억하자. 실무를 떠난 지 오래되었다, 나보다 잘하는 사람이 많다, 시작한 지 얼마 되지 않았다는 등의 다양한 핑계는 잠시 넣어 두고 내가 할 수 있는 나의 주제에 관해 탐구해 보자.

1. 왕초보라면? 나의 과거와 현재를 생각해 보자

가장 쉽게 시작할 수 있는 건 내가 과거에 했던 일이나 내가 지금 하고있는 일 중에서 찾아보는 것이다. 과거 금융권 근무 경력이 있는 3살 아이의 엄마라면 지금 아이와의 일상 중에서 꾸준히 담을 수 있는 콘텐츠, 과거 경력을 살린 금융상품 소개, 아이 경제 공부 관련 이야기 등 여러 가지 시도를 해 보는 것이다.

또 직업적인 부분이 아니어도 결혼, 출산, 육아의 과정을 거치며 우리는 다양한 인생 경험을 했다. 우리가 살아오면서 어떤 주제의 질문을 많이 받았었는지 생각해 보자. 사람들이 나에게 특정 분야에 대한 질문을 자주 한다는 건 상대방이 나를 그 분야의 준전문가 정도로 생각한다는 증거다. 혹시 당신이 아이가 잘 먹는 이유식을 다양한 조리법으로 구성할 수 있고, 쉽게 만들 수 있다면 당신은 이미 이유식 전문가라는 걸 잊지 말자.

나의 본업은 컨퍼런스, 콘텐츠 제작 기획과 마케팅이지만 정작 본업과 관련된 주제로 블로그에 글을 쓰기 시작한 건 얼마 되지 않았다. 나보다 전문적인 정보를 줄 수 있는 이들이 많을뿐더러 조금이라도 틀리면 안 될 것 같다는 압박감이 컸던 탓이었다. 블로그 포스팅을 위해 관련된 공부를 하다가 결국 포스팅을 포기하는 일도 많았다. 그러던 어느 날 일상과 브랜딩 마케팅을 가볍게 엮어서 글을 썼는데 반응이 좋고 댓글도 많이 달렸다. 생각보다 좋은 반응에, 부담을 조금 내려놓고 가볍게 접근해야겠다고 깨달았던 순간이다. 이런 글들이 모여 나의 콘텐츠가 되고 나의 전문성을 보여 줄 기회가 된다.

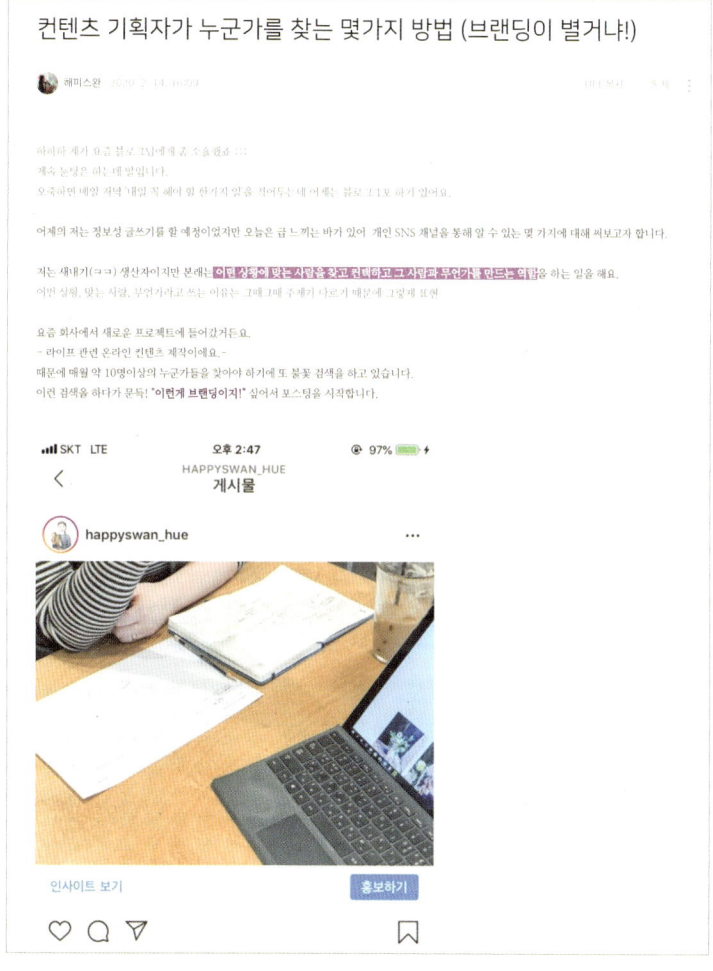

[일상과 마케팅 관련 정보를 엮어서 쓴 포스팅]

2. 하고 싶은 방향이 있다면? 차별화를 시도하고 꾸준히 업데이트를 하자

이런 경우 주제는 있으니 방향을 좀 더 명확히 하고, 추후 수익화할 수 있는 상품도 고려해 보는 것이 좋다. 하고 싶은 방향이 있어도 마음이 위축되는 것은 어쩔 수 없다. 그 분야에 자리 잡은 전문가들이 많기도 하고 하나같이 너무 잘한다는 느낌을 주기 때문이다. 이럴 때는 나의 차별화 포인트 주제를 좀 더 좁혀서 잠재 고객들에게 매력적으로 보일 방법을 생각해 봐야 한다.

나는 블로그의 기초를 알려 주는 프로그램을 진행하면서 온라인 수익화를 시도하기 시작했다. 내가 보기엔 라이벌 블로그 수업이 너무 많았고, 고민한 끝에 '현직 마케터가 알려 주는 블로그 수업'이라는 컨셉으로 차별화를 시도했다. 그리고 한 달간 블로그 포스팅을 하며 일일이 피드백 해 주는 방식으로 운영했다. 모든 포스팅 글에 피드백을 해 주는 과정은 힘들었지만, 글을 읽고 그 사람에 대해 알아 가면서 만든 돈독한 관계는 지금의 커뮤니티를 만드는 근간이 되었다.

나의 아이템을 좀 더 구체적으로 만들고 싶다면 클래스101, 탈잉, 크몽, 솜씨당과 같은 개인의 재능을 수익화하는 플랫폼의 수업 내용을 벤치마킹해 보면 좋다. 우선은 이와 같은 서비스에 접속해서 어떤 주제들이 팔리고 있는지, 나와 비슷한 주제는 어떤 차별화 포인트를 가졌는지 체크해 봐야 한다. 이런 전문 플랫폼의 경우 강의 전문 기획자들의 작품이니 강사의 어떤 강점을 부각했는지, 좀 더 세부적인 주제로 어떻게 수업을 기획했는지 참고하면 좋다. 또 '내가 해 볼 수 있는 건 뭐가 있을까?'라는 시각으로 접목해도 좋다. 대신 꼭 기억해야 할 것은 벤치마킹을 통해 나에게 적용할 만한 아이디어는 얻되, 그대로 따라 해서는 안 된다는 점이다. 강의나 프로그램에도 저작권이 있기 때문에 무작정 똑같이 따라 했다가는 플랫폼으로부터 억울한 메일을 받을 수도 있기 때문이다. '영어회화'만으로도 다양한 콘텐츠를 기획할 수 있다는 사실은 아직까지 우리가 만들 콘텐츠는 많이 남아 있다는 증거다.

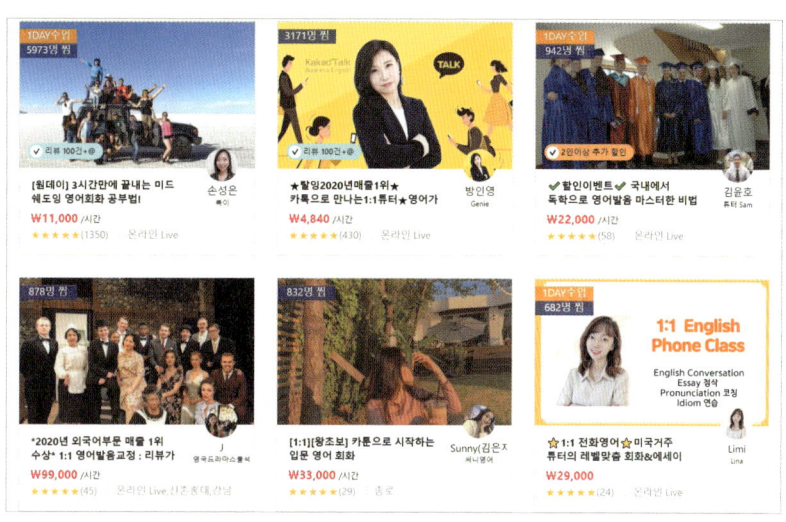

[재능 플랫폼 탈잉에서 '영어회화'를 검색했을 때 보이는 화면]

3. 곤란함을 해결한 경험이 있다면? 당신은 이미 대단한 콘텐츠를 가지고 있다!

갑자기 살이 쪘는데 건강하게 10킬로그램을 감량한 경험이나 악필을 교정하기 위해 캘리그라피를 배워 금손으로 다시 태어난 멋진 경험의 주인공이 당신이라면 미리 축하하고 싶다. 혹은 사춘기 아이와의 감정 문제를 잘 해결하고 싶어서 일주일에 몇 권씩 책을 읽으며 나를 다스리고 있다거나, 스마트스토어 매출이 잘 나오지 않아 여러 가지 시도를 하고 있다면 당신은 이미 대단한 콘텐츠를 가지고 있는 셈이다. 곤란함을 멋있게 해결한 경험이 나만의 귀한 콘텐츠가 될 수 있기 때문이다. 나의 경우 다시 블로그를 시작할 때 '소비 다이어트'를 주제로 잡은 것도 '소비를 사랑하는' 나의 태도로 인한 곤란함을 해결하기 위해서였다. 마이너스 통장이 있음을 고백하고 매주 지출 내용을 공개한다는 것이 부담스러웠지만 그렇게 매일 콘텐츠에 업데이트할 주제가 생겼고 이웃들이 지켜봐 주니 더 악착같이 절약을 했던 기억이 있다.

곤란함을 극복한 것이 강력한 콘텐츠가 될 수 있는 이유는 before와 after를 분명하게 보여 줄 수 있기 때문이다. 본인에게 맞는 많은 시도를 해 봤을 것이고 개인적인 노하우가 있을 거라는 신뢰를 준다. (이런 사람들은 실제로 실질적인 노하우를 많이 습득하기도 한다) 생각해 보자. 원래 마른 체형인 사람이 운영하는 다이어트 프로그램보다 10킬로그램을 빼고 상당 기간 유지하고 있는 사람이 운영하는 다이어트 프로그램이 더 끌릴 수 밖에 없다.

나는 이제 막 시작해서 헤매는 사람들에게 '잘하는 것'이 아닌 '할 수 있는 것'의 관점으로 주제를 찾아야 한다고 항상 강조한다. 처음 정한 주제를 끝까지 가져가야 하는 건 아니니 이 부분에 대한 부담감을 가질 필요는 없다. SNS를 운영하다 보면 주제가 바뀌거나 확대되는 일이 생각보다 자주 있기 때문이다. 나 역시도 블로그의 기능에 대한 콘텐츠 포스팅을 시작하고, 인스타그램으로까지 주제를 확대했다. 마이너스 통장을 갖기 위해 가계부처럼 적었던 소비 다이어트는 이제 그냥 종이 노트에 기록할 뿐 따로 공개하지는 않고 있다. 이렇게 주제를 바꿨지만 주제를 바꾼 것이 문제가 된 적은 없었다.

[블로그 주제 변화가 느껴지는 과거 vs 현재 블로그 모습]

Tip | SNS 플랫폼별 특징

SNS 춘추전국시대인가 싶을 정도로 많은 SNS 플랫폼이 있다. 그중에서 네이버 블로그, 인스타그램, 카카오 브런치, 유튜브 정도가 대표적이다. 여력이 된다면 채널 성격에 맞게 다양한 채널을 운영하면 좋겠지만 모두 잘 운영하기엔 현실적으로 어려움이 따른다. 따라서 내 콘텐츠 주제와 잘 맞는 채널 하나를 먼저 베이스캠프로 시작하고 운영하면서 확장하는 것을 추천한다.

네이버 블로그	가장 기본적이고 부담 없이 시작할 수 있는 채널이다. 상위 노출 로직 정보가 많이 공개되어 있어 마음먹고 꾸준히 하면 가장 빠르게 키울 수 있는 채널이기 때문에 강의, 온라인 스터디로 수익화를 하고 싶은 사람에게 추천한다. 또한 내 생각을 보여 주기 쉽고 이웃과의 소통이 쉬운 플랫폼이다. 무엇보다 여전히 검색 점유율 70퍼센트 이상을 차지하기 때문에 수익화로 연결하는 데 도움을 준다.
인스타그램	나의 팔로워들과 공감, 소통을 하기 쉽다. 그래서 상대적으로 적은 팔로우 수로도 공동구매 같은 수익화를 시도하기 좋은 채널이며, 글 쓰는 것에 대한 부담이 적고 채널이 단순하기 때문에 시작하기에도 부담이 없다. 디자인 감각과 취향이 있어 무언가 판매해 보고 싶은 사람들에게 추천하며 무엇보다 취향이 비슷한 사람들을 찾는 것이 중요하다. 나의 경우 요리를 잘하는 사람이나 온라인 집들이(온라인으로 독자의 집을 보여 주는 것)에 출연할 사람을 찾을 때 제일 먼저 달려가는 곳이 인스타그램이다.
브런치	마케팅, 디자인, 글쓰기 같은 본인의 전문 분야가 있는 사람들에게 좋은 플랫폼이다. 일상 속에서 조금 남다른 시선을 담아 글을 쓸 수 있다면 카카오에서 운영하는 브런치를 추천한다. 작가에 선발되어야 하는 다소 높은 허들이 있지만, 그 허들 덕분에 더 특별함을 주는 플랫폼이다. 미디어사에 원고를 기고하고 싶거나 출판을 꿈꾸는 사람이라면 나의 전문성을 브런치에 꾸준히 기록해 두면 좋다. 마케팅 실무자들 사이에서 브런치는 전문가 집단, 작가들의 모임이라는 인식이 강하기 때문이다.

온라인에서 나의 재능을 드러내는 노하우

나는 해피스완이라는 온라인상의 닉네임 말고 '영재발굴단'이라는 애칭을 하나 더 가지고 있다. 예전에 SBS에서 방송된 영재 소개 프로그램 제목에서 따온 이름으로, 누군가의 강점을 잘 끌어내서 아이템을 제안하는 일을 많이 했기에 붙은 별명이다. 이는 지나가는 말처럼 건넨 내 아이디어로 수익화까지 해낸 사람들 덕분에 얻게 된 별명이기 때문에 더욱 영광스럽다. 내가 준 아이디어를 실행한 사람들의 여러 성장 사례가 송년회에서 공유되면서, 나는 더 많은 사람에게 '영재발굴단'이라고 불리게 되었다.

'거인의 어깨에 올라타고 싶다.' 내가 처음 블로그 프로그램을 시작할 때 자주 했던 생각이다. 나는 인플루언서가 운영하는 수업을 듣지도 않았고, 그런 사람들과 친분도 없었다. 그렇다 보니 인원수가 많은 플랫폼에서 안정적인 모객을 한다든지, 누군가의 도움을 받으며 프로그램을 운영하는 사람들이 굉장히 부러웠다. 모객 공지, 강의 커리큘럼 구성 등 나도 처음인 부분에 많은 시간을 소비하며 시행착오가 많았다. 실행하지는 않았지만 어떻게 하면 거인의 어깨에 탈 수 있을까 진지하게 고민해 보기도 했다.

나는 처음 프로그램을 시작할 당시 '수강생들이 분명한 아웃풋을 내고 빛이 난다면 그 결과가 모여 나에게 도움이 될 것'이라는 확신이 있었다. 이는 본업에서 얻은 인사이트다. 처음 시작하는 컨퍼런스 행사는 협찬하는 업체도 관객도 관심이 없다. 그러나 횟수가 쌓이고 보이는 성과가 많아지면 협찬 단가가 올라가고 함께하고 싶어 하는 고객들이 많아진다. 이런 방향성 덕분인지 나를 이끌어 주는 거인은 없었지만 나와 교류하던 사람들에게 많은 응원과 격려를 받아 시작할 수 있었다. 그리고 지금까지 인연을 계속 이어 오는 사람도 많다. 아직 나는 대단한 인플루언서는 아니지만 내가 겪었던 서러움을 내가 좋아하는 사람들은 덜 느끼길 바라는 마음에서 계속 오지랖을 부리고 있다. 내가 툭 이야기한 한마디가 누군가의 삶에 큰 변화를 주고 새로운 무언가를 만들어 가는 과정을 보는 것은 굉장히 감동적이기 때문이다. 천성적으로 혼자 하는 것보다는 누군가와 함께하는 것을 좋아하고 아이디어가 보이면 알려 주고 실행해야 하는 성격도 한몫하는 것 같다. 그렇게 시간이 지나니 이제는 그들이 성장해서 반대로 나를 이끌어 주는 경우도 자주 있다.

온라인 영재발굴단의 형식은 다양한 형태로 운영되고 있다.

협업 형태	내 프로그램 일부를 함께하거나 다른 사람이 운영하는 곳에서 내가 어떤 역할을 맡는 경우 예) '릴키유(릴스+키네마스터+유튜브 쇼츠의 머리글자를 딴 약어)'의 주 리더는 허지영 님이고, 나는 인스타그램 릴스에 대한 부분만 알려 준다.
플랫폼 활용	콘텐츠 협업체, 커뮤니티, 송년회 등에서 성장 이야기를 하는 연사로 등장, 책 출간 시 북 토크, 신상품 출시되면 체험단 운영. 나는 이때 기획과 모객을 담당한다.
단순 서포트	상대방이 단독 진행할 수 있도록 조언을 주고 커리큘럼이나 운영에 필요한 부분을 알려 주는 경우

[2019년 블로그 송년회에서 발표 중인 김나현 작가님]

[2020년에 온라인으로 진행된 커뮤니티 송년회 안내 카드뉴스]

누군가의 재능을 어떻게 볼 수 있을까?

나에게 누군가의 재능을 어떻게 발견해서 조언해 주는지 묻는 사람들이 많다. 가장 중요한 것은 그 사람이 가진 경험과 기록이다. 물론 본인의 콘텐츠는 스스로 찾아야 의미가 있겠지만 누군가가 우연한 기회에 제안하는 경우도 있다. 내가 잘 쌓아 둔 콘텐츠를 보고 섭외 연락이 오거나 의외의 제안으로 시작되는 경우를 말한다.

나는 직장에서 프로젝트를 기획하고 그 일이 잘 진행되도록 마케팅, 홍보하는 일을 담당하고 있다. 아무래도 내부 구성원만으로는 진행하는 데 한계가 있어 필요한 인력을 소개 받거나 직접 찾아 나서 섭외를 한다. 협업 대상자를 구하기도 하고 외부에서 전담해서 맡아 줄 담당자를 찾기도 한다. 이런 본업에서 적용하는 기준을 재능 발견에 활용하고 있다. 누군가에게 아이템을 발견 당하고 싶거나 섭외를 받고 싶다면 나의 재능이 잘 드러나게 SNS를 운영하는 것을 추천한다.

직장 동료, 친구처럼 평소에 부딪히는 사람이라면 아이템에 대해 조언해 주기 쉽겠지만 우리는 잘 알지 못하는 온라인으로 연결된 사이다. 즉 일부러 말하지 않으면 나의 특장점을 알 수가 없다. 그러니 내가 해 왔던 것들에 대한 경험을 잘 정리해 둘 필요가 있다. 아래 내용은 자연스럽게 누군가의 아이템을 발견할 때 생각하는 부분이니 참고하면 좋겠다.

❶ SNS에 나의 경험을 가볍게 기록해 나가자

종종 개인 채널을 거의 운영하지 않거나 본인의 이야기 기록이 전혀 없는 블로그를 가진 분들이 아이템 고민을 털어놓는 경우가 있다. 개인적으로 아는 사람도 아니고 기록이 없는 분들에게 도움되는 의견을 드리기가 어렵다. 그러니 우선은 나를 담은 스토리를 SNS에 남기는 것부터 시작해야 한다. 내 주제와 잘 어울리는 채널에 체계적으로 정리해서 운영한다면 더할 나위 없이 좋겠지만 이 부분이 두려워 시작하지 못하는 사람이 있다면 '부족한 대로 먼저 시작하라'고 이야기하고 싶다. 잘하는 것보다 작은 부분이라도 실행하는 게 더욱 중요하기 때문이다. 예를 들어 네이버 블로그로 시작했다가 브런치와 병행하면서 나의 전문성을 더 돋보이게 하는 경우, 블로그의 글을 재구성해서 유튜브로 만들어 보는 등 다양한 피보팅(pivoting, 기존의 아이템이나 사업의 방향을 다른 쪽으로 전환하는 것)이 가능하다.

잘해야 한다는 부담을 내려놓고 나의 과거 그리고 어떤 일을 하고 있는지에 대해 가볍게 기록해 나가면 좋다. 그 과정에서 자연스럽게 그 사람의 전문성과 매력이 드러난다. 누구에게 보여 줄 만큼 전문성이 없는데 과장하는 것 같아서 부담스럽다면? 부풀려 기록하는 게 아니라 담담하게 나의 기억과 생각을 남기면 된다. 부족한 전문성은 계속 학습하고 발전시켜 나가면 되니까 걱정할 필요 없다. 본인을 드러내야만 새로운 기회가 찾아온다. 부끄러움은 살짝 내려놓자.

❷ 대중성을 가진 주제 VS 좁고 선명한 주제

내가 누군가의 재능을 발견하는 활동을 할 수 있는 이유는 본업과 사이드 잡을 넘나들며 만나는 사람들 덕분이다. 온, 오프라인에서 관계를 맺다 보면 사람들의 다양한 고민을 알게 된다. 즉 고객들의 필요를 깨닫게 되는 것이다. 인스타 감성이 느껴지는 이미지 구성이 어렵고, 바른 자세로 앉고 싶은데 꾸준히 하기가 어렵고, 셀카(selfie)가 안 예뻐서 속상하다고 한다. 이런 고민과 푸념들을 잘 기억해 두었다가 이런 걸 해소할 수 있는 재능을 가진 사람들을 발견하면 제안한다.

[헬로쿠쌤의 다시 영어 시작 프로젝트 모집 공지]

물론 대부분은 아직 준비되지 않았다고, 더 준비해서 다음 분기에 하겠다고 손사래를 치지만 이 말에 작은 힌트를 얻어 하나씩 도전하는 사람들도 있다. 결혼 전 동시통역사로 활동했던 헬로쿠쌤. 콘텐츠 코칭 때 만나 앞으로의 방향성을 고민하던 그녀에게 영어를 잘하고 싶은 엄마를 대상으로 프로그램을 만들어 보면 좋겠다는 말을 한 적이 있다. 전문적인 영어보다는 생활 속에서 꾸준히 하고 싶고, 영어를 해야 할 상황에서 기죽고 싶지 않은 나의 바람이 담긴 제안이었다. 물론 헬로쿠쌤은 과거에 했던 일과 비슷한 무언가를 하고 싶겠지만 지금 당장은 그 마음을 조금 내려놓으면 좋겠다는 말도 덧붙였다. 현재 그녀는 하루에 영어 한 문장을 정확히 외우는 프로그램인 '할만한 영어'를 런칭해서 운영하고 있다. 우선 가볍게 시작할 수 있는 일을 하면서 다음 스텝을 고민하는 것이다. 그 프로그램의 참여자들은 재등록을 이어 가며 오늘도 영어 습관을 만들고 있다.

좋은 주제, 나쁜 주제가 따로 있는 것은 아니다. 많은 사람이 선호하는 주제가 있을 뿐이다. 얼핏 생각하면 당연히 많은 사람이 선호하는 주제에 도전하는 게 좋아 보인다. 시장이 넓어 어떻게든 자리 잡을 수 있을 것 같은 생각이 들기 때문이다. 예를 들면 '영어' 같은 주제다. 그렇지만 주제가 대중적이면 그만큼 잘하는 사람도, 이미 진입한 사람들도 많다. 초보인 우리가 상대하기에 힘겨운 사람들 말이다. 반면 매니아 층이 있는 주제는 관심을 가지는 사람은 적지만 요구가 있는 고객을 만나면 바로 수익화로 연결할 수 있다. 그만큼 그 주제에 대한 공급자가 부족하기 때문이다.

영어, 마케팅, 다이어트처럼 대중적인 주제를 가진 사람이라면 좀 더 분명하게 타깃층을 설정해 보면 어떨까? '영어를 생활화하고 싶지만 바쁜 엄마들, 하루에 한 문장만 정확히 외워 보자'라는 식으로 말이다. 《마케터의 일》에서 장인성 마케터는 "좁게 타깃을 가지고 시작하자는 건 적게 팔자는 게 아니라 힘 있게 시작할 수 있는 시작점을 정하자는 것"이라고 주장한다. 나 역시 이 콘텐츠를 봐 줄 한 명은 누구일까를 생각하며 주제를 잡기 위해 노력한다.

앞으로도 누군가의 재능을 수익으로 바꾸어 주는 영재발굴단을 통해 멋진 사례를 계속 볼 수 있길 바란다. 자신의 경험이 담긴 SNS로 선한 의도를 가진 사람들을 계속 만나며 서로의 영향력과 에너지를 주고받을 수 있길 바란다. 이런 다양한 재능을 발견하기 위한 나의 감각이 무디어지지 않길 바랄 뿐이다.

나의 포트폴리오가 되는 SNS 만들기

나는 블로그, 인스타그램 같은 개인 SNS 플랫폼이 나의 소소한 기록 이상의 것을 준다고 믿고 있다. 종이책 출간 이후 문화센터, 도서관 같은 곳에서 강연 제안을 받았고 경제 미디어 '어피티', 유료 콘텐츠 플랫폼 '퍼블리' 등 내가 좋아하던 미디어에서 외부 필진으로 활동했다. 이는 '사이드 잡', '파이프라인'이라는 요즘 인기 있는 주제 덕이 크겠지만 나의 SNS 채널에 1년 넘게 콘텐츠를 쌓아 두었기에 더욱 시너지가 났다고 생각한다. 마케팅 정보들, 내가 활동한 다양한 기록들이 나를 섭외하고 싶은 사람들에게 신뢰를 주고 '해피스완과 작업했을 때 어떤 아웃풋이 나올지' 구체적으로 상상할 수 있게 해 주었을 것이다. 생각해 보자. 온라인 채널이 없는 A와 다양한 활동을 기록하고 소통하는 B가 있다면 여러분은 누구와 일을 하고 싶을지 말이다. 아마 대부분 B를 선택하지 않을까 싶다. SNS를 나의 온라인 포트폴리오라는 마음으로 업데이트하길 바란다.

온라인 채널이 나의 포트폴리오가 되려면 가장 중요한 것이 프로필을 설정하는 것이다. 처음 방문한 사람이 가장 호기심 있게 보는 영역이 프로필이기 때문에 ① 나는 무얼 하는 사람인지 ② 이곳은 어떻게 운영되는 채널인지 ③ 나에게 제안하고 싶은 사람은 어떻게 하면 되는지를 담으면 된다. 아직 별다른 수익화를 생각하고 있지 않은 사람이라도 ①, ② 만큼은 제대로 설정해 두어야 한다.

프로필은 나의 명함이다

성공적인 인스타그램 운영은 프로필 설정이 50% 이상 좌우한다고 해도 과언이 아니다. 인스타그램은 블로그와 달리 검색되는 영역이 한정적(이름, 해시태그)이고 영어를 기반으로 운영되기 때문에 좀 낯설다. 그래서 쉬운 단어와 눈에 띄는 프로필 사진을 등록해 두어야 다른 이용자들이 인지하기 쉽다.

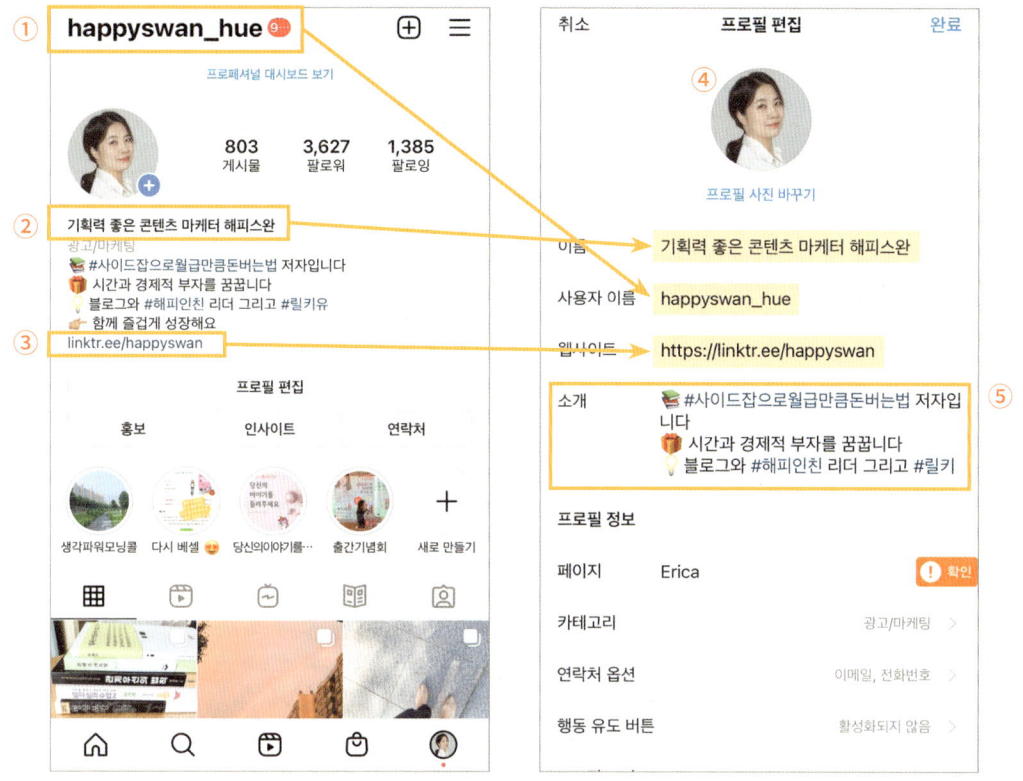

[인스타그램 프로필 설정 화면]

① **사용자 이름**: 인스타그램의 아이디 같은 역할을 한다. 간혹 본인의 실명, 태어난 해, 한글을 영어로 타이핑(사랑해-tkfkdgo)한 아이디를 사용하는 사례가 있다. 개인 정보보다는 나를 나타내는 가급적 쉬운 영어 단어를 활용하면 좋다. 예) happyswsn_hue, yonwoo_diet, dali_soap

② **이름**: 나의 인스타그램이 어떻게 검색되고 노출되고 싶은지 중심 키워드를 생각해 보고 넣는다. 나의 경우 마케터 혹은 해피스완이라고 검색했을 때 노출되고 싶었고 기획력 좋은 콘텐츠 마케터라고 인지되고 싶어 적어 두었다. 특정 지역에서 무언가를 판매하는 경우라면 제주, 분당, 일산처럼 지역명을 넣어야 한다. 예) 제주 카페, 일산 도시락, 분당 피자

③ **웹사이트**: 인스타그램에서 유일하게 URL 링크를 걸 수 있는 영역이다. 스마트스토어, 유튜브 등 내가 운영하는 다른 채널 링크로 연결하는 창구로 활용할 수 있다. 혹시 여러

43

개의 채널을 홍보하고 싶다면 링크트리와 같은 다중 링크 서비스를 활용하면 좋다.

④ **프로필 사진**: 본인의 얼굴, 브랜드 로고 혹은 판매하는 상품의 특징이 담긴 이미지를 넣으면 된다. 풍경 사진이나 복잡한 이미지는 잘 보이지 않으니 한 번 더 생각하길 바란다. 인스타그램 프로필은 14일에 2회까지 수정 가능하다.

⑤ **소개**: 약 150자 정도로 나를 소개하는 영역이다. 인스타그램은 모바일 기반 서비스기 때문에 장황한 설명보다는 이모티콘을 적절히 활용하고 가독성을 고려해서 입력하면 좋다. 다만 앞의 4줄까지만 보이고 그 이상은 한 번 더 터치해 주어야 보이니 앞부분을 임팩트 있게 쓰는 것이 좋다.

[프로필 사진, 이름, 소개글 가독성의 중요성]

네이버 블로그는 프로필 이미지보다 소개글을 명확하게 적는 데 집중하면 좋다. 나는 기획자로 시작해서 마케터 업무, 출간한 책 이름, 협업 안내까지 인스타그램보다 좀 더 길고 상세하게 적었다. 네이버 블로그는 텍스트 기반이기 때문에 검색을 통해 유입되었을 때 나를 명확히 보여 주기 위해 장치를 미리 해 둔 것이다. 블로그는 PC와 모바일에서 보이는 화면이 조금 다르니 모두 확인하면 좋다.

[블로그 프로필 설정 화면]

① **블로그명**: 네이버에서 검색되는 기준이기 때문에 검색되고 싶은 키워드와 내 닉네임을 넣어 주면 좋다. 예) 글 쓰는 마케터 해피스완의 좋은 날

② **별명**: 우리가 흔히 이야기하는 닉네임 예) 해피스완, 마인드카소, 살롱드지영

③ **소개글**: 내가 어떤 일을 해 왔고 할 수 있는지 쓴다. 내용이 명확할수록 좋다.

④ **내 블로그 주제**: 블로그의 주제를 선택하는 곳으로 필요에 따라 변경할 수 있다.

⑤ **블로그 프로필 이미지**: 브랜드 로고, 나를 나타내는 사진을 넣는다. 나의 경우 출간 기념회 사진을 넣었다.

⑥ **모바일앱 커버 이미지**: 모바일로 접속했을 때 보이는 블로그 상단의 이미지다. 700px*700px 이상의 정사각형 이미지를 넣으면 된다.

프로필 설정은 SNS를 운영할 때 만나는 첫 번째 어려움이다. 자기소개도 어렵고 내세울 것이 없다고 생각했기에 나도 많이 고민했던 부분이다. 그래서 본인을 정확히 정의하기 어려워하는 분들이 고민하다가 포기하는 일도 많다. 나는 과거에 무슨 일을 했는지, 지금은 무얼 하는지, 또 앞으로 어떤 방향으로 나가고 싶은지를 생각해 보고 그중 일부를 적어 보자.

SNS를 온라인 포트폴리오라고 했을 때 가장 먼저 체크하는 부분인 만큼 프로필은 다른 사람들에게 첫인상을 주는 역할을 한다. 물론 지금 정리하는 프로필이 최종은 아니다. SNS를 운영하면서 추구하는 것이 바뀌기도 하고 나 역시 끊임없이 성장하고 있기 때문에 계속 변경될 수밖에 없다. 그러니 조금 부족해도 괜찮다. 우리는 앞으로 오랫동안 SNS를 운영하고 나의 스토리를 담을 사람이기 때문이다. 일단 먼저 프로필을 설정해 두고 운영하면서 내가 어떤 방향으로 성장하고 싶은지 찾아가길 바란다.

▌검색은 내가 누군가에게 노출되는 첫 번째 관문

나는 강연 제안을 먼저 하는 편은 아니다. 아직은 본업이 있기 때문에 평일 시간 활용에 한계가 있기 때문이다. 그런데도 다양한 활동을 할 수 있는 건 내 네이버 블로그와 인스타그램을 방문한 사람들이 먼저 제안을 주는 덕분이다. 아는 사람이 많아서 소개를 통해 연결되면 더할 나위 없이 좋겠지만 인맥은 한계가 있다. 그래서 내 SNS가 검색될 수 있도록 채널별로 최소한의 스킬을 익히라고 권한다.

스타트업에서 기획자로 근무하는 락홀릭님은 워낙 책 읽기를 좋아해서 서평 중심으로 네이버 블로그를 운영 중이다. 그러던 중 신입사원에게 UX(User Experience)에 대한 오리엔테이션을 진행할 기회가 생겼다고 했고 나는 그걸 요약해서 블로그에 업데이트하라고 했다. 그러자 신기한 일이 생겼다. 그걸 검색해 본 누군가가 개인 코칭이 가능한지 비밀 댓글을 달고, 전문 코칭 플랫폼에서 UX 기획 관련 튜터로 활동해 줄 수 있는지 제안을 받기도 했다. 락홀릭님이 자신의 경험을 블로그에 남기지 않았다면, 또 검색되지 않았다면 일어나지 않았을 일이다. 그녀가 그것을 수익화로 연결했는지는 그다음 문제다. 본업을 활용할 수 있는 시장이 있음을 확인했으니 이제 꾸준히 업데이트하면서 세련된 방식을 찾으면 된다. 락홀릭님은 최근 크몽 플랫폼에 《웹모바일 기획 초보를 위한 서비스기획 업무 노하우》라는 전자책을 출간했다.

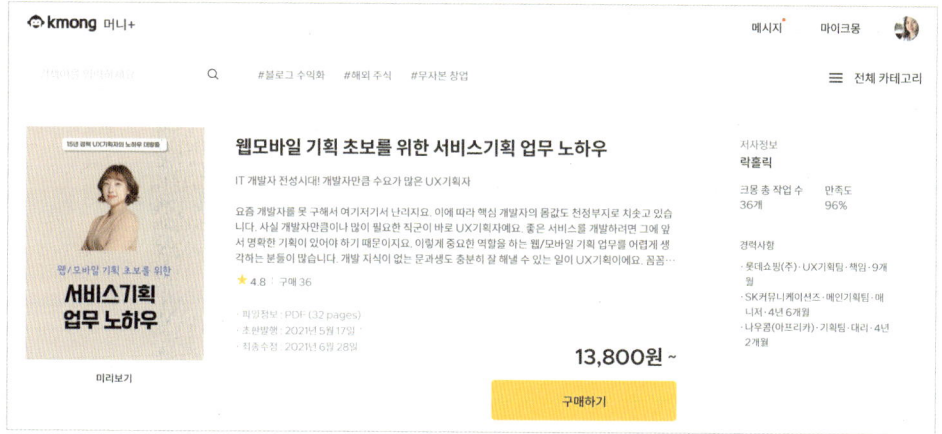

[크몽에서 판매 중인 락홀릭님의 전자책]

유의할 점은 검색만을 위한 키워드 글쓰기는 지양해야 한다는 점이다. 나의 주제와 상관없는, 블로그 조회수를 높이려는 이슈성 글쓰기는 나의 콘텐츠 영향력을 쌓는 데 도움이 되지 않는다. 심지어 키워드 글쓰기 요령만 배워 블로그를 운영하면 어느 순간 네이버 검색에서 누락될 수도 있다.

사람들은 나의 무엇을 궁금해할까?

'사람들은 내 주제의 어떤 점을 알고 싶어 할까?'

내 주제에 맞고 나라는 사람을 보여 주는 일상 콘텐츠를 쓰되, 읽는 사람을 생각하며 쓰면 좋다. 내가 하고 싶은 말이 아닌 상대방이 궁금해할 만한 주제에 대한 나의 이야기를 하는 것이다. 물론 내가 전달하고 싶은 글쓰기도 개인 성장에 큰 도움이 된다고 생각한다. 그렇지만 고객에게 팔리는 콘텐츠가 되려면 이 글을 읽어 줄 독자를 잊어서는 안 된다. 또 내가 어떤 키워드로 검색되고 싶은지를 생각해 제목에 넣어야 한다. 아래 표 예시를 참고하자.

검색되고 싶은 키워드	블로그 제목
미라클모닝	워킹맘의 현실적인 미라클모닝, 그 3개월간의 기록
블로그 체험단	블로그 체험단, 저는 이렇게 합니다!
퍼스나콘	블로그 퍼스나콘 이모티콘 바꾸기 – 예쁜 이모티콘으로 댓글 달아요

'느슨한 연대'와 실행의 힘

작년 9월 나의 첫 책 《사이드잡으로 월급만큼 돈 버는 법》이 출간되었다. 첫 책을 낸 작가 대부분이 그렇겠지만 남에게 내 책을 사달라고 말하기엔 어딘지 모르게 부끄러운 마음이 들었다. 그런데 기적 같은 일이 일어났다. 온라인 세상에서 동지가 되어 준 분들이 자비로 책을 구매해서 서평단을 꾸려 주고, 온라인 북 토크 강연자로 초대해 주고, 오프라인 저자 사인회를 개최해 주셨다. 또 SNS에 책 인증 사진을 찍어서 올리거나 개인 메신저로 보내 주는 분들도 많아 사실 조금 어리둥절했다. 나는 누군가가 책을 출간했을 때 그냥 한 권 구매하는 게 다였는데 이렇게까지 해 주다니…. 잊지 못할 감사함이었다. 덕분에 바로 네이버와 yes24 베스트셀러에 등극했고 나는 그렇게 베스트셀러 작가가 되었다.

[첫 책 출간 후 받은 책 인증 사진]

이것이 바로 '느슨한 연대'

《라이프 트렌드 2020》에서 김용석 작가는 '느슨한 연대'란 끈끈하지 않아도 신뢰하는 관계, 같은 가치관과 취향, 관심사를 공유하는 사이라고 말했다. 개별적으로는 독립되어 있으나 필요에 따라 연결된 관계라는 것이다. 나는 첫 책 출간 이후의 행복한 기억 덕분에 느슨한 연대라는 말을 믿게 되었다. 매일 밥은 먹었는지 물어보는 사이는 아니지만, 평소엔 각자의 자리에서 열심히 살다가 필요할 때 강력하게 모이는 관계. 나의 첫 책을 응원해 줬던 분들도 나와 직간접적으로 연결되어 그동안 지켜보고 박수쳐 주고 있었던 것이다. 보통 얼굴을 보고 교류하는 오프라인 인간관계가 더 돈독하다고 생각하겠지만 현실은 많이 다르다. 오히려 블로그 이웃이 나의 고민과 내가 살아가고자 하는 삶, 나의 관심사가 무엇인지 더 잘 알고 있다. 물론 이것은 기록이 가지는 힘 덕분이라고 생각한다.

매일 블로그에 포스팅하는 것, 아침 5시에 미라클모닝을 하는 것, 스쿼트 200개를 하는 것…. 사소하지만 꾸준히 하기 참 어려운 것들이다. 이 어려운 것들을 나의 연대와 함께하면 더 오래 할 수 있다. 나와 방향이 맞는 사람들과 함께하기 때문이다.

▎SNS 활동은 나와 소통할 사람을 끊임없이 찾는 과정

SNS를 통해 소통하면서 나의 영향력을 키우려면 누군가 나의 채널을 방문해 좋아요도 눌러 주고, 댓글도 달아야 한다. 초보자에게 가장 현실적인 방법은 '먼저 다가가기'다. 나와 비슷한 사람, 내가 소통하고 싶은 사람을 꾸준히 찾고 먼저 방문해 나의 존재를 알리는 것이다. 누군가가 나의 블로그에 댓글을 써 주었다면 정성껏 답글을 쓰고 답 방문을 하면서 온라인 인맥을 만들어야 한다. 물론 이 과정이 쉽지 않다. 아무리 활발한 성격의 소유자라도 먼저 손 내밀기 쉽지 않을뿐더러 내가 다가가도 반응이 없는 사람을 보면 자존심이 상하기도 한다. 댓글 관리에 너무 많은 시간이 든다고, 시간이 아깝다고도 한다.

나는 블로그 운영 초창기에 매일 100명씩 나의 블로그 이웃을 찾으러 다녔다. 비슷한 또래의 아이가 있는 엄마, 책을 좋아하는 사람 등 내 나름의 기준으로 사람들을 찾아다니고 소통했던 결과, 현재 6,000명 정도의 이웃을 가지고 있으며, 한 명부터 시작해서 쌓아 올린 결과다. 지금은 막역한 사이가 된 사람과도 댓글 하나로 시작했고, '오늘도 행복한 하루 되세요'라는 어색한 안부를 주고받으며 시작했다. 물론 내가 어떤 콘텐츠를 남겼을 때 검색도 잘 되고, 우연히 그 글을 본 사람들이 열광하고 나의 팬이 된다면 더할 나위 없이 좋다. 그런데 지금까지 둘러보면 그런 행복한 경우는 거의 없었던 것 같다. 우리는 지금 한 발자국을 떼는 걸음마 단계라는 걸 잊어서는 안 된다. 단순히 숫자를 늘리기 위해 이런 과정을 한다면 고통스러울 수밖에 없지만 이웃수 1,000명이라는 숫자가 중요한 것이 아니라 내가 진심으로 소통할 사람, 서로 응원하며 함께 성장할 사람을 찾는다는 관점으로 접근하면 훨씬 의미 있을 것이다. 이런 과정을 통해 오래오래 함께할 사람을 만난다면 의미 있지 않을까? 특히 초기에는 나의 글을 소비해 줄 사람들을 반드시 먼저 찾아야 한다.

- 지식, 물건, 영향력을 만들어 내는 생산자들의 모임
- 만든 걸 잘 팔고 싶은 판매자의 모임
- 아직 출발선에 서지 않았지만 멋있게 출발하기 위해 준비하는 사람들의 모임

나는 내가 운영하는 콘텐츠 협업체를 이렇게 정의하고 있고 이 기준에 맞는 커뮤니티 분위기를 만들고자 노력하고 있다. '혼자 가면 빨리 가지만 함께 가면 멀리 간다'라는 아프리카 속담이 있다. 온라인에서는 '함께 가야 빨리 가고 멀리 간다'고 생각한다. 시작은 쉽지만 포기는 더 쉬운 온라인 환경, 초보 시절엔 아무도 나를 찾지 않는 특성 때문이다. 온라인 채널을 수익화 하려면 꾸준히 운영하면서 임계점까지 어느 정도 내공을 쌓아야 하는데 그때까지 견딜 힘을 나의 동료인 느슨한 연대 멤버들이 주는 것이다. 또 어느 정도 성장한 후에는 그들과 협업하면서 한 번 더 도약할 수 있다.

동업 금지는 '국룰'이라고 농담처럼 이야기한다. 그런데 온라인에서는 협업을 잘하면 영향력을 두 배 이상으로 키울 수 있다고 생각한다. 나는 여러 형태의 협업을 진행하고 있는데 이때 가장 주의할 점은 서로의 역할을 명확히 나누고, 욕심을 조금 내려놓아야 한다는 것이다.

한 달 후엔 나도 전자책 나온다(한나전)	• 전자책을 만드는 프로젝트로 '진심으로 클레오'님과 협업 • 진심으로 클레오님은 모객, 전체 운영 및 멤버 관리 • 나는 전자책 콘텐츠에 대한 부분 코칭
릴키유	• 인스타그램 릴스+키네마스터+유튜브 쇼츠의 줄임말 • 숏폼 콘텐츠를 만드는 프로젝트로 '허지영TV'의 허지영님과 협업 • 허지영님이 키네마스터 부분을, 나는 인스타그램 릴스 부분을 담당

협업을 하는 이유는 나 스스로 완벽한 존재가 아닐뿐더러 한계가 있음을 명확히 알기 때문이다. 나는 인스타그램 릴스(틱톡과 유사한 짧은 영상 콘텐츠)에 대해서는 잘 알지만 영상 편집은 능숙하지 못하다. 물론 내가 배워서 알려 줄 수 있지만 그건 그냥 기능을 그럴듯하게 습득해서 앵무새처럼 전달하는 것이라는 생각이 들었다. '허지영TV' 채널의 허지영님과 이런 고민을 나누던 중 함께 프로그램을 오픈하게 되었다. 물론 협업을 하다 아예 헤어지는 경우도 많이 보았다. 그럴 수밖에 없었던 이유는 있겠지만 '메인 리더'가 누구인지 명확히 정해서 확실한 책임감과 수익을 주는 것이 방법이라고 생각한다. 참고로 위 두 프로젝트의 메인 리더는 진심으로 클레오님, 허지영님이다. 나는 이들의 운영 방식에 절대 관여하지 않는다.

진심으로 클레오님은 내가 2019년에 처음 블로그 프로그램을 시작할 때 선택해 준 사람이다. 그 신청서를 보면서 '아무런 강의 경력도 없는 나를 왜 선택했을까'라고 생각했던 기억이 난다. 그렇게 1년여의 세월이 흐른 뒤 클레오님이 전자책 프로젝트를 구상할 때 내 경험을 조금 나누어 주었고, 나는 한나전(한 달 후엔 나도 전자책 나온다) 1기가 되었다. 나는 3주 만에 크몽 전자책을 승인받았다. 그리고 한나전 3기부터는 콘텐츠 코치로 합류하면서 1년여 동안 약 300명의 사람에게 코칭을 했다. 덕분에 나는 또 귀한 경험을 쌓는 중이다. 어찌 보면 그냥 수강생일 뿐인데 서로 영향력을 주고받으며 함께 성장하고 있다.

전자책을 만들고자 하는 분들은 어느 정도 콘텐츠 주제가 명확하기 때문에 사람들과 내가 좋아하는 콘텐츠에 대해 맘껏 이야기할 수 있다. 또 아웃풋으로 연결하기 쉬워 더 신이 난다. 콘텐츠의 목차와 글 쓰는 방식에 대한 코칭도 하지만 이후의 수익화 모델에 대한 이야기도 많이 하고 있다. 개인 스터디 프로그램 런칭, 브런치 작가로 데뷔해 채널 확장, 종이책 출간 계약 등 다양하게 본인의 길을 찾아가는 걸 보면 참 뿌듯하다. 이렇게 성장한 분들이 나에게 다시 기회를 주기도 하니, 참 알 수 없는 온라인 세상이다.

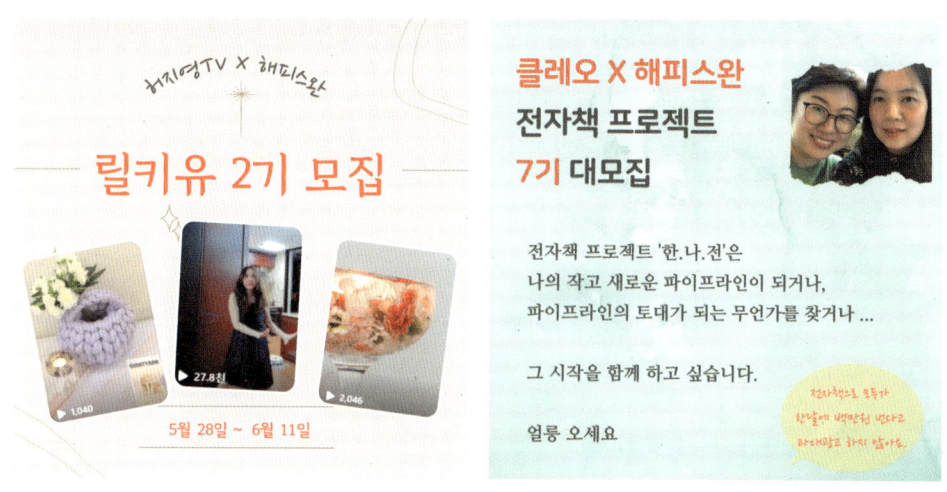

[협업으로 운영하는 숏폼 콘텐츠와 전자책 프로젝트]

▎당신에게 전자책을 권하는 이유

　내 콘텐츠의 방향을 잡았다면 한 번쯤 내가 가진 것들을 완결성 있게 정리해 볼 것을 추천하고 싶다. 베테랑 팀장이라면 초보 팀장에게 주고 싶은 조언을, 디자인 툴을 잘 다루는 사람이라면 쉽게 쓰는 디자인 툴 노하우를, 최근 책을 출간한 작가라면 책을 내는 과정이라는 주제를 잡고 한번 정리해 보는 거다. '구슬이 서 말이라도 꿰어야 보배'라는 속담처럼 내 머릿속에 흩어져 있는 것들을 하나의 줄기로 모아 보자. 이걸 블로그나 브런치에 시리즈물로 정리하거나 어딘가에 연재하면 좋다. 내가 잘 알고 있는 것과 하나의 방향성을 가지고 정리해 보는 건 다른 차원의 경험을 준다.

　물론 전자책을 쓰지 않아도 이렇게 콘텐츠 정리 작업을 할 순 있다. 그러나 우리의 의지는 항상 미약하기 때문에 '전자책 쓰기'라는 작은 목표와 기한을 스스로 설정해서, 그 기간과 목표에 맞추어 작업하기를 추천한다. 처음부터 끝까지 책의 형태로 정리하다 보면 내가 어떤 부분이 부족한지, 어떤 부분에 힘을 빼야 할지 알 수 있게 되기 때문이다. 또 매력적인 제목을 고민하고, 섬네일과 상세페이지를 구성하며 나의 콘텐츠를 다양한 관점으로 고민해 보는 기회가 된다. 그리고 전자책이 판매되면 플랫폼 수수료(보통 20%)를 제외하고 입금되니 새로운 수익의 파이프라인이 된다. 물론 전자책을 권하는 이유가 수익화에 초점을 둔 건 아니지만 입금될 때마다 기쁜 마음은 어쩔 수 없다.

> **Tip** 전자책의 종류
>
> | | |
> |---|---|
> | Epub(이퍼브) | 교보문고, YES24, 밀리의 서재 등에서 구매. 종이책의 온라인 유통을 위해 재가공된 형태로 전용 단말기나 뷰어를 통해 구독 가능하다. |
> | PDF | 크몽, 탈잉 같은 곳에서 판매되는 전자책으로 우리가 흔히 알고 있는 PDF와 같다. 개인이 의지가 있다면 비용 투자 없이 만들 수 있다. 크몽의 전자책 분량은 A4 기준으로 20장(탈잉 50장) 정도다. |

"혹시 공저를 했다거나 전자책을 발행했던 경험이 있으신가요?"

첫 책을 내고 싶다는 의지 하나로 여러 출판사에 투고하던 중 받았던 질문이다. 이런 경험이 없던 나는 결국 그 출판사와 계약을 하지 못했다. 꽤 좋은 분위기로 통화를 했고 미팅 약속까지 잡았는데 결렬이라니! 당시엔 이 질문이 어떤 의미인지 몰랐지만 1년이 지난 지금은 질문의 의도를 어렴풋이 알 것 같다. 그 출판사의 에디터는 내가 출판이라는 프로세스를 경험해 봤는지, 분량을 떠나 처음부터 끝까지 완결성 있게 쓸 수 있는지 사람인지 궁금했던 것 같다.

전자책과 종이책의 출간 과정은 많은 부분이 비슷하다. 먼저 내가 잘 이야기할 수 있는 주제가 무엇인지, 나의 콘텐츠를 원하는 고객이 누구인지 생각하고, 구체적인 주제를 정한다. 그리고 대략적인 목차를 작성하고 그에 맞추어 끊임없이 글을 써내려고 노력한다. 마지막으로 퇴고 후 전자책 플랫폼에 업로드하여 심사를 받는다. 이렇게 전자책 출간 과정은 종이책 출판 프로세스를 압축해 둔 느낌이 든다.

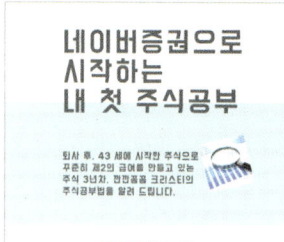 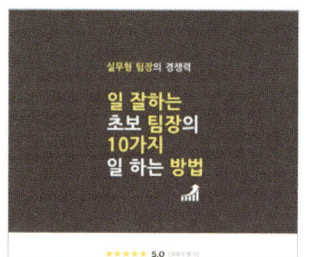 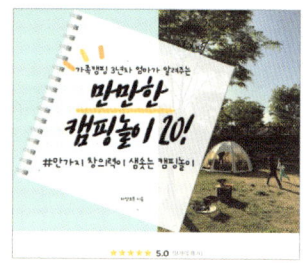

[평범한 일상을 잘 엮으면 훌륭한 소재가 된다]

Tip 전자책 플랫폼 비교

전자책 플랫폼은 다양하다. 플랫폼마다 특장점이 다르니 잘 비교해 보고 나의 주제나 상황에 맞는 플랫폼을 선택하면 된다. 개별 판매를 제외하고 모든 플랫폼에 등록하는 것도 가능하다.

플랫폼 구분	특장점	플랫폼 수수료
크몽	- 가장 대중적인 전자책 플랫폼이다. - A4 기준 약 20장 이상의 글을 작성하면 된다. - 주문 시 크몽이 파일을 직접 발송해 주어 편리하다.	20%
탈잉	- 전자책뿐 아니라 강의, 코칭 재능 플랫폼으로 유명해 수익화 모델을 만들기 쉽다. - A4 기준 약 50장의 글을 써야 해서 부담이 있다. - 주문 시 직접 문서를 발송해야 해서 번거롭다.	20%
유페이퍼	- YES24, 알라딘, 리디북스, 교보문고, 밀리의서재 등 일반 온라인 서점에 입점할 수 있다. - 책의 주민등록번호와 같은 ISBN을 부여받을 수 있다. - 수수료가 비싸고 이미지가 많은 경우 스스로 편집해서 업로드 하는 과정이 어렵게 느껴질 수 있다.	30~40%

부크크	- 주문이 들어오면 인쇄를 해서 배송해 주는 소량 출판 방식의 플랫폼이다. - ISBN을 발급받을 수 있다.	책 분량에 따라 상이
개별 판매	- 개인 SNS나 스토어에서 직접 판매하는 방식이다. - 플랫폼의 승인을 받지 않아도 되어 편리하다. - 스스로 홍보나 마케팅이 가능할 때 추천한다.	거의 없음

전자책 플랫폼마다 등록 방식에 차이는 있지만 크게 다음과 같다.

플랫폼 가입 후 튜터(판매자) 전환 → 전자책 상세페이지 및 원고 파일 등록 → 담당자 검토 후 승인 결정 → 승인 시 바로 판매 시작, 비승인 시 요청사항 수정 후 재심사

최종 승인까지 대부분 일주일 이내에 결과가 나온다. 특히 크몽과 탈잉은 튜터의 경력 검증이 깐깐하므로, 전문성 있는 주제를 다루면 증빙 자료를 요청하는 경우가 종종 있다. 비승인이 나면, 각 플랫폼 담당자가 요청하는 사항을 수정하고 재심사를 등록하면 대부분 승인이 된다. 그러니 혹시 내가 부족한 게 아닐까? 생각하지 말고 실망하지 않기를 바란다. 고지가 눈앞이다!

최근엔 재능플랫폼을 통해 기관이나 법인에서 강의 요청도 들어온다. 파이프라인을 구축하다 보면 전혀 생각지 못한 곳에서 기회가 열리는데, 그 기회를 잘 잡아야 한다.

이제는 당신이 시작할 차례

SNS를 지속적으로 하기 위해선 사람들과 교류하며 나만의 콘텐츠를 쌓아야 한다. 당장 수익화를 이룰 순 없어도, 천천히 쌓아가는 그 과정은 분명 큰 결실을 맺

을 것이다.

[공저 프로젝트 '심장이 나대는 프로젝트(심나프)' 멤버들]

이 책의 공동저자는 모두 자신만의 콘텐츠로 SNS 영향력을 키우고 있다. 물론 수익률을 각기 다르지만 모두 1년 이상의 기간 동안 블로그, 인스타그램, 브런치, 유튜브를 운영하고 있다. 아직도 부족함이 많고 때때로 위축되는 우리지만, 우리의 소중한 경험과 스토리를 계속해서 쌓아가는 중이다. 만약 이 책을 읽는 당신이 지금부터 시작한다면, 1년 후 누군가는 당신의 1년을 궁금해하고 배우고 싶어 할 것이다. 그러니 현명하게 시작하여 이 일을 꾸준히 해낼 수 있으면 좋겠다. 프리드리히 니체의 말로 글을 맺는다.

"모든 일의 시작은 위험한 법이지만, 무슨 일을 막론하고 시작하지 않으면 아무것도 시작되지 않는다."

에 | 필 | 로 | 그

"우리 엄마는 작가야."

첫 번째 책을 출간하고 가장 많이 달라진 건 아들이 나의 직업에 대해 알게 되었다는 점이다. 나는 그동안 회사에서 무슨 일을 하는 사람인지 아이에게 설명하기 어려웠다. 마케터를 뭐라고 설명해야 할까? 물건을 많이 팔기 위해 노력하는 사람이라고 할지, 무언가를 좋아 보이게 만드는 사람이라고 해야 할지…. 아이에게 이런 설명을 하기가 어려워 그냥 회사를 다니는 사람이라고 했다.

그런데 어느 날 아들이 버스 정류장에서 만난 반 친구에게 '우리 엄마는 작가'라고 이야기하는 걸 보았다. 그 아이가 '우와 너네 엄마 정말 대단하다'라는 대답을 한 걸 보면 초등학생들에게도 작가는 좀 멋져 보이는 직업인 것 같다. 아들에게 '작가가 되었다'라고 설명했던 기억은 없다. 다만 초고를 마감해야 했던 주말, 노트북을 끼고 한숨을 푹푹 내쉬고 책 쓰는 걸 마무리해야 하니 오늘은 좀 봐 달라고 양해를 구했을 뿐이다. 아이가 자라는 내내 직장에 다니면서 나를 설명할 수 없었는데 책 출간을 하고 얻게된 뜻밖의 보상 같아 뿌듯했던 기억이 난다.

나는 회사를 그만두고 싶어서 네이버 블로그를 시작했다. 퇴사 이후에도 돈을 벌어야 한다는 생각에 무언가 새로 시작해 보려고 다양한 업종을 알아보았다. 그런데 오프라인에서 시작하는 건 예상한 것보다 많은 자본이 필요했고 나에게는 돈이 없었다. 그래서 먼저 온라인에서 시작하기로 했다. 특별히 어떻게 온라인으로 돈을 벌어 보겠다는 계획도 없었고 방법도 몰랐지만 온라인 채널을 운영해 본 경험이 나중에 오프라인의 구직 활동에 도움을 줄 것 같다는 막연한 믿음으로 시작했다.

결과적으로 그때의 나를 칭찬한다. 매일 꾸준히 SNS에 기록을 남긴 것, 내가 소통하고 싶은 사람의 기준을 정하고 찾아 나선 것, 그리고 그들이 잘되길 바라며 진심으로 교류한 모든 것을 말이다. 이 시간들이 지나고 나니 어떻게 하면 온라인에서 수익화를 이끌어 낼 수 있는지 알 수 있었다. 그리고 지금도 나는 계속해서 나만의 경험치를 쌓아 가고 있다. 물론 모든 날이 좋기만 했던 것은 아니다. 강의 모객 공지를 올렸는데 반응이 없어 폐강을 고민하기도 했고, 이곳저곳 도전했다가 떨어진 적도 참 많았다. 이런 힘든 상황들 속에서 나를 계속 도전하게 만들었던 원동력은 무엇일까? 바로 이 모든 게 (설령 속상한 경험일지라도) 나중에 돈을 주고도 바꿀 수 없는 경험이라는 나의 믿음이었다. 이걸 극복하면 또 귀한 무언가가 탄생할 것이라고 믿기에 조금은 대범할 수 있고, 속상해도 견디며 굳은살을 만들고 있다.

회사를 그만두었냐고 많은 사람이 묻는다. 이미 퇴사한 것으로 아는 사람들도 있다. 그러나 나는 아직 회사를 떠나지 않았다. 온라인 세상에서 나의 목소리와 콘텐츠를 쌓으며 이런저런 일들을 일구다 보니 저 깊이 있던 자존감이라는 녀석을 만났다. 온라인에서 쌓은 자신감이 회사 생활에도 좋은 영향을 준 것이다. 덕분에 퍽퍽한 회사 생활도 조금은 뻔뻔하게 하고 있다. 또 아직은 회사라는 조직에서 이루고 싶은 게 더 많다는 것도 깨달았다.

나에게 온라인은 단순한 수익화의 도구가 아니다. 나의 자존감을 세우는 계기가 되었고, 비슷한 사람들과 소통하며 함께 성장한다는 든든한 만족감을 느끼게 해 준다. 거창한 목표, 전략, 실행 방안… 다 필요 없다. 지금 내가 할 수 있는 걸 하면서 시행착오를 조금씩 고쳐 나가면 된다. 이렇게 장점이 많은 온라인 라이프, 안 할 이유가 없지 않은가?

Part 2

캔바로 부활한 디자인 경력, 꿈까지 깨워 내다

강민영
마인드카소

#SNS콘텐츠디자인

사용 툴 ⚙ 캔바

캔바로 부활한 디자인 경력, 꿈까지 깨워 내다

강민영(마인드카소)

플리마켓으로 운영했던 개인 브랜드를 폐업하며 결심했던 세 가지

현재 온라인에서 '캔바로 드림 보드 만들기'와 SNS 콘텐츠 디자인 관련 강의와 협업을 하고 있는 지금의 나는, 이전엔 경단녀였고, 그보다 더 전에는 가방 디자이너였다. 스스로 자리 잡고 싶어서 약 9년간의 직장 생활을 끝내고 작은 브랜드를 만들었다. 디자인은 늘 해 왔던 일이니까 내가 디자인한 지갑과 가방도 무난하게 팔릴 줄 알았는데, 그것은 엄청난 착각이었다. 그때의 나는 마케팅은 전혀 몰랐고, 전략은커녕 당장 한 달 동안의 계획도 없이 쇼핑몰 하나만 만들어 놓으면 제품이 알아서 팔릴 줄 알았다. 일을 다 벌여 놓은 후에야 내 생각이 안일했다는 사실을 깨달았다. 내 월급은 고사하고 생산비라도 벌기 위해, 거실도 없는 다세대 주택 한쪽에 차곡차곡 쌓여 있는 제품 수십 상자를 온종일 수습해야 했다. 그래서 테트리스 게임처럼 상자를 하나라도 비워 없애기 위한 가장 현실적인 방법으로 플리마켓을 선택했다. 주말과 평일, 백화점과 시장 상관없이 닥치는 대로 물건을 팔러 다녔다. 지갑과 가방을 한가득 담은 캐리어의 무게는 내 마음의 무게와 같았다.

[당시 제품 재고 박스]

[플리마켓에 참여했던 사진]

 그렇게 플리마켓에 다닌 지 1년, '딱 내가 쓴 돈만큼만 벌자'라는 목표를 이루었고, '임신'이라는 좋은 소식도 있었다. 제품을 생산하면서 쓴 금액만 채우면 플리마켓 생활에서 완전히 벗어날 생각이었다. 무엇보다 더 이상 밖으로 떠돌지 않고 집에 머물고 싶었기 때문이다. 산부인과에 가서 임신 주수와 아기의 건강을 확인한 후, 고민없이 폐업을 준비했다. "세상에 존재하는 모든 것은 에너지다. 자신이 원하는 현실에 진동을 맞추면 그 현실을 얻게 된다. 이것은 철학이 아니라 물리학이다."라고 말했던 아이슈타인이 떠올랐다. 그의 말에 따라 원하는 타이밍에 된 임신은 내가 바라던 대로 창조된 현실이었다.

조금은 들뜬 마음으로 입점해 있던 온, 오프라인의 편집숍 담당 MD들에게 불가피하게 브랜드 운영을 중단한다는 안내 메일을 보내던 날 밤. '아이를 낳고 언젠가 다시 돈을 번다면?'이라는 가정을 곰곰이 생각했다. 육아를 도와줄 사람이 없어서 재취업은 불가능했다. 나는 필연적으로 경단녀이자 전업맘이 될 운명이었다. '아이를 키우면서 돈을 벌 수 있을까?', '장소와 시간의 구애 없이 돈을 버는 방법은 무엇일까?', '앞으로 나는 어떤 형태로 돈을 벌어야 할까?', '재미있고 의미 있게 돈을 벌 방법은 없을까?' 이런 생각들이 툭툭 떠올랐다.

나는 그동안 쌓여 있는 상자들을 볼 때마다 느꼈던 마음의 묵직함과 새벽부터 무거운 캐리어를 끌고 플리마켓을 다니며 느꼈던 육체노동의 고달픔에 진절머리가 났고, 외부에서 사람들을 상대하고 물건을 판매하면서 느꼈던 감정노동의 피곤함에도 지쳐 있었다. 스스로 고갈되는 느낌에서 벗어나, 나에게 맞는 방법으로 돈을 버는 길이 분명히 있을 것이라고 생각했다. 당시에는 명쾌한 답을 내리지는 못했지만, 그 동안의 경험을 바탕으로 결심했던 세 가지가 있었다.

1. 밖에 나가서 돈 버는 일이 경제활동의 중심이 되지 않게 할 것
   즉, 장소에 구애받지 않고 돈을 벌 것

전업맘인 내가 밖으로 나가서 돈을 버는 것은 현실적으로 불가능했다. 그렇게 한다고 해도 할 수 있는 일과 벌 수 있는 금액이 한정적일 거라는 생각이 들었다. 몸은 하나고 주어진 하루도 24시간으로 똑같을 테지만, 출산 후 집안일은 몇 배로 늘어날 예정이었기 때문이다. 이렇게 마음을 먹었지만, 아기가 태어나고 내가 마주한 현실은 상상 이상이었다. 앉아서 밥 먹는 시간조차 허락되지 않았으며, 나의 일을 찾고 싶다는 생각이 언뜻 스치기는 했지만 깊이 생각해 볼 여력은 전혀 없었다. 무엇보다 엄마가 되었으니 아이를 잘 키우고 싶었다. 육아를 우선순위에 두면서 돈도 벌려면 온라인으로 자리를 잡거나, 어떤 형태로든 시간과 장소에 구애받지 않아야 한다는 생각이 들었다. 그 당시에는 모르는 단어였지만, 지금 생각해 보면 '디지털 노마드(디지털 장비로 장소에 구애받지 않고 일하는 사람들)'의 삶을 상상한 듯하다.

2. 물건을 대량생산해 판매하지 않고 지식이나 무형의 것을 팔 것

여러 개발도상국에서 계속해서 공장이 세워지고 있고, 각종 물건과 의류, 패션 잡화들이 지금 이 순간에도 끊임없이 생산되고 있다. 나는 내가 만들어 낸 제품을 포함해 과잉생산되는 물건들에 대한 회의감이 들었다.

출산하면 아기의 짐이 방 하나를 채울 만큼 늘어난다기에, 임신하고 가장 몰두했던 일은 필요 없는 물건들을 팔거나 버려서 비워 내는 작업이었다. 물건을 비우면서 비슷한 용도에 디자인만 살짝 다른 물건은 더이상 만들고 싶지 않다는 생각이 들었다. 사람들의 삶에 새로운 유익을 주는 것을 만들고 싶었다.

무엇보다 유형의 물건이 아닌 무형의 것을 팔고 싶었다. 지식이나 글, 예술과 같은 무형의 가치, 그 무언가는 그 자체로 나 자신이 되면 좋겠다는 생각을 했다. 나만 무너지지 않으면 언제든지 지속하며 할 수 있는 일. 물론 제품에도 가치를 담아 판매할 수 있겠지만, 당시의 나는 물건 자체보다는 서비스나 다른 형태를 찾고 싶었다.

3. 욕심내지 않고 할 수 있는 만큼 작게 시작해서 성장할 것

이전 실패의 모든 원인은 결국 나 때문이었다. 내가 하던 일이니까 해 왔던 대로 하면 적당히 팔릴거라 생각했던 자만심 때문에 준비가 부족했고 조금 더 벌고 싶다는 욕심 때문에 제품 가격 책정에도 실패했다. 쉽게 생각하고 판단하면서 욕심을 내자, 일의 흐름은 물론 마음마저 원하지 않는 방향으로 떠내려갔다. 자만하는 상태에서 위기를 느끼면 사람은 금방 위축된다. 자신이 생각했던 것과 다른 현실이 당황스럽기 때문이다. 그래서 '이게 아닌가?'라는 조급한 생각에 빠져 덜컥 할인 가격을 내놓게 되는 것이다.

"할인은 광고입니다. 브랜드에 문제가 생기기 시작했다는 광고."

강민호 작가의 책 《브랜드가 되어 간다는 것》의 한 구절이다. 이 부분을 읽는데 과거의 내가 떠올랐다. 근거 있는 마케팅 차원의 할인도 있지만, 기본적으로 할인은 브랜드에 문제가 생긴 것을 의미한다는 말에 고개가 끄덕여졌다. 물건을 대량생산한 것도, 실패한 가격 책정도, 안일했던 마인드도 모두 나의 욕심에서 비롯되었다는 것을 알게 되었다. 다시는 이런 방법을 사용하고 싶지 않았다. 비록 나의 미흡한 준비와 부족한 태도로 브랜드의 폐업은 피할 수 없었지만 이 일을 계기로 스스로를 되돌아보게 되었고, 일에 대한 새로운 태도와 철저한 준비성을 가질 수 있게 되었다.

다시 돈을 번다면 완전히 새로운 방향이어야 했다. 큰 비용이나 많은 시간이 드는 일보다는 내가 좋아하는 그림이나 디자인 전공을 살리는 일을 해 보면 어떨까 하는 생각이 들었다. 지금 내가 할 수 있는 일로 작게 시작해서 성장하는 것이다.

물론 일을 실행해 나가는 과정에 어려움은 있겠지만 그렇다 하더라도 다시 도전할 수 있다면 나에게 맞는 일이 아닐까? 기대만큼 안 된다고 폐업하는 것이 아니라 오뚝이처럼 일어나서 새로운 방법을 찾고 시도하는 일이 내게도 있지 않을까?

언젠가 다시 돈을 벌게 된다면 전업맘인 나의 상황에 맞게, 욕심내지 않고 할 수 있는 만큼으로 시작해서 하나하나 단계를 밟으며 스스로 떳떳할 만큼 벌겠다고 다짐했다.

누구나 SNS 콘텐츠 디자이너가 되어야 하는 시대

너무 작아서 품에 안는 것조차 조심스러운 아기를 낳고 키우는 데 내 에너지를 다 쏟았다. 육아 전문가들이 말하기를, 태어나서 3년은 엄마와 함께 보내는 것이 아이에게 좋다고 하기에 4살까지는 가정 보육을 하기로 했다. 평범한 일상 속에서 유난히 힘든 날도 있었고 좋은 날도 있었지만, 성실한 남편과 귀여운 아이 덕분에 다른 육아맘과 다르지 않은 보통의 날들을 보낼 수 있었다. '나 이렇게 살아도 될까?'라는 질문 하나가 불쑥 떠올라 내 마음을 흔들어 놓기 전까지는.

당시 나는 4년 차 경단녀이자 전업맘이었다. 겉으로 보기에는 별문제 없이 살고 있었지만, 문득 내 삶에 내가 없다는 느낌과 함께 계속 이렇게 살고 싶지 않다는 생각은 점점 강해졌다. '나는 앞으로 어떻게 살아야 할까?'라는 물음표가 머릿속에 가득했다. 방법을 찾기 위해 자기계발서를 읽고 일기도 썼지만, 질문에 대한 만족스러운 답이 떠오르지 않았다.

일생일대의 방황에도 시간은 멈추지 않고 흘렀다. 가족도 친구도 시간도 자신에게 주어진 길을 가느라 바빴다. 그사이 해가 바뀌고 봄이 되었다. 삶은 늘 그랬다. 때마다 '이건 철저히 너의 몫'이라는 듯 스스로 해결해야 할 숙제를 놓고 매정하게 가 버렸다. 하지만 그것을 외면하지 않으면 풀 수 있는 힌트 또한 내 주변 어딘가에 두는 다정함도 있었다.

블로그를 시작하다

방황이 끝날 무렵 일기에 이렇게 썼다. '기록하는 삶을 살자.' 내 삶에 내가 있음을 증명하는 유일한 방법은 기록밖에 없다는 생각이 들었다.

우연히 보게 된 5만 원짜리 블로그 강의가 '어떻게 살아야 하지?'에 대한 첫 번째 힌트가 되었다. 블로그에 내 삶을 기록해 보기로 한 것이다. 평소 카톡 프로필에 셀카나 아이 사진을 한 번도 올려본 적이 없을 만큼 개인적인 부분을 오픈하지 않던 나로서는 완전히 새로운 선택이었다.

요즘 누가 블로그를 하느냐는 지인들의 말을 듣고, 오히려 하는 사람이 많지 않으니 편하게 글을 쓸 수 있겠다는 생각이 들었다. 온라인이라서 기록을 보관하기도 쉬울 것 같았다. 그런데 막상 블로그를 시작해 보니 주변에서 말한 것처럼 한물간 것은 아니었다. 꾸준히 블로그를 해 온 사람들이 생각보다 많았다. 그들은 대체로 성실해 보였고, 관심 분야에 대한 조예도 깊어 보였으며, 자기 생각을 담은 글도 잘 쓴다고 느껴졌다. 나는 저만큼 앞서 있는 그들이 부러웠다. 그들을 흉내 내보려 했지만 4년 가까이 아이만 키운 내가 갑자기 깊이 있는 글을 쓰는 것은 불가능했다. 그래서 그동안 읽었던 책, 육아에 관한 생각, 일상에서 보고 느꼈던 것 등 지금 내가 쓸 수 있는 것부터 쓰기 시작했다.

블로그를 시작하고 좋았던 점은 다양한 인연과의 연결이었다. 그전에는 인간관계라고 하면 가족과 친한 친구들 몇 명, 동네 엄마 한두 명이 전부였던 내가 블로그를 통해서 새로운 사람들을 만날 수 있게 되었다. 어떤 분야든 현역에서 일하고 있는 사람들의 이야기는 생동감이 있었고, 선배 엄마들의 이야기는 육아에 실질적인 도움이 되었다.

어느 날 워킹맘인 가까운 블로그 이웃이 이미지 만들기에 유용한 사이트라며 망고보드와 캔바를 알려 주었다. 그 이웃은 마케팅 기획자로서 트렌드와 SNS에 관련된 유용한 팁을 많이 알았고, 경력이 단절된 나에게 도움이 될 만한 다양한 정보를 연결해 주었다.

▌누구나 SNS 콘텐츠 디자이너가 되어야 하는 시대

망고보드와 캔바는 누구나 쉽게 디자인 작업을 할 수 있는 온라인 편집 플랫폼이다. 잘 활용하면 SNS의 섬네일이나 콘텐츠 이미지를 전문적인 그래픽 프로그램 없이 꽤 근사하게 만들 수 있다.

수년 전 디자이너로 일했을 때는 회사에서 제공하는 어도비(Adobe)사의 포토샵이나 일러스트레이터로 디자인 요소를 하나하나 그려서 작업해야 했다. 간단한 이미지를 만들더라도 레이아웃과 폰트, 컬러, 내용을 고심해서 완성하기까지 짧지 않은 시간이 들었다. 그래서 바쁠 때는 디자인 외주를 주기도 했는데, 그 방법은 효율적인 듯 효율적이지 않았다. 직접 디자인 작업을 하는 시간은 아낄 수 있었으나 콘셉트를 잡고 담당자와 커뮤니케이션하는 시간, 결과물에 대한 만족도, 투자한 비용 등 다방면으로 고려하면 직접 만드는 것이 더 생산적이라는 생각이 들었기 때문이다.

온라인에서 자신을 알리거나 수익을 창출하고자 한다면, 캔바와 같은 디자인 편집 툴은 꼭 다룰 줄 알아야 한다. 즉, 자신만의 콘텐츠를 시각적으로 표현할 줄 아는 디자이너가 되어야 한다. 시작 단계에서는 블로그 섬네일부터 강의 수강생 모집, 이벤트 안내, 서비스 혹은 제품 홍보를 위한 이미지까지 수시로 만들어야 하는데, 그때마다 시간과 비용을 들여 외주로 해결할 수는 없기 때문이다. 특히 디자이너가 아닌 1인 기업가, 퍼스널 브랜딩을 하는 사람들에게 외주 업체와의 디자인 커뮤니케이션은 더욱 번거로울 수 있다.

▌놀라운 디자인 편집 플랫폼 3가지: 캔바, 망고보드, 미리캔버스

디자인 편집 플랫폼은 완성도 높은 템플릿과 디자인 소스를 제공하고 있어서 내용과 사진만 적절하게 바꾸면 괜찮은 이미지를 만들 수 있고, 여기에 조금의 감각만 더하면 디자이너만큼 표현도 가능하다. 지금부터 대표적인 사이트 3가지를 소개하겠다.

❶ 캔바(https://www.canva.com/)

호주에서 만든 사이트로 무료 버전과 유료인 PRO 버전이 있으며, 영어권 디자인으로 특유의 감각적인 분위기를 느낄 수 있다. 제공하는 템플릿과 디자인의 종류가 다양하고 워터마크로부터 자유로운 것이 큰 장점이다. 아쉬운 점은 국내 정서에 적합한 요소가 다양하지 않다는 점이다.

❷ 망고보드(https://www.mangoboard.net/)

한국에서 만든 사이트로 유료 버전에서 제공하는 범위가 다양한 것이 특징이다. 무료 체험판도 있지만, 무료 버전의 이미지에는 워터마크가 무조건 삽입되기 때문에 사실상 유료 사이트라고 봐도 무방하다. 국내 정서에 적합한 섬네일이나 카드뉴스 템플릿이 많은 것이 장점이다.

❸ 미리캔버스(https://www.miricanvas.com/)

국내 기반 사이트로 무료 버전에서도 워터마크와 저작권으로부터 자유로운 사이트다. 다만 템플릿 종류나 분위기가 타 사이트와 비슷하고, 워터마크가 없다는 장점 때문에 많은 사람이 사용하다 보니 SNS에서 디자인이 겹치는 경우를 심심찮게 볼 수 있다.

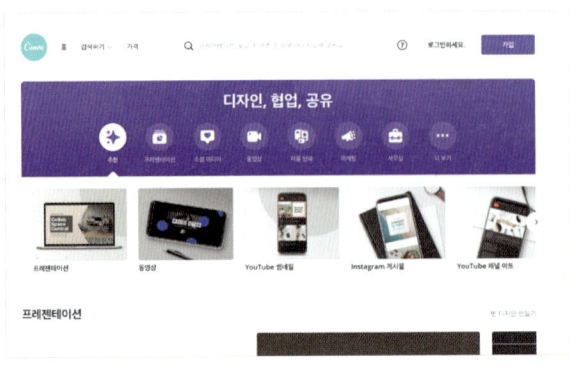

[캔바 홈페이지]

[망고보드 홈페이지]

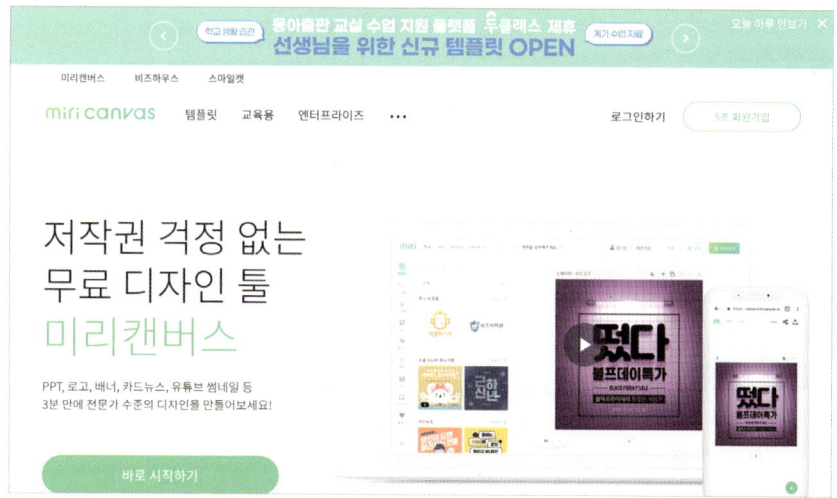

[미리캔버스 홈페이지]

▌내가 캔바를 선택한 4가지 이유

　블로그 포스팅을 할 때마다 캔바에서 썸네일을 만들면서 기능을 하나씩 익혔다. 사이트가 직관적으로 구성되어 있어서 적응하는 데 오래 걸리지 않았고, 디자인 소스가 다양하고 예뻐서 작업하는 과정이 재미있기도 했다.

나는 블로그를 시작하면서 망고보드와 캔바 두 사이트를 활용해 보다가 캔바에 정착하게 되었는데, 각 플랫폼의 특징이 뚜렷해서 어느 것이 더 좋다고 할 수는 없으니 직접 경험해 보고 자신에게 더 적합한 플랫폼을 선택하면 된다. SNS를 시작하는 단계에서는 무료 버전을 최대한 활용해 보고 결정하는 것이 합리적이다. 내가 캔바를 선택한 이유는 크게 4가지였다.

❶ 감각적인 디자인 템플릿

망고보드는 국내 정서에 잘 맞는 디자인 소스가 많다는 장점이 있고, 캔바는 색감이나 디자인이 심플하고 감각적인 것이 특징이다. 특히 캔바는 SNS뿐만 아니라 달력이나 워크시트, 마인드맵 등 일상생활에서 활용할 수 있는 템플릿도 다양하게 제공해서 활용도가 높다고 느껴졌다. 또한 디자인 소스 역시 내가 추구하는 스타일을 표현하기에 캔바가 더 적합하다고 판단했다.

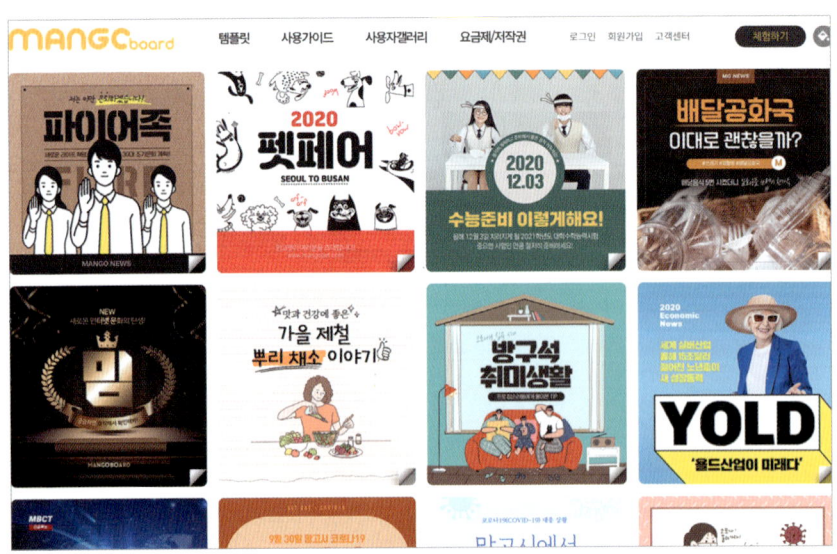

[망고보드 템플릿 디자인]

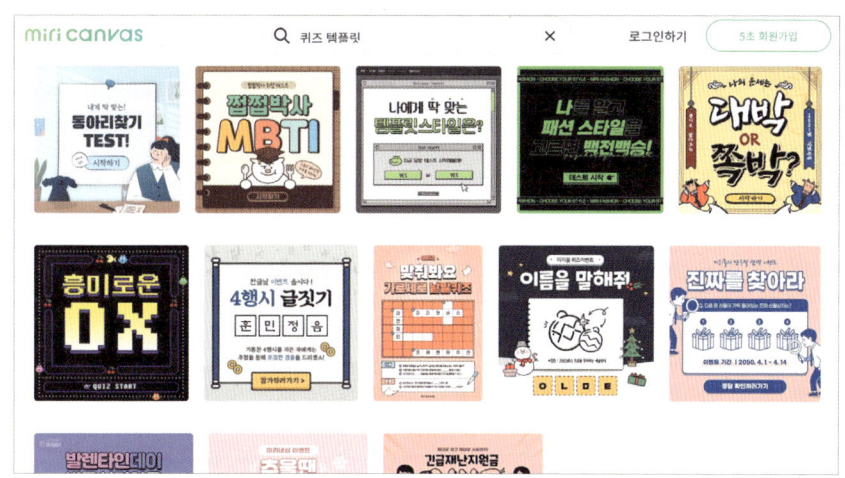

[미리 캔버스 템플릿 디자인]

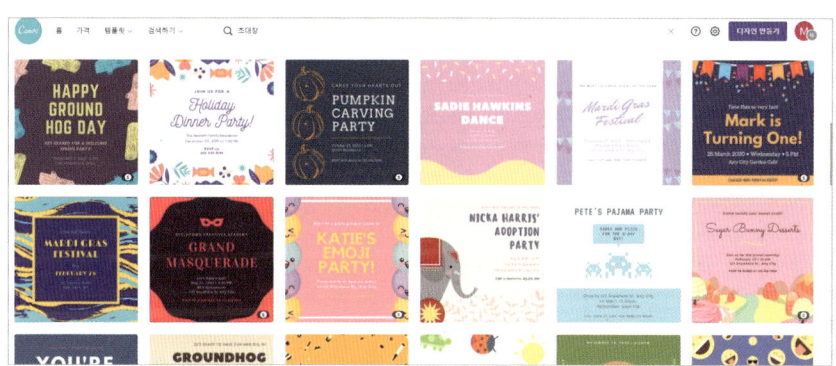

[캔바 템플릿 디자인]

[캔바 템플릿 종류]

❷ 무료 버전에서도 남지 않는 워터마크

캔바는 무료 버전에서 작업 후 이미지를 다운로드해도 워터마크가 남지 않는다. 워터마크란 출처나 저작권 정보를 식별할 수 있도록 이미지에 고유한 표시를 하는 것인데, 이것이 남게 되면 결과물의 전체적인 완성도가 떨어진다. 캔바는 무료 버전에서도 워터마크로부터 자유로운 반면, 망고보드는 출처가 무조건 표기되어 깔끔한 이미지를 기대하기 어려웠다.

[워터마크]

❸ 제한 없는 무료 버전 디자인 제작 개수

캔바는 무료 버전으로 작업 가능한 파일 수 제한이 없지만, 망고보드는 10개로 제한한다. SNS를 하다 보면 섬네일을 포함해서 생각보다 꽤 많은 이미지를 만들어야 하기에, 제작 개수 제한이 없는 캔바에서 작업하는 것이 더 수월했다.

❹ 앱 지원을 통한 생산성과 편리성

캔바는 홈페이지뿐만 아니라 앱도 지원하고 있다. 아이패드 사용자인 나는 앱으로 언제든지 필요한 이미지를 빠르고 쉽게 만들 수 있는 캔바만의 생산성과 편리함이 유용하게 느껴졌다. 다만 핸드폰으로 이미지 작업을 하기에는 터치감이나 조작의 섬세함이 떨어지므로, 앱에서는 기존 템플릿의 텍스트나 사진만 변경하는 간단한 작업만 하고, 꼼꼼한 디자인은 PC에서 작업하는 것을 추천한다.

한 달 정도 캔바와 망고보드를 오가며 나의 작업 성향과 스타일을 고려한 이미지를 만들어 본 결과, 캔바만의 감각적인 템플릿 디자인, 무료 버전에서도 남지 않는 워터마크가 매력적으로 느껴졌다. 또 무제한으로 작업이 가능하며, 만든 파일을 간편하게 복사하고 수정할 수 있다는 점과 앱 지원의 편리함이 돋보여서 캔바를 선택하게 되었다.

> **Tip** 캔바 유료 버전, Pro의 금액과 기능

캔바 Pro는 노란 왕관 스티커가 붙어 있는 디자인 요소와 템플릿을 모두 사용할 수 있고 자동 크기 조정 기능(작업한 파일을 다른 크기로 바꾸는 것)을 지원한다. 참고로 무료 버전에서는 처음 디자인을 만들 때 크기 설정이 가능하지만 자동 크기 조정 기능은 지원하지 않는다. 또한 캔바 Pro에서는 사진의 배경을 투명하게 하는 기능도 사용할 수 있다. 캔바 Pro는 30일 무료 체험도 가능하니, 활용해 보고 자신의 이미지 제작 빈도와 효율성을 고려해서 결정하면 된다. 한 번의 요금 결제로 해당 기간 동안 최대 5명까지 팀 작업이 가능하다. 의견이 맞는 사람들이 모여서 한 사람이 결제하고, 금액을 나누어 사용하면 조금 더 경제적으로 캔바를 이용할 수 있다.

[캔바 요금제]

온라인 디자인 플랫폼 캔바로
부활시킨 나의 경력

블로그에 기록이 쌓이고 이웃들과 소통이 늘어나다 보니, 자연스럽게 이웃들과 디자인에 관한 이야기도 나누게 되었다. 본인이 직접 제작한 섬네일이나 카드뉴스 디자인이 어떤지 내게 의견을 묻거나, 활동하는 커뮤니티의 템플릿 디자인 작업에 도움을 줄 수 있는지 문의하는 댓글이 달리기도 했다.

▍실력은 남을 도울 때 향상된다

캔바는 여러 가지 종류의 템플릿을 보는 재미가 있었고, 이미지를 만드는 작업 자체가 복잡하지 않아서 좋았다. 완성도 있는 디자인 소스를 제공하고 있어서 담고자 하는 콘텐츠에 적합한 것을 선택한 뒤 보기 좋게 배치만 하면 되었다. 대체로 포스팅에 담을 섬네일을 만드는 일이었지만, 오랜만에 디자인 작업을 하니 감회가 새로웠다. 흥미롭기도 했고, 육아만 하면서 경력뿐만 아니라 감각도 덩달아 단절된 듯한 느낌이 들기도 했다. 어쩌면 당연한 일이었다.

나는 취미로 그리던 그림 실력을 높이고 싶을 때 블로그를 통해서 주제가 있는 드로잉 이벤트를 했었는데 디자인도 마찬가지였다. 누군가를 돕는 디자인 작업을 할 때 감각이 더 활발하게 자극되었다. 기왕이면 반응이 좋은 효과적인 이미지를 만들어서 도움이 되고 싶었다.

'미라클 베드타임'을 운영하시는 뮤직 멘토(닉네임)님이 연말 파티 시간표 이미지를 요청한 적이 있다. 나는 기꺼이 만들어 드리겠다고 했다. 시간표를 어떻게 표현하면 좋을까 고민하다가 메뉴판 템플릿을 응용해서 디자인했다. 작업하며 캔바를 더 다양하게 활용할 수 있다는 것을 알게 되었고 완성된 이미지의 반응도 좋았다.

돕고자 하는 마음은 감각을 깨워 내는 데 도움이 되었고, 결과물에 대한 긍정적인 피드백은 앞으로 나아가는 데 힘을 더해 주었다. 나에게 필요한 이미지만 만들었다면 배울 수 없고, 느낄 수 없었을 부분이었다. 자신의 디자인 실력을 높이고 싶다면, 타인을 돕는 이미지를 만들어 볼 것을 추천한다. 안 쓰던 감각이 자극을 받고, 이는 곧 새로운 아이디어로 연결될 것이다.

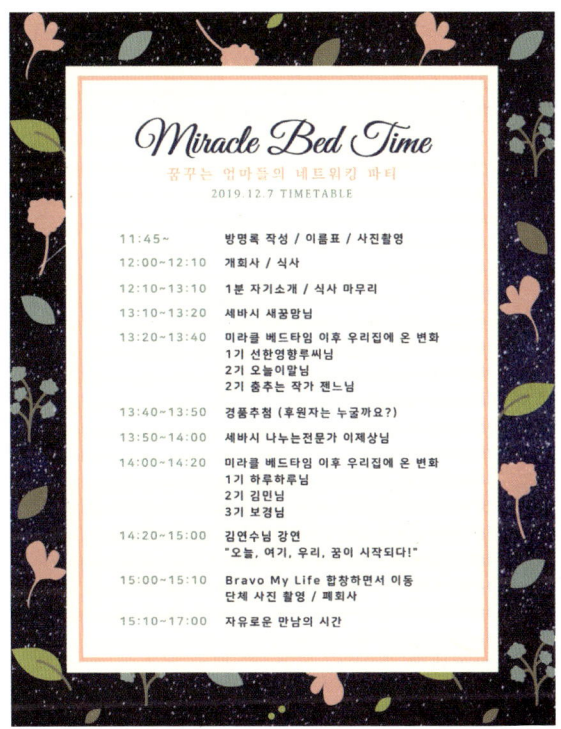

[미라클 베드타임 연말 파티 시간표]

디자인 강의를 해 달라고요?

육아하면서 디자이너로 다시 일하는 것은 불가능할거라고 생각했다. 경력이 단절된 기간 동안 잃었던 감을 찾기도 어렵고, 일하고 싶은 뜨거운 마음을 회복하기도 쉽지 않을거라 생각했다. 하지만 블로그에 기록하면서 차근차근 디자이너의 감을 되찾기 시작했고, 무엇보다 캔바로 이미지를 만들면서 다시 일하고 싶다는 마음도 생겼다. 비록 회사에 들어가지는 못하겠지만, 아이를 키우면서 할 수 있는 나만의 일자리를 만들고 싶었다.

내 바람이 하늘에 닿은 걸까? 하나 둘 올린 섬네일 이미지를 관심 있게 본 가까운 블로그 이웃이 내게 디자인 미니 강의를 요청했다. 본인이 운영하는 블로그 프로그램 안에 'SNS 콘텐츠 디자인하는 법'이란 주제로 해 보자고 했다. SNS를 하다 보면 자신의 콘텐츠를 보여 주는 섬네일이나 카드뉴스, PPT, 상세페이지 등 다양한 형태로 디자인이 활용되기 때문이다. '내가 디자인 강의를?' 두려운 마음이 앞섰지만 싫지만은 않아서 해 보겠다고 용기를 냈다.

도서관에 가서 디자인 이론과 그래픽 디자인 관련 책을 여러 권 빌려 왔다. 내 강의 하나로 온라인에서 활용하는 다양한 이미지를 좋은 결과물로 만들 수 있도록, 내가 모르는 것은 배워서라도 모두 알려 주고 싶었다.

그렇게 열심히 자료를 정리하고 만들다 보니 어느새 강의 날이 되었다. 디자인을 배우고 디자인으로 돈은 벌어 봤지만 많은 사람에게 디자인 지식을 전하는 일은 처음이었다. 게다가 내가 잘 아는 분야였음에도 불구하고 줌(ZOOM)으로 진행하는 온라인 방식이 낯선데다가 방대한 분야를 어떻게 잘 덜어 내고 요약할지를 몰라 결국 첫 강의는 어설프고 미련이 남은 채 마치게 되었다.

강의를 준비할 때 고려해야 하는 5가지

❶ 구체적인 강의 키워드와 명확한 대상을 설정하자

먼저 자신이 다루는 주제 안에서 세부적인 키워드를 하나 정하거나, 타깃 대상을 명확히 하자. 그러면 귀한 시간과 돈을 내서 강의를 듣는 사람들에게 실질적인 도움이 되는 수업을 준비할 수 있다.

예를 들면 [온라인 콘텐츠 디자인]이 아니라 [블로그 섬네일 쉽게 만들기], [스토리가 있는 카드뉴스 만들기] 등으로 주제를 더 좁히는 것이다. 이런 주제는 원데이 클래스나 단기간에 과제물 피드백을 주고받을 수 있게 하면 무난하다. 다른 예로 [스마트스토어 사장님을 위한 콘텐츠 디자인]과 같이 대상을 구체적으로 설정하고 섬네일, 카드뉴스, 상세페이지, 이벤트 페이지 등 대상에게 필요한 이미지를 만드는 법을 알려 주는 강의를 할 수도 있다. 이때는 과제물 피드백을 세심하게 할 수 있도록 강의 기간과 커리큘럼을 구성하면 더욱 실질적인 도움을 주는 수업이 될 것이다.

❷ 강의 모집 섬네일, 홍보 이미지 디자인에 신경 쓰자

강의를 기획한 뒤 SNS에 모집 글을 올리면 사람들이 가장 먼저 보게 되는 것은 섬네일과 카드뉴스 형태의 홍보 이미지다. 특히 첫 이미지가 되는 섬네일은 강사와 강의에 대한 첫인상이 되므로 신경 써서 만드는 것이 좋다. 자신의 강의 모집 글을 보는 사람에게 어떤 느낌을 주고 싶은지, 어떤 메시지를 전하고 싶은지, 어떤 도움을 줄 수 있는지 고민해서 디자인하자. 디자인 관점의 노하우와 섬네일, 카드뉴스 제작 방법에 대해서는 이후에 하나씩 소개하겠다.

아래의 홍보 이미지는 디자인을 잘 모르는 사람들도 캔바를 놀이터처럼 느끼고, 아이들이 놀이하듯이 재미있게 이미지 작업을 했으면 하는 마음으로 기획했던 프로그램이다. 어릴 때 색종이로 콜라주 했던 느낌을 담아서 섬네일과 프로그램 소개 이미지를 디자인했다.

['디자인 놀이터 캔바에서 놀자!' 프로젝트 홍보 이미지]

❸ **온라인 강의에 익숙해지자**

보통 온라인 강의는 줌이라는 프로그램으로 진행한다. 특히 디자인 관련 강의는 시각적인 자료가 필요할 뿐만 아니라, 툴 사용 방법은 직접 시연하면서 설명해야 효과적이다. 이때 화면에서 관련 사이트를 공유하고 설명하는 과정이 자연스럽게 연결될 수 있도록 줌 기능과 사용법을 미리 숙지하고 있어야 한다. 수강생 참여를 자연스럽게 끌어내기 위해서 주석 달기나 채팅창 활용법도 미리 알아두고 적용하면 온라인 강의지만 분위기가 한결 부드러워진다. 물론 처음 온라인 강의를 진행할 때는 방 안에서 혼자 말하는 것이 어색하게 느껴질 수 있지만, 경험이 쌓이면서 점차 익숙해질 것이다.

[줌 주석 달기]

❹ **효과적인 과제물 피드백과 소통을 위한 방법을 고민하자**

원데이 클래스든 주 단위의 중장기 프로젝트든 온라인으로 클래스를 운영하기 위해서는 생각보다 더 많은 준비와 소통을 해야 한다.

클래스 참여 신청서는 네이버 오피스 폼으로 받는 것을 추천한다. 혹시 모를 일에 대비해서 수강생의 이메일이나 연락처 등 중요한 정보를 누락 없이 관리할 수 있기 때문이다. 강의의 시작과 끝을 메일이나 문자로 알리면 전체적인 진행이 원활해진다.

나는 '캔바로 드림 보드 만들기 프로젝트'를 연말과 연초에 원데이 클래스로 진행한다. 이때 강의 시작 3일 전에 클래스 줌 예약 링크와 줌 설치 방법, 수업 전 안내 자료 등을 수강생들에게 이메일로 전한다. 그리고 클래스가 끝난 후에는 강의 중 받았던 질문에 대한 추가 답변과 강사로서 전하고 싶은 메시지를 카드로 만들어서 마무리한다. 프로젝트의 시작과 끝을 알리면 정리되는 느낌이 든다.

피드백이 있는 클래스를 운영할 때는 소규모를 추천한다. 규모가 크면 클수록 피드백에 많은 시간과 에너지가 소모되기 때문이다. 그리고 단톡방을 만들어 필요한 자료나 공지 사항을 즉각적으로 전달하는 것 역시 에너지를 덜 소모하는 좋은 방법이다. 하지만 과제물 피드백을 카톡으로 하게 되면 피드백 과정이 제대로 기록되지 않을 수 있기 때문에 비공개 카페를 만들어서 댓글로 소통하며 피드백을 주는 것이 좋다. 이렇게 진행하면 수강생의 과제 진행 과정을 바로 확인할 수 있어, 효과적으로 피드백을 주고받을 수 있다.

피드백의 사전적 정의는 '학습자의 학습 행동에 대하여 교사가 적절한 반응을 보이는 일'이다. 여기서 중요한 것은 '적절한 반응'이다. 수강생의 과제에 칭찬만 하면 수강생의 실력이 향상되기 어렵고, 아무리 좋은 마음이어도 아쉽고 부족한 부분만 언급하면 수강생의 의욕이 떨어질 수 있다. 따라서 상반된 두 반응을 적절하게 섞어서 전달하는 것이 매우 중요하다. 주로 잘된 점을 먼저 찾아 구체적으로 칭찬한 다음, 아쉬운 점을 이야기하는 방법이 효과적이다. 그리고 아쉬운 점을 이야기 할 때는 아쉽다에서 그치지 않고 참고 이미지, 도움이 될 만한 대안도 함께 첨부했다. 어떻게 하면 수강생에게 도움이 될지에 초점을 맞춰서 항상 고민했다.

최근 한 프로젝트에 내가 수강생으로 참여한 적이 있는데, 이 프로젝트의 강사는 과제물을 제출할 때 과제를 하면서 좋았던 점과 어려웠던 점을 간략하게 쓰게 했다. 수강생이 과제하면서 느낀 점을 강사가 구체적으로 파악해서 피드백을 주니, 수강생에게 실질적으로 도움이 되는 느낌이 들었다. 그래서 나도 다음에 피드백이 있는 프로그램을 진행하게 되면 참고할 생각이다.

[과제물 피드백을 위해 운영하는 비공개 카페]

❺ **수강생이 남기는 강의 후기와 피드백을 소중히 여기자**

　클래스 일정이 마무리되면 네이버 오피스 폼을 활용한 설문지 링크를 미리 준비하거나, 강의에 대한 솔직한 소감을 부탁하자. 이런 후기로 통해서 수강생들의 생각과 강의의 장단점을 파악할 수 있다. 이를 통해 더 나은 방법을 모색하고, 필요한 부분을 다음 클래스에 반영하자. 또 강의 모집 글을 쓸 때, 설득력 있는 후기는 홍보에 큰 도움이 되므로 감사한 마음으로 받도록 하자.

[네이버 오피스 폼으로 받은 설문지 일부]

블로그 이웃이 내게 처음으로 디자인 미니 강의를 제안했을 때 해 보겠다고 용기 낸 덕분에 디자인 프로젝트나 워크숍 등의 다양한 일로 연결되었다. 완벽한 시작은 아니었지만 조금씩 나아졌고, 지금도 꾸준히 성장하고 있다.

'나만의 일을 해 보고 싶다'라는 마음이 든다면 먼저 관심사와 주제를 정해서 블로그에 꾸준히 기록해 보자. 그리고 한걸음 내디딜 용기가 채워졌을 때 부담 없는 작은 프로젝트로 시작해 보자. 그 시작이 또 다른 어떤 일, 어떤 사람들과 연결해 줄지 아무도 모른다.

나만의 프로젝트와 디자인 협업하는 법

2019년 연말부터 온라인 클래스로 운영해 온 '캔바로 새해 드림 보드 만들기 프로젝트'를 처음 기획할 때, 제일 많이 고민했던 부분이 나만의 색깔을 담은 '차별화'였다. '캔바나 망고보드로 섬네일을 만드는 강의는 이미 있는데 굳이 나까지 비슷한 것을 할 필요가 있을까?'라는 생각이 들었다. 특히 단순한 캔바 사용법 강의는 하고 싶지 않았다. 이후 드림 보드 워크숍과 디자인 프로젝트를 진행해 보니 캔바의 기능을 잘 알아야 디자인을 다양하게 표현하고 활용할 수 있다는 것을 깨달았고, 이에 이론과 기능을 조화롭게 구성하여 전자책으로 엮었다. 나만의 첫 프로젝트는 조금 더 의미 있고, 나다우면서도 사람들에게 도움이 되는 주제였으면 좋겠다는 마음이 컸다.

나만의 프로젝트 만드는 법

❶ 내가 하고 싶은 것과 사람들에게 필요한 것을 접목하자

　블로그를 시작하고 어떻게 수익화할지 구체적인 방법은 떠오르지 않았지만, 사람들에게 좋은 느낌을 주는 문구나 긍정 선언을 담은 포스터를 만들어 보고 싶다는 생각을 했었다. 나의 필요에 의해서이기도 했고, 블로그를 시작하면서 다시 그림을 그리고 디자인하다 보니 시각적인 표현에 늘 관심이 머물렀기 때문이다.

　그즈음 연말이 다가오고 있었다. 뿌듯한 마음으로 새해를 맞이하고 싶어서 드림 보드를 만들 계획이었다. 관련된 자료를 찾아보다가 캔바를 활용하면 시각적으로 더 예쁘게 만들 수 있을 것 같다는 생각이 들었다. 그리고 '혼자가 아니라 함께 만들면 더 의미 있지 않을까?'라는 아이디어가 떠올랐다. 그렇게 나의 첫 프로젝트는 '캔바로 새해 드림 보드 만들기'로 정해졌다. 새해에 이루고 싶은 꿈을 이미지로 구체화하는 프로젝트를 준비하는 과정은 더욱 설레고 즐거웠다.

❷ '~하는 법' 대신 자신만의 스토리를 담자

　처음 캔바로 드림 보드 만들기를 진행했을 때는 김승호 회장의 《생각의 비밀》, 이지성 작가의 《꿈꾸는 다락방》, 모치즈키 도시타카 작가의 《보물지도》 등 시각화의 중요성을 담은 책을 읽고 시각화의 효과, 좋은 이미지 만드는 팁 등을 정리해서 강의했다. 그리고 SNS 콘텐츠 디자인에 관한 이야기와 캔바에서 직접 드림 보드를 만드는 방법까지 시연하고 나니 2시간이 넘게 걸렸다. 강의를 끝내고 나 또한 1년 동안 이루고 싶은 꿈을 구체적으로 상상하고 내 곁에 둘 드림 보드를 만들었다.

　한 해가 지나고 다시 연말이 되었을 때, 첫 드림 보드 프로젝트에 참여했던 수강생들이 새해에도 함께 드림 보드를 만들자고 먼저 요청해 주었다. 사실 처음에는 드림 보드에 담은 꿈을 100% 다 이루지 못한 내가 강의를 해도 될까? 하는 생각에 망설여졌다. 왠지 꿈을 다 이룬 사람이 이야기해야 설득력 있을 거라는 생각이 들었기 때문이었다.

　하지만 생각을 바꾸었다. 비록 드림 보드에 담은 모든 꿈을 한 해 동안 다 이루지는 못했지만, 이루는 과정에 있는 한 사람으로서 전할 수 있는 메시지가 있을 거라고 믿어 보기로 했다. 다시 용기를 내 캔바로 새해 드림 보드 만들기 프로젝트 모집 글을 올리고 강의를 준비했다. 이룬 것은 이룬 대로, 못 이룬 것은 못 이룬 대로 거기서 배우고 느낀 점을 진솔하게 전했는데 오히려 반응이 좋았다.

　어떤 주제의 강의를 준비하든 정보뿐만 아니라 자신만의 경험을 통해서 깨우친 것을 함께 전하면 실질적이면서도 스토리가 있고, 느낌을 남기는 강의가 된다는 것을 알게 되었다.

❸ 부족한 점은 부족한 대로, 자신만의 방법을 찾자

　워크숍이나 프로젝트, 강의를 진행하면서 어려웠던 것 중 하나가 단톡방 운영이었다. 일단 가정 보육을 하면서 즉각적으로 답장을 보내지 못하는 게 부담스러웠다. 또 카톡방 운영자로서 가만히 있기도, 카톡을 계속 남기기도 어색했다. 카톡방 안에서도 분위기를 만들어야 하는 어려움이 있었다. 그리고 프로젝트가 끝난 뒤 단톡방을 어떻게 해야 할지도 고민 되었는데, 프로젝트를 진행할 때마다 이런 부분들이 나의 성격과 맞지 않다고 느껴졌다. 이걸 극복하기 위해 노력해야 할지, 스스로 편한 방법을 찾아봐야 할지 생각해 볼 문제였다.

　첫 드림 보드 프로젝트 때는 단톡방을 만들어 사람들을 초대했다가 그다음 해에는 단톡방 없이 이메일로 소통해 보기로 했다. 클래스 줌 예약 링크와 강의 전 필요한 자료, 컬러 테스트, 전하고 싶은 메시지를 캔바로 만들어서 강의 시작 3일 전에 신청자들의 메일로 보냈고, 수신 여부를 꼼꼼히 확인했다. 수강생들이 사전 자료를 가볍게 읽어 보는 것이 수업에 도움이 되고, 줌 링크가 있어야 클래스 참여가 가능하므로 메일 확인은 중요한 과정이었다. 클래스 시작 전날까지 메일을 확인하지 않은 수강생들에게는 따로 메시지를 보내 모두 참여할 수 있도록 했다.

강의가 끝나고 나서는 받았던 질문과 답변을 정리하고, 도움이 될 자료를 추가로 준비했다. 실시간으로 듣지 못했거나 복습이 필요한 수강생들을 위해 녹화 영상 링크와 클래스를 마무리하는 메시지 카드를 첨부한 메일을 보내면서 프로젝트의 끝을 알렸다. 수강생들의 답 메일을 읽으면서, 준비한 내용이 잘 전달된 것 같아 안도했다. 단체 카톡방이었다면 빨리 답을 해야 하지 않을까 조바심이 났을 텐데, 메일은 그렇지 않았다. 전하고자 하는 내용을 한 번 더 정리해서 차분하게 보낼 수 있었다.

무조건 남들 하는 대로 할 것이 아니라, 부족함조차 나만의 방법이 되도록 자신에게 더 맞는 방법을 찾는다면 편안한 마음으로 강의를 준비하고 진행할 수 있을 것이다.

▌효과적인 디자인 협업 방법

블로그에 그림을 올리고 디자인 관련 글을 꾸준히 포스팅하다 보니, 협업 제의가 들어왔다. 직접적인 연결은 아니더라도 주변 사람들이 디자인이나 그림이 필요한 상황이면 나를 소개해 줄 때도 있었다. 지속해서 기록한 덕분이었다.

작년에는 다양한 경험을 위해 일의 크기나 금액을 따지지 않고 했다. 로고와 명함 제작, 굿즈 디자인, 컬러링 도안, 다이어리 등 들어오는 일은 거의 다 했는데, 회사 디자이너로 일할 때와 프리랜서 디자이너로 일할 때의 온도 차가 꽤 컸다.

나처럼 경력이 단절되었다가 프리랜서로 일하게 될 사람들을 위해 시행착오를 줄이고, 의뢰인이 만족하는 결과물을 만드는 방법을 이야기해 보려고 한다.

❶ 업무 기준을 구체적으로 정하자

지금 생각해 보면 하루 만에 로고를 만들어 달라는, 현실적으로 불가능한 의뢰는 거절했어야 했다. 그러나 지인이라 무리해서 진행했다. 시간이 촉박하니 충분히 생각할 시간이 부족했고, 급하게 하다 보니 결과물이 마음에 들지 않았다. 결국 반복적인 수정 요청에 일일이 응하다가 지쳐서 힘들게 마무리했던 기억이 난다. 나만의 업무 기준이 없었기 때문에 일어난 일이었다.

특히 처음에는 지인의 소개로 일이 연결되는 경우가 많다. 원만한 일의 진행과 마무리, 결과물을 끌어내기 위해서는 업무에 관한 기본적인 세팅이 필요하다. 의뢰서, 작업 기간, 작업비, 수정 횟수, 저작권 등에 대한 규칙을 정해 두면 갑작스러운 기한 변경이나 지나치게 많은 수정 요구 등을 사전에 방지할 수 있다. 규칙이 있으면 의뢰자도 작업자도 신중해지기 마련이다. 업무 기준을 잡기 어렵다면, 크몽 같은 프리랜서 마켓 사이트에서 다른 디자이너가 올려 둔 작업 페이지를 참고하는 것도 도움이 된다.

❷ 충분한 소통으로 의뢰자의 목적과 원하는 방향을 정확하게 파악하자

의뢰서를 받자마자 급하게 작업하지 말자. 디자인이란 목적이 있는 결과물을 만드는 과정이다. 의뢰 목적과 원하는 방향이 정확하게 파악될 때까지 의뢰인과 충분한 소통을 해야 서로 만족하는 결과물을 만들 수 있다. 아브라함 링컨이 "나무 베는 데 한 시간이 주어진다면, 도끼를 가는 데 45분을 쓰겠다"라고 말한 것처럼 디자인하는 데 한 시간이 주어진다면, 의뢰 목적과 방향을 파악하는 데 45분을 써서 묻고 생각하고 의견을 나누어야 한다. 그다음 디자인을 시작해야 불필요한 작업과 낭비되는 시간을 막을 수 있다.

❸ 마감 기한은 철저하게, 마무리는 훈훈하게

모든 일은 결국 사람과의 관계에서 이루어진다. 그리고 일은 '도안은 언제까지', '수정은 언제까지', '마무리는 언제까지'와 같은 작은 약속들의 연속이자 합이다.

진행 계획과 과정을 의뢰인과 공유하고 약속을 지키는 것은 기본 중의 기본이다. 그 안에서 변화가 있을 수도 있겠지만, 최종 마감 날짜는 꼭 지키자. 깔끔한 마무리는 다른 일로도 연결된다. 그리고 일하는 과정에 어려움이 있었더라도 그것은 일이었을 뿐이다. 의뢰인과 훈훈하게 마무리를 해야 자신의 결과물이 더욱 빛난다.

[컬러링 북 도안 협업]

 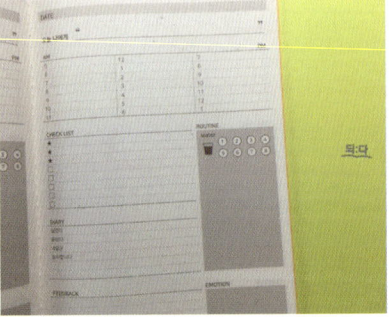

[되다노트 디자인 협업]

[굿즈 디자인 의뢰]

SNS 콘텐츠 디자인 기초

'디자인'이라는 단어를 들으면 가장 먼저 무엇이 떠오르는가? 나는 제품 디자인을 전공했고 가방 디자이너로 약 10년 정도 일을 했다. 패션, 가구, 문구, 그래픽, 로고 디자인 등 디자인의 영역은 상당히 넓다. 일상에서 디자인이 영향을 미치지 않는 영역을 찾기 어려울 정도다. 심지어 다른 사람의 미래를 계획하고 삶을 설계해 주는 일을 하는 라이프 디자이너도 있다.

디자인이란?

디자인이란 무엇일까? 그리고 디자인이 필요한 이유는 무엇일까?

《좋아 보이는 것들의 비밀》(인플루엔셜, 2016년)에서 이랑주 저자는, '좋아 보이고 예뻐 보이는 것'은 겉모습만 치장한다고 되는 것이 아니라 본질이 가진 매력을 느껴 '좋다'는 감탄사가 나오게 하는 것이 중요하며, '왜 나는 사람들에게 말을 걸려고 하지?', '나는 사람들에게 어떤 가치를 전달하려는 거지?'와 같은 고민들을 해야 한다고 했다. 그리고 그런 질문을 던질 때 사람에 대한 배려를 잊지 말아야 하며, 모든 것은 사람을 향해야 한다고 설명한다.

마찬가지로 디자인 역시 사람에 대한 배려라고 생각한다. 블로그 포스팅을 위해 글을 쓰는 것도 만만치 않은 일인데 왜 굳이 섬네일을 만들고 카드뉴스 형태의 이미지도 만드는 걸까? 그것은 이미지가 직관적인 이해를 돕기 때문이며, 보는 이를 배려하는 마음에서 비롯된다. 우리는 때때로 누군가의 배려를 느끼지 못할 때도 있고, 반대로 내가 한 배려가 상대에게 닿지 않을 때도 있다. 그래도 상대를 향한 배려에는 좋은 느낌이 남는 법. 좋은 느낌을 남기는 배려의 디자인에 대해 함께 고민해 보자.

먼저 작업을 시작하기 전에 내가 하고자 하는 일이나 프로젝트, 강의의 본질과

의도, 목적을 충분히 생각해야 한다. 그것을 바탕으로 어떤 메시지를 전하고 싶은지, 어떤 느낌을 주고 싶은지 상상하고 떠올려 보는 것이 중요하다. 그다음 디자인 작업을 시작해야 한다. 디자인 안에는 그것을 이루는 많은 요소가 있지만, SNS 콘텐츠 디자인의 기본이 되는 3가지를 정리해 보려고 한다.

▍SNS 콘텐츠 디자인의 기본이 되는 3가지 요소

❶ 레이아웃

레이아웃의 사전적 정의는 '책이나 신문, 잡지 따위에서 글이나 그림을 효과적으로 정리하고 배치하는 일'이다. 매장에서 고객들이 편안하게 쇼핑을 할 수 있게끔 자연스러운 동선을 만들거나 SNS 프로필 영역의 텍스트를 보기 좋게 배치하는 것 또한 레이아웃을 고려하는 일이다.

SNS 콘텐츠 이미지를 만들 때 좋은 디자인을 위한 레이아웃을 정하기 전에 먼저 무엇을 강조할 것인지, 어디에 배치할 것인지, 어떤 흐름으로 보여 줄 것인지를 생각해야 한다. 그다음, 효과적인 레이아웃을 정하기 위해 다음의 팁을 하나씩 적용해 보자.

기본 중의 기본, 정렬 맞추기

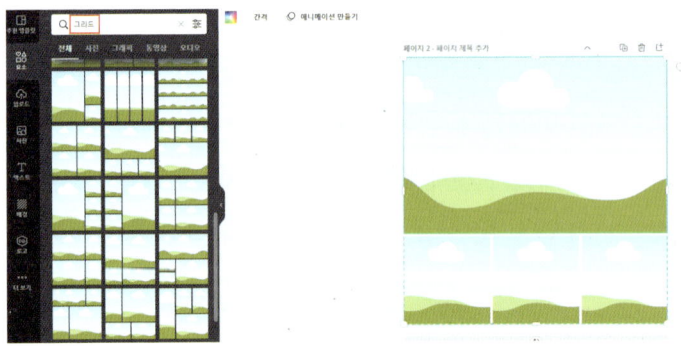

[캔바의 요소 그리드]

정렬 맞추기는 레이아웃을 이야기할 때 가장 기본이 되는 내용이다. 집 안이 정리되어 있지 않으면 필요한 물건을 찾을 때마다 헤매는 것처럼, 이미지도 마찬가지다. 정렬이 되어 있지 않으면 필요한 내용이 눈에 들어오지 않고 어수선한 느낌만 든다.

좌측 정렬, 우측 정렬, 중앙 정렬 등 원하는 방법으로 텍스트와 요소 위치를 맞추는 것은 가장 중요한 부분이므로 놓치지 말자. 정렬만 잘해도 이미지가 깔끔하고 단정해 보인다. 안내선과 그리드는 레이아웃의 정리를 돕는 역할을 한다.

캔바에서 사진이나 그래픽, 텍스트 등 요소의 위치를 조정할 때 보이는 분홍색 실선과 점선을 안내선 또는 가이드선이라고 한다. 이것을 활용해서 여백과 위치를 살피고 정렬을 맞추자.

그리드는 격자 형식의 요소로 캔바에서는 사진을 넣거나 색을 채울 수 있다. 일정한 간격과 비율로 정돈된 이미지를 만들 때 도움이 된다.

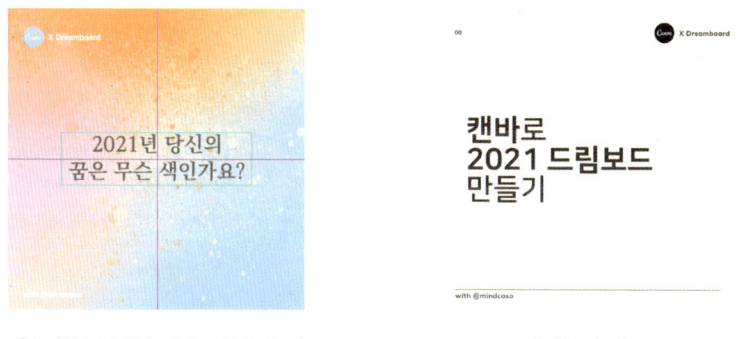

[캔바의 분홍색 안내선과 중앙 정렬]　　　　　[좌측 정렬]

[우측 정렬]

강조와 여백 고려하기

　백화점에 가면 명품 매장은 여백을 살리고 시선을 끄는 포인트로 연출하는 반면, 행사 매장은 매대 위에 할인 가격이 붙은 옷들이 가득 쌓여 있다. 어떤 매장의 상품이 더 특별해 보이고 기억에 남을까?

　이미지도 마찬가지다. 자신의 콘텐츠 중 무엇을 강조하고 싶은지 미리 정하자. 아무리 좋은 내용이라도 지나치게 많이 담으려고 하면 중요한 부분이 강조되지 못하고 산만해질 뿐이다. 여백이 있어야 내용이 눈에 들어오고, 인지되어 생각할 여지가 생긴다는 것을 기억하자.

[배경 이미지와 텍스트가 복잡한 섬네일]

[여백을 고려한 섬네일]

나의 고객은 무엇을 좋아하고, 무엇에 관심 있을까?

　레이아웃도 결국 사람에 대한 배려다. 나의 강의나 서비스 혹은 제품을 살 고객들은 무엇에 관심이 있을지 생각해 보자. 후기에 관심이 있을지, 제품 정보에 관심이 있을지, 감성적인 사진이나 문구를 좋아할지 등을 파악해서 전체적인 흐름을 잡는 데 반영하면 효과적인 반응을 끌어내는 디자인을 할 수 있다.

❷ **서체**

　서체는 의외로 디자인의 분위기를 좌우하는 요소다. 별거 아닌 것 같지만 절대 그렇지 않다. 서체를 고를 때는 외형에서 풍기는 느낌을 토대로 고른다. 보통 고딕

[고딕 계열 서체]   [명조 계열 서체]

체 계열은 직선으로 딱딱한 느낌을 주지만 심플하면서 깔끔하며, 명조체 계열은 곡선이 가미되어 감성적이고 클래식한 느낌을 준다.

서체 선택이 어렵다면 '나눔스퀘어'를 써 보자

나눔스퀘어는 고딕 계열 서체로 무료면서 상업적 사용도 가능하다. '반듯한 직선으로 제목에 잘 어울리며 모바일에서도 잘 보이는 서체'라고 소개하고 있다. 변형되고 멋 부린 서체보다 명료하면서 젊은 느낌을 주고, 가독성도 좋은 서체다. 특히 캔바에서 나눔스퀘어는 Bold 기능으로 글자 두께 조절이 가능하다. 강약을 줄 수 있어 실용적이기도 한 것이다. 조금 더 부드러운 느낌을 주고 싶다면 나눔스퀘어 라운드를 선택해 보자. 나눔 스퀘어와 외형은 같지만 끝부분이 둥글어서 귀엽고 편안한 느낌이 든다. 섬네일이나 카드 뉴스를 만들 때 어떤 서체를 써야 할지 고민이라면 심플한 느낌의 나눔 스퀘어를 써 보자.

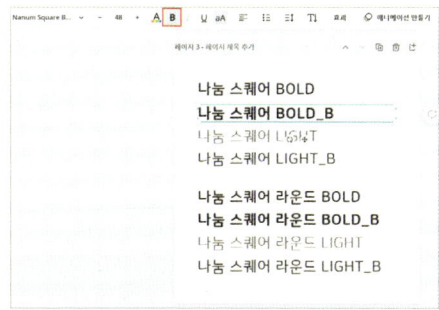

[캔바 나눔스퀘어 폰트 B_Bold 활성화]

서체는 2개 이상 쓰지 말자

　디자이너이자 디자인 교육자인 티모시 사마라는 《말도 안 되는 디자인 규칙들》이라는 책에서 한 가지 서체에 다양한 두께와 기울기만으로 충분히 좋은 디자인을 만들 수 있다고 한다. 여기에 서체 하나를 더하면 멋진 질감을 표현할 수 있지만 지나쳐서는 안 되며, 너무 많은 서체는 독자의 시선을 흩트려 혼란을 주거나 피로하게 만든다는 것이다. 나는 이 부분에 적극적으로 공감한다. 섬네일이나 카드뉴스를 만들 때 가독성 좋은 심플한 서체와 포인트 서체 하나씩만 활용하는 것을 추천한다. 전체적으로 일관성 있으면서 단정하게 디자인하는 데에 많은 도움이 될 것이다.

[3개의 서체로 디자인한 예]

[1개의 서체로 디자인한 예]

서체를 강조하는 3가지 방법 : 크기, 굵기(Bold), 컬러

　서체의 종류를 제한하는 대신 글자의 크기, 굵기, 컬러에 변화를 줘서 강조할 수 있다. 컬러로 강조할 때는 텍스트의 컬러를 바꿀 수도 있지만, 글자 아래에 도형을 깔아도 효과적이다. 따옴표나 말풍선, 이모티콘 등의 요소를 활용하여 강조할 수도 있으니 상상력을 발휘해서 디자인해 보자. 캔바에서 텍스트를 선택했을 때 상단에 활성화되는 다양한 효과들을 사용해서 눈에 띄게 표현할 수도 있다.

[글자가 강조되지 않은 예]   [크기와 굵기, 컬러로 글자를 강조한 예]

[캔바 텍스트 효과 중 스플라이스로 강조한 예]

❸ 컬러

　추상화가 칸딘스키는 "모든 색은 각자 신비로운 삶을 산다"라고 했다. 이 말을 음미하며 주변을 둘러보니 나를 둘러싼 수많은 색이 새롭게 느껴진다. 색을 하나씩 느꼈을 때, 세상에 존재하는 모든 색이 다 예쁘다는 뜻이다. 하지만 색들이 서로 어우러졌을 때 어울리지 않는 배색도 있으니 콘텐츠와 어울리는 색을 조화롭게 담아내는 것이 중요하다. 배색에 관한 몇 가지 팁을 정리해 보았다.

유사색과 보색

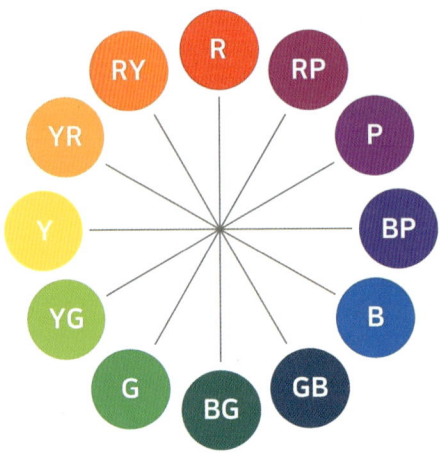

[색상환]

　색의 변화를 계통적으로 표시하기 위해 색표를 둥근 모양으로 배열한 것을 색상환이라고 한다. 유사색은 색상환에서 선택한 색의 주변색으로 한 배색이다. 색상 차이가 적어 자연스러우면서 편안한 느낌을 준다. 보색은 노란색과 보라색, 빨간색과 초록색 등 반대편의 색으로 배색하여 눈에 띄고 경쾌한 분위기를 주기 때문에 강조할 때 활용하면 효과적이다. 자신의 콘텐츠를 자연스럽게 표현하고 싶다면 유사색을, 활발한 느낌을 담고 싶다면 보색을 활용해 보자.

[유사색 예시]

[보색 예시]

컬러를 계획해서 일관성 있게 사용하자

캐런 할러의 책《컬러의 힘》에 따르면 컬러는 감정과 긴밀하게 엮여 생각과 행동에 영향을 미친다고 한다. 디자인할 때 아무 색이나 선택하면 안 되는 이유다. 내가 담고자 하는 내용과 어울리는 배색을 결정해서 전체적인 흐름을 살피며 일관성 있게 담아야 완성도 있는 이미지를 만들 수 있다.

너무 많은 색을 선택하는 것보다 기본색, 보조색, 주제색을 결정해서 서너 가지로 심플하게 표현하는 것이 효과적이다. 이랑주 저자의《좋아 보이는 것들의 비밀》을 보면 기본색을 70%, 보조색을 25%, 주제색을 5% 비율로 사용했을 때 색상이 조화로워 보인다고 한다. 이때 주제색은 선명하고 인상이 분명한 색을 선택하는 것이 좋다.

다음은 작년 연말에 진행했던 '드림 보드 만들기'의 홍보 이미지다. 전체적인 기본색은 밝은 회색, 보조색은 텍스트 색인 검은색, 주제색은 밝고 긍정적인 느낌을 주는 노란색으로 담았다. 이처럼 전체적인 분위기를 좌우하는 컬러를 계획해서 디자인하면 자신의 콘텐츠를 효과적으로 드러낼 수 있고, 전하고자 하는 메시지를 더욱 명확하게 담을 수 있다.

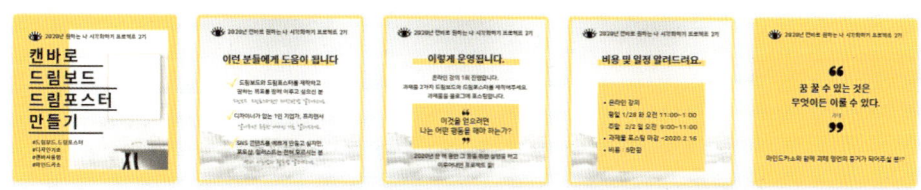

[컬러 계획 예시]

컬러 배색 사이트를 참고하자

조화로운 배색을 선택하기 어렵다면 컬러 배색 사이트를 참고하는 것도 방법이다. 컬러 헌트(https://colorhunt.co/)와 디자인 시드(https://www.design-seeds.com/)를 추천한다. 컬러 헌트는 트렌디한 컬러 팔레트와 사람들이 선호하는 배색을 살펴볼 수 있고, 주제색을 선택하면 다양한 배색을 제안한다. 디자인 시드는 사진에서 추출한 컬러값을 보여 주기 때문에 배색했을 때 어떤 분위기가 연출될지 연상해 볼 수 있다는 장점이 있다.

컬러 팔레트의 모든 색은 헥스(HEX: 빛의 삼원색인 빨강, 초록, 파랑의 조합을 16진수로 표기한 컬러값)라는 컬러값으로 표시되는데, 이를 복사해서 캔바로 가져온 뒤 컬러를 변경할 요소에 입력해 주면 같은 색이 적용된다.

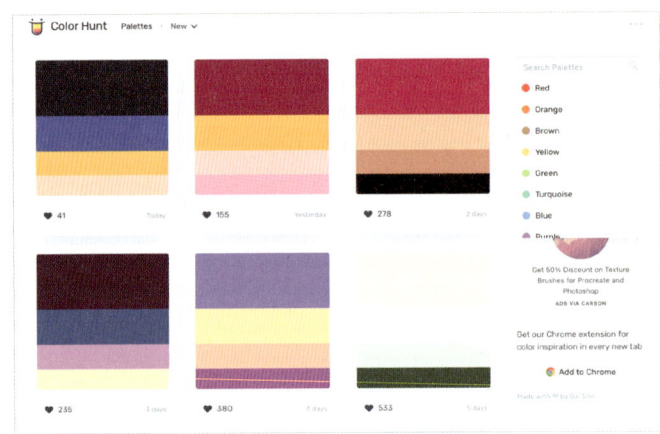

[컬러 헌트 사이트]

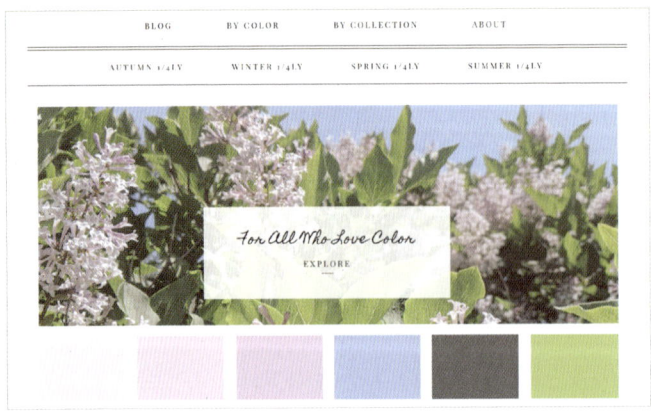

[디자인 시드 사이트]

[헥스 컬러값]

Tip 컬러 사용 팁

❶ 사용하려는 사진에 있는 컬러를 포인트로 활용하면 자연스럽게 강조할 수 있다.

❷ 캔바 추천 템플릿의 검색창에 컬러를 검색하면 그 컬러가 사용된 템플릿만 볼 수 있다.

[새우 초밥의 오렌지색을 포인트로 준 섬네일]

[캔바 추천 템플릿에 'green'을 검색했을 때]

캔바 템플릿을 활용한
섬네일과 카드뉴스 제작 노하우

온라인에서 자신만의 강의나 프로젝트를 효과적으로 알리기 위해서는 시각적 이미지에 신경을 써야 한다. 단순히 예쁜 이미지가 아니라 내가 전달하고자 하는 바를 명확하게 담아내기 위해서다.

▌섬네일이란?

'엄지손톱', '작은 물건'이라는 뜻으로 대략적인 내용을 이미지로 보여 주는 역할을 한다. 소비자가 본격적인 내용을 보기 전에 가장 먼저 접하는 것이기 때문에 온라인에서 상당히 중요한 부분이다. 정보가 넘치는 시대에서 사람들은 대표 이미지인 섬네일만 보고 그 정보를 선택할지 말지 결정한다. 유튜브나 블로그에서 필요한 것을 키워드로 검색하고 선택하는 과정을 떠올려 보면 섬네일의 중요성이 더욱 와닿을 것이다.

> **Tip 섬네일 제작 팁**
>
> 콘텐츠가 시리즈라면 섬네일 디자인에 통일성을 주자. 전문적이고 정리된 느낌을 줄 수 있다.

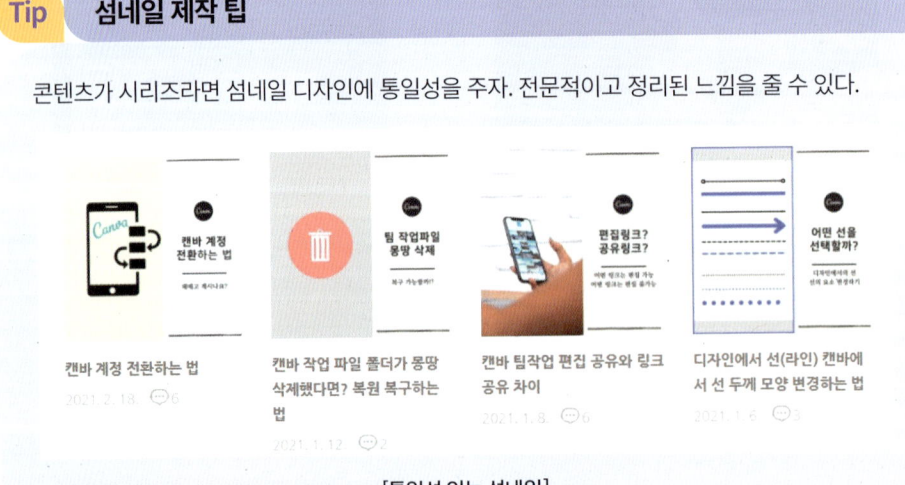

[통일성 있는 섬네일]

▌캔바로 섬네일 제작하는 노하우 5가지

초보자는 캔바에서 제공하는 템플릿을 적극적으로 활용해 볼 것을 권한다. 디자인 요소와 사진, 텍스트 위치 등 레이아웃이 이미 잡혀 있어 사진과 내용만 변경해도 꽤 안정적인 이미지가 완성된다.

❶ 내용에 적합한 이미지와 텍스트 조합하기

아주 기본적인 내용이지만 염두에 두지 않으면 놓치는 부분이 있다. 내가 담고자 하는 콘텐츠와 어울리는 사진, 컬러, 텍스트를 선택해야 한다는 것이다. 다음 이미지는 아이 사진, 선명한 색감, 귀여운 느낌의 서체를 사용해서 만든 어린이 미술 온라인 프로그램 섬네일이다.

[섬네일 예시]

❷ SNS 활용도가 좋은 정사각형 섬네일 사용하기

이미지가 가로나 세로로 길면 섬네일로 보았을 때 일부가 가려질 수 있다. 정사각형 이미지는 내용을 한눈에 보여 주고, 블로그 섬네일뿐만 아니라 인스타그램 피드에도 적합한 사이즈여서 실용적이다.

[캔바의 인스타그램 게시물 템플릿]

❸ 내가 만들려는 콘텐츠와 같은 주제의 템플릿 살펴보기

캔바에서 인스타그램 게시물로 들어간 다음, 우측의 템플릿 중에서 음식을 선택하면 연관된 디자인만 뜬다. 또는 상단 검색창에서 키워드 검색으로 관련 템플릿만 모아서 볼 수 있다. 다음에 나오는 사진은 좌측의 템플릿 디자인을 선택해서 쌀국수 식당을 소개하는 섬네일을 만든 것이다. 찍어 둔 음식 사진과 템플릿의 색감이 비슷해서 사진과 텍스트만 변경했는데도 안정감 있는 이미지를 만들 수 있었다. 내가 사용할 사진을 템플릿에 넣었을 때 어떻게 보일지 상상하면서 선택한다.

[섬네일 예시]

❹ 관련 주제의 템플릿 중에서 마땅한 것이 없으면, '느낌' 위주로 다른 주제의 템플릿도 살펴보기

다음은 인스타그램 게시물의 음식 템플릿 중 좌측 디자인의 느낌을 활용해서 '기획자의 일'이라는 섬네일을 만든 것이다. 좌측 디자인의 심플한 느낌이 좋았고, 사진 위에 얹은 얇은 정사각형 2개가 감각적으로 느껴졌다. 그래서 만들려는 콘텐츠와 연관성 있는 사진으로 변경하고, 책 표지 디자인에 활용된 그린 컬러로 포인트를 주었다.

[섬네일 예시]

❺ 텍스트(내용)를 넣어 보고 전체적인 레이아웃과 어울리는지 살피면서 보는 사람이 불편함을 느끼지 않도록 수정하기

제공하는 템플릿을 활용하면서 요소들의 배치를 바꾸거나 글자 크기를 조절해서 보는 사람이 편하게 느끼도록 배려하는 과정은 디자인에 있어서 필수다.

다음은 느낌 위주로 고른 템플릿 위에 사용하려는 사진을 넣고 내용과 레이아웃을 확인하면서 텍스트의 크기, 폰트, 위치 등을 맞춘 것이다. 감성적인 문구의 서체는 바탕체를 사용했고 글자 크기는 읽기 편하게 키웠다.

[섬네일 예시]

카드뉴스란?

　카드뉴스는 정보를 간결한 글과 사진, 일러스트로 표현해 모바일 환경에 맞게 만든 이미지다. 이미지이기 때문에 키워드로 검색해서 카드뉴스를 찾는 것은 불가능하지만, 글보다 훨씬 이해하기 쉽고 보기 편하다는 장점이 있다. 콘텐츠만 좋다면 브랜드는 물론 퍼스널 브랜딩, 사업, 제품, 강의 등의 홍보에도 효과적이다. 캔바와 같은 디자인 편집 툴을 활용해서 직접 제작할 수 있고 비용도 적게 든다.

카드뉴스의 구성

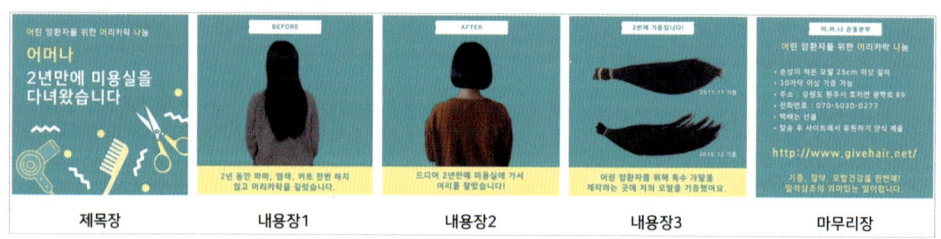

[카드뉴스 예시]

　카드뉴스의 첫 장은 제목 장으로 섬네일의 이미지가 된다. 크게 들어가는 대제목과 작게 들어가는 소제목이 포함된다. 소비자의 호기심을 끌 만한 제목이나 이미지가 필요한 영역이다. 그다음은 내용 장으로 한 페이지에 한 가지 주제만 담는다.

예를 들어 강의 홍보를 목적으로 카드뉴스를 만든다면, 왜 강의를 준비하게 되었는지, 강의 커리큘럼은 어떻게 되는지, 신청 방법과 비용은 얼마인지를 각각 한 페이지에 담는 것이 효과적이다.

마무리 장은 클래스 참여를 유도하는 설명이나 콘텐츠와 연관 있는 문구 혹은 대표 사이트나 자신의 SNS 주소를 소개하면서 끝내는 것이 자연스럽다.

카드뉴스의 종류

❶ 나열형

특정 주제에 관한 정보를 요약해서 순서대로 나열하는 방식으로 '~하는 방법', '~노하우', '~꿀팁', '~best 5', '~한 곳'과 같은 제목으로 활용된다.

❷ 스토리텔링형

이야기로 콘텐츠를 전달하는 방식으로 어떤 메시지를 담을 것인지가 가장 중요하다. 기획과 스토리를 구성하는 과정이 쉽지 않지만, 사람들의 반응을 끌어내는 데 효과적이다.

❸ 나열형 + 스토리텔링형

나열형과 스토리텔링형의 장점을 활용해 앞부분에서 이야기로 관심을 끌고, 뒤쪽에는 정보를 나열하는 방식이다. 제작 과정이 비교적 수월하다.

카드뉴스 제작 팁

❶ 핵심 내용이나 흥미를 끌 내용을 앞에 배치하고 전체적인 흐름을 보자

카드뉴스는 전체적인 흐름이 중요하다. 보는 이가 다음 페이지를 궁금해하며 넘기도록 구성해야 하고, 맨 마지막에는 홍보하려는 사이트나 문구로 마무리하면 좋다.

❷ **분량은 4~8장으로 하자**(최대 10장)

    카드뉴스가 너무 짧으면 좋은 느낌을 주기가 어렵고, 너무 길면 늘어지고 지루해지므로 적절한 분량으로 구성하는 것 또한 중요하다.

❸ **한 페이지에 한 가지 주제만 담자**

    한 장에 지나치게 많은 내용을 담으면 눈에 띄지 않으므로 2줄 정도로 간결하게 쓰는 것이 좋다.

❹ **카드뉴스와 섬네일에 숫자를 쓸 때는 아라비아 숫자로 쓰자**

    한글이나 영어보다 아라비아 숫자가 더 눈에 띈다.

❺ **컬러를 기획해서 처음부터 끝까지 통일감 있게 쓰자**

    컬러가 주는 느낌과 분위기를 계획해서 일관성 있게 디자인하면 완성도가 더욱 높아진다. (SNS 콘텐츠 디자인 기초 중 컬러 설명 참조)

SNS 콘텐츠 디자인 기획

    디자인은 그저 한 장의 예쁜 이미지를 만드는 것이 아니다. 보는 이에게 의도를 전달하고 원하는 행동이나 변화를 끌어내기 위해서는 작업 전 기획 단계가 선행되어야 한다. 카드뉴스를 제작할 때도 마찬가지다. 양은우의 《기획자의 일》에서 저자는 "기획의 결론에는 기획자의 생각이나 의도, 주장이 선명하게 들어 있어야 한다. 즉, 색깔이 있어야 한다"라고 이야기한다. 기획의 결론을 디자인 결과물이라고 생각해 보면 이미지에서 디자인 제작 의도가 느껴져야 할 것이다.

    카드뉴스의 콘셉트를 잡을 때는 이것을 보는 사람은 누구인지, 그 사람들이 원하는 것은 무엇인지, 그들은 어떤 콘텐츠를 좋아하는지, 카드뉴스를 통해 전하려는 메시지는 무엇인지, 보는 사람이 어떤 느낌을 받았으면 좋겠는지, 이것을 하는 자신의 의도와 목적은 무엇인지 등을 질문하고 떠오르는 생각을 정리하는 시간이 필요하다. 무작정 흰 페이지를 열고 만들기 시작하면 오히려 더 많은 시간이 걸린다는 것을 기억하자.

질문에 대한 답이 정리되었으면, 상상력을 최대한 발휘해서 원하는 이미지에 참고할 자료를 수집한다. 어떤 자료를 어떻게 적용할지는 이것을 왜 골랐는지에 대해 스스로 답을 내면서 자신의 안목을 믿고 결정한다. 그다음 결정한 것들을 한 페이지로 정리해서 전체적인 흐름을 다시 한번 파악하자.

아래는 내가 운영했던 디자인 프로젝트에서 카드뉴스를 만들 때 활용했던 기획서다. 빈칸을 하나씩 채우면서 만들 이미지를 떠올리고 내용을 정리하는 것이다.

카드뉴스 기획서				
목적	2021년 캔바로 드림보드 만들기 프로젝트 안내 카드 제작			
타겟	새해 이루고 싶은 꿈을 생각해보고 시각적으로 구체화하고 싶은 사람들			
콘텐츠	드림보드, 캔바			
방식	그림활용, 나열형			
제목장 0	제목	2021년 당신의 꿈은 무슨 색인가요?		
	부제목	캔바로 드림보드 만들기 원데이 클래스		
	페이지	사진 / 이미지	내용(텍스트)	
내용장	1	보라색-핑크색 그라데이션의 일출 그림 다양한 느낌을 위해 페이지마다 그림의 다른 부분을 보여준다.	새해 당신의 꿈은 무슨 색인가요? 질문으로 호기심 끌기	
	2		강의 내용	
	3		신청 대상	
	4		강의 일정	
	5		신청 방법 / 인스타 계정 소개	
	6			
	7			
	8			
	9			
디자인 기획	사이즈	인스타그램 사이즈	컬러	
	콘셉트	새해, 일출, 설렘, 기대		
	디자인 요소	나의 일출 그림 활용		
	폰트	바탕체 : 감성적인 느낌		

[카드뉴스 기획서]

기획서까지 완성되면 캔바에서 작업을 시작한다. 디자인의 의도와 목적, 전달하려는 메시지, 주고 싶은 느낌 등에 대한 답을 통해 도출한 콘셉트와 이미지의 관계가 타당한지 계속 확인하면서 완성해 나간다.

> **Tip** 캔바에서 흐름 파악하는 팁
>
> 작업 창 우측 하단의 그리드 뷰(빨간 사각형 표시)를 클릭하면 카드뉴스의 전체 흐름을 한눈에 파악할 수 있다.

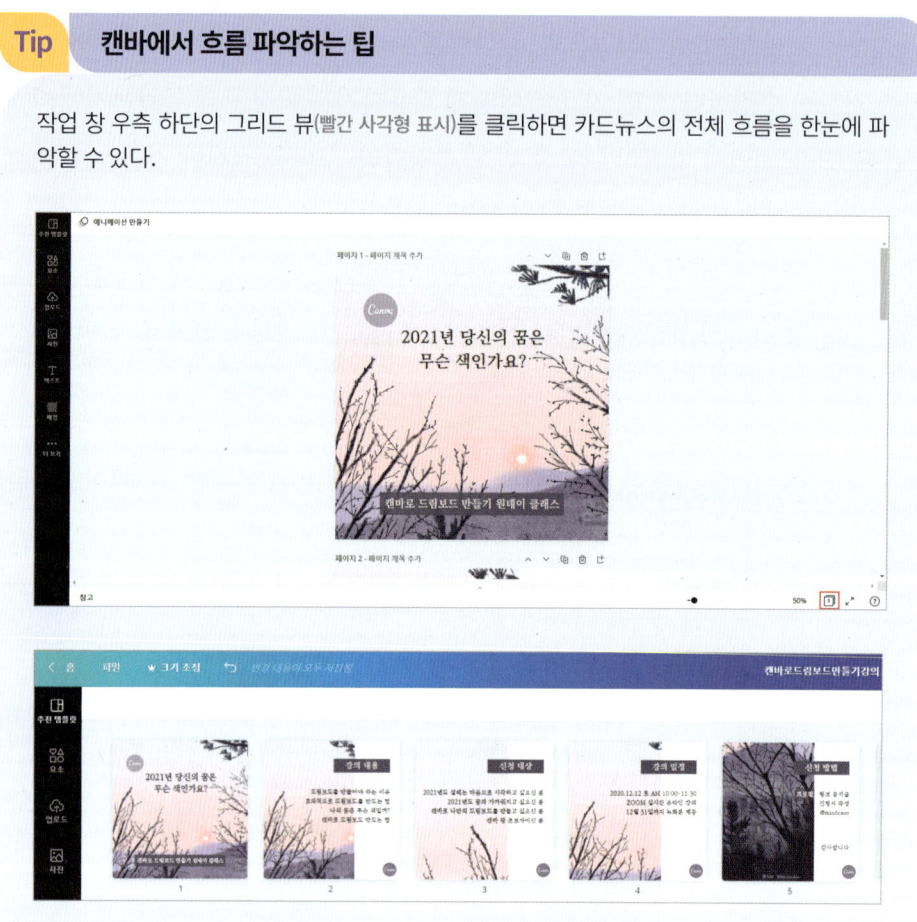

[캔바 그리드 뷰 기능으로 카드뉴스 전체 흐름 보기]

에필로그

나는 디자인을 전공하고 디자이너로 10년 가까이 일했지만, 이 직업을 선택한 것을 늘 후회했다. 디자이너라는 직업은 수명이 짧다고 생각했고 내가 원하는 일도 아니었기 때문이다. 그렇게 나는 디자인을 온전히 끌어안지도, 과감히 버리지도 못하는 애매한 태도를 유지했다. 작은 브랜드를 만들어서 자립해 보려다 몇 년 버티지 못하고 폐업했을 때, 나는 디자인과 영원한 안녕을 고했다. 돌아갈 직장도 없었지만 여기까지라고 선을 그었다.

아이를 낳고 꼬박 3년은 육아에 시간과 정성을 쏟았다. 아이가 걷고 말하고 스스로 하는 일이 하나둘 늘어나면서 주변을 돌아볼 여유가 생겼고, 그제야 엄마로서의 내가 아닌 나로서의 내가 궁금해졌다. '나는 앞으로 무엇을 할 수 있을까?' 치열하게 내게 묻고 답했던 시간을 지나 단절된 경력을 뚫고 나오면서 스스로 잘했다고 생각하는 두 가지는 블로그를 시작한 것과 아이러니하게도 디자인을 전공한 것이다.

이 두 가지는 온라인 수익화의 작은 씨앗이 되었다. 내 생각과 일상, 관심사를 블로그에 부지런히 기록했다. 수익화를 염두에 두지 않고 써 내려간 글들은 자연스럽게 내가 잘할 수 있는 것, 좋아하는 것, 원하는 것들을 드러냈다. 그렇게 내 안에 있는 것들이 밖으로 나오자 나의 재능과 도움이 필요한 다양한 사람들과 연결되었다.

모든 연결은 새로운 경험이 되었고, 경험을 통해서만 성장할 수 있다는 것을 배웠다. 작은 프로젝트라도 용기를 내어 일단 시작하고 필요한 단계를 하나씩 밟아야 그 다음이 있었다. 여전히 나는 과정 중에 있지만, 어떻게 살아야 할지 고민할 때만큼 막막하지 않다. 직접 겪은 크고 작은 경험들이 내 안에서 든든하게 나를 지지해 주고 있기 때문이다.

인하우스 디자이너로서 디자인을 할 때와는 느낌이 다르다. 요즘 온라인 활동에서 꼭 필요한 기본 역량 중 하나가 디자인인데, 나의 콘텐츠를 나답게 표현하기 위해 고민하는 과정에서 새로운 재미를 느낀다. 그렇게 자연스럽게 디자인이 더 좋아졌고, 디자인을 더 잘하고 싶어졌으며, 무엇보다 디자인을 전공한 내가 좋아졌다.

온라인 세상은 모이는 사람들뿐만 아니라 그 자체로 다양하고 재미있다. 거기에서 자신을 효과적으로 드러내기 위해 꼭 필요한 SNS 콘텐츠 디자인에 관한 이야기를 전하고, '캔바로 드림 보드 만들기 프로젝트'로 인연이 된 사람들과 함께 서로의 꿈을 응원할 수 있어서 뿌듯하다. 덕분에 나의 꿈도 매년 자라고 있다.

나는 앞으로도 온라인에서 해 보고 싶은 다양한 일들을 용기 있게 도전해 보려고 한다. 예상치 못한 길이 펼쳐지더라도 무엇이든 하나는 느끼고 배운다는 긍정적인 마음으로 나아갈 것이다. 더 많은 사람이 온라인 세상에 꺼내놓을 자신만의 이야기를 찾고 발견했으면 좋겠다. 그래서 그 이야기뿐만 아니라 그것을 통해 이루고 싶은 꿈도 캔바라는 디자인 편집 툴을 활용해서 매력적으로 표현하기를 바란다. 자신만의 콘텐츠가 꼭 필요한 누군가에게 닿을 수 있도록 말이다.

Part 3

온택트 시대, 온라인 클래스로 수익 창출하기

조여정
여정포레스트

#온라인클래스
#SNS로수익창출하기
#공방창업

온택트 시대, 온라인 클래스로 수익 창출하기

사용 툴 ✱ 원데이 클래스, 인스타그램

조여정(여정포레스트)

경단녀 벗어나기 - N잡러 시대

▍무엇보다 '마음가짐의 변화'에서 출발

나는 10대 때 아버지를 여의고, 삶에서 주도적으로 무언가를 선택했던 기억이 없다. 고등학교 진학 때부터 내가 하고 싶은 것을 고민하기보다는 경제적 상황과 집안 형편을 먼저 생각해야 했고, 세 자매의 생계를 홀로 책임지느라 고생하시는 엄마의 의견을 전적으로 따를 수밖에 없었다. 엄마는 부족한 집안 살림에 내가 조금이라도 보탬이 되기를 원하셨다. 그래서 내가 인문계를 졸업해서 대학에 진학하는 것보다, 상고를 졸업해서 사회생활을 일찍 시작하기를 바라셨다. 그렇게 상고에 진학해야 하는 상황이었으나 선생님께서 엄마를 설득해 주신 덕분에 인문계 고등학교에 입학할 수 있었다. 그러나 대학 진학 역시 나에겐 결정권이 없었고 담임선생님의 권유로 취업에 유리한 치과위생학 전문대학에 입학했다. 나는 그렇게 치과위생사가 되었다. 치과위생사로 일하며 보람도 있었지만 객지에 홀로 나와 기숙사에서 생활하며 돈을 버는 게 쉬운 일은 아니었다. 9년 차가 되던 해에는 학점은행으로 4년제 대학 치과위생학 학사를 취득해 교직이나 다른 직업으로의 이직을 생각했지만 어려웠다.

무엇보다 변화를 위해 희생해야 하는 시간과 대가가 만만치 않았다. '결혼하면 이런 생활에서 벗어날 수 있지 않을까?'라는 환상을 갖고 경력 15년차에 결혼했다. 그러나 갑작스러운 남편의 퇴사, 친정 엄마의 폐암 발병, 계획하지 않았던 둘째 아이 출산은 내게 또 다른 시련이었다. '일찌감치 직업을 바꾸었더라면, 결혼하지 않았더라면, 아이가 없었다면, 엄마가 아프지 않았다면 나는 다른 삶을 살고 있지 않았을까?'라는 후회와 미련은 우울증과 함께 나를 영원히 괴롭힐 것만 같았다. 그러던 어느 날 꼬리에 꼬리를 물고 생각을 이어 가다가, 내 생각의 프레임을 깨기로 했다.

세상은 나를 힘들게 하는 존재가 아니다.
힘든 상황 속에서도 내가 어떤 마음가짐으로 어떻게 생각하고 행동하는지에 따라 상황은 바뀔 수 있다. 열악한 환경은 언제든지 다시 찾아올 수 있고 내가 바뀌지 않는다면 같은 상황에 놓일 수밖에 없다.

이번엔 달랐다. 나는 10대, 20대 때와는 다른 결단을 내렸다. 나는 '마음가짐의 변화'로 사고를 전환하고 콤플렉스에 가려진 나의 재능을 몸소 체험하고 믿게 되었다. 그리고 나는 지금까지 나쁘지 않은 삶을 살아왔다고 믿기로 했다. 최고는 아니어도 내가 해낼 수 있는 일들에 집중하며 다른 해결책들을 찾아 키워 나가고 있다. 프레임을 깨고 진짜 나의 꿈을 향해, 나를 찾는 여정을 시작하게 되었다.

현재 나는 평일에 '여정 Forest'라는 자이언트 얀(굵은 실) 섬유 공방과 책방을 운영하고 있고 주말에는 15년차 프리랜서 치과위생사로 일하고 있다. 최근에는 온라인상에서 블로그, 유튜브, 인스타그램, 팟캐스트를 운영하고 있고, 전자책을 출간했다. 또 내가 쓴 전자책과 섬유 공방 관련 강의를 열어 강사로서도 일하고 있다. 내가 쓴 전자책 《셀카테라피》는 SNS 활동을 하며 쌓인 '나만의 노하우'를 바탕으로 셀카를 찍으며 변화된 마음과 셀카 찍는 방법을 담은 책이다.

[셀카 노하우를 담은 크몽 전자책 《셀카테라피》]

　무언가를 전문적으로 배우지 않았더라도 꾸준히 해서 변화가 찾아왔다면 누구든 그 경험을 바탕으로 콘텐츠를 만들 수 있다. 또 그 콘텐츠로 강의를 열거나 전자책도 낼 수 있다. N잡러 시대에는 대단한 실력이나 전문성보다 나의 꿈과 행복을 실현하는 나만의 노하우, 내가 가진 장점, 창의성, 활용성, 실용성을 SNS 활동에 잘 투영시켜, 사람들과 끊임없이 정서적 공감대를 형성하고 활동을 지속적으로 이어가는 것이 매우 중요하다. 요즘엔 유튜브나 온라인 강의 등을 통해 다양한 정보를 손쉽게 습득할 수 있다. 요리 레시피, 메이크업, 재테크 방법 등 이루 말할 수 없을 정도로 다양하다.

　SNS를 시작한 후 수강한 몇몇 강의 덕분에 SNS 활동으로 수익화를 할 수 있었다. 해피인친 윤소영 작가님의 인스타그램 강의를 듣고 인스타그램을 통해서 공방 홍보를 하며 사업체를 확장할 수 있었고, 유튜브 인플루언서 허지영 작가님의 유튜브 제작 강의를 들은 후에는 자이언트 얀 교육 영상을 스스로 촬영하고 편집할 수 있게 되었다. 유튜브는 사업 홍보는 물론 원데이 클래스를 진행하는 데에도 여러모로 도움이 되었다. 한나전(한 달 후엔 나도 전자책 나온다)의 안지희 작가님을 통해 전자책 쓰기 강의를 들은 후에는 전자책을 출간할 수 있었다. 혼자 했다면 끝맺음을 하기 힘들었을 것이다. 경험과 노하우를 나누어 주는 사람들의 강의는 내가 SNS 활동을 꾸준히 할 수 있게 해 주는 원동력이다. 이렇게 온라인상에서 만난 인맥을 소중하게 생각하며 꿈을 실현해 나가고 있다.

SNS가 거대한 영향력을 가진 이 시대에 온라인을 통하여 분야별 베테랑을 직간접적으로 만나 자문을 구하고 자신의 멘토를 찾아 나서는 것은 매우 좋은 방법이다. 그런 만남 속에서 자신의 현주소를 파악하고 자기반성과 계획을 통해 한 걸음 더 앞으로 나아가 보는 것이다. 자신에게 맞는 시간 관리와 자기계발로 육아와 비즈니스, 두 마리 토끼를 모두 잡아 보자는 얘기다.

나의 경단녀 탈출기는 '마음가짐의 변화'에서 시작됐다. 주위 사람들은 내가 어떻게 이렇게 많은 일을 하고 사는지 궁금해한다. 아직 부족한 부분이 많지만, SNS 활동과 자기계발을 위해 노력할 수 있는 부분을 정리해 보았다.

① **시간 활용**: 집안일이나 잠을 줄여서 전에 없던 완전히 새로운 시간을 만들어 오로지 자기 자신을 위해서만 쓴다. 단 5분이어도 좋다. 그 5분이 장차 2시간, 3시간으로 늘어나게 될 것이다.

② **금전적 활용**: 예를 들어 하루에 커피 한 잔을 사 마시면 2,500~4,100원이 든다. 한 달이면 대략 5~8만 원, 12개월이면 60~96만 원이다. 이 돈을 자기계발에 써 보는 것이다.

③ **공간 활용**: 집 안에 나만의 공간을 만들어 놓고 내가 좋아하는 것들로 꾸며 본다. 휴대용 요가 매트, 접이식 탁자로 공간 변화를 시도하거나 집안 공간을 활용한 유튜브 촬영도 가능하다.

④ **새로운 인맥 찾기**: 늘 만나는 사람 대신 SNS를 통해 자신과 결이 맞는 사람들을 찾아보는 것이다. 온라인상에서 새로운 사람을 만나기 위해 내가 했던 방법은 책을 쓴 저자와의 만남과 소통이었다.

⑤ **생산자 마인드**: 소비자 마인드에서 벗어나 생산자가 될 수 있는 활동을 일상에서 적극

적으로 찾아본다. 글쓰기 콘텐츠 만들기, 나만의 요리 강의법 등 나의 강점과 재능을 스스로에게 질문해 보자.

⑥ **직업적 활용**: 나는 5년의 경력 단절을 딛고 프리랜서 치과위생사로 다시 일을 시작했다. 그리고 블로그에 치과위생사 직업 관련 콘텐츠를 쓰고 있다. 이처럼 과거 또는 현재 하는 일과 관련된 SNS 콘텐츠를 생산할 수 있다.

⑦ **심리적 활용**: 긍정적인 마음으로 콤플렉스와 부정적인 생각에 변화를 주는 것이 중요하다. 나는 만보 걷기와 셀카 찍기를 통해 건강한 몸과 마음을 회복해 한복모델 대회 등에 지원하기도 하고 방송댄스 아카데미에 다니면서 거울 앞에서 두려운 마음과 몸치 콤플렉스를 극복했다. 이렇게 자기 관리에 충실하며 SNS 활동을 하다 보니 공중파 방송에서 유명 연예인과 함께 방송하는 기회도 얻게 되었다.

[한복 모델]　　　　　　　　　　　[댄스 아카데미]

[MBC 생방송 오늘아침 출연]

[이범학의 라이브 토크 쇼핑]

▮ 온라인 강의를 통해 확장한 SNS 활동

 인스타그램, 유튜브 온라인 강의를 듣고 직접 활용해 관공서 원데이 클래스 제의도 받고 백화점에 상품을 납품하는 기회도 얻었다. 이 모든 것은 SNS 활동을 통해 얻은 종합적인 결실이었다.

❶ **유튜브**(여정 Forest TV)

 허지영 강사님의 유튜브 강의를 듣고 자이언트 얀으로 원형 방석 만드는 영상을 촬영부터 편집까지 혼자 할 수 있었다. 컴맹이었던 내게는 정말 기적 같은 순간이었는데, 허지영 강사님의 이야기가 큰 동기 부여가 되었다. 평범한

[내가 만든 유튜브 영상]

전업주부에서 현재 유튜브 강사로 활약 중인 허지영 강사님은 항상 주부들의 눈높이에서 마음을 달래 주며 할 수 있다는 자신감을 심어 주었다.

❷ 블로그

[여정 Forest 블로그 운영]

나는 블로그를 통해 여정 Forest 공방과 책방을 알리고 있다. 조여정 작가로서의 포트폴리오를 쌓고 있는 것이다. 처음부터 공방과 책방으로 블로그 운영을 한 건 아니었다. 처음 블로그를 시작할 때는 아이 둘을 키우는 경단녀였다. 블로그를 어떻게 써야 하는지 막막했고 글을 올려도 아무도 봐 주지 않아서 한동안은 나만 보는 공간이었다. 주변에서는 '블로그 하면 사생활을 침해당한다', '세상이 무섭다'는 등의 반대 의견이 대부분이었다. 이런 부정적인 견해와 나의 육아 우울증에 자신감을 심어 주고 마음의 변화를 이끌어 주셨던 분은 정경미 작가님이었다. 정경미 작가님의 독서모임은 내 삶에 변화를 주고, 부부갈등 개선에도 큰 도움을 주었다. 남편의 협조 또한 나의 경단녀 탈출에 중요한 부분이었다. 이렇게 내 생각 바꾸기를 시도하며 스스로를 변화시키던 나는, 주변의 도움을 받으며 삶의 변화까지 경험했다. 생각의 프레임을 넓혀 보자!

"세상은 내 뜻대로 되지 않지만, 나 자신은 결국 내 뜻대로 만들어 갈 수 있다."

'하루 15분'이면 충분해
- '15분의 기적' 실천하기

　남편의 퇴사, 친정 엄마의 폐암 항암 치료 시작, 계획에 없던 연년생 둘째 아이 출산까지 모든 것이 나의 어깨를 짓누르는 와중에 거울 속에 비친 나는 30킬로그램이나 체중이 불어난 나약한 여성일 뿐이었다. 30대 중반에 남편을 잃고 생계를 책임지시던 친정 엄마가 떠올랐다. 매일 일을 하시며 딸 셋을 키워 낸 엄마를 생각하니 '나는 남편도 있고 아이도 둘 밖에 없으니 더 나은 상황 아닌가?'라는 생각을 하게 되었다. 남편에게만 생활비를 의지하지 않고 나 스스로 바로 서야겠다는 생각이 들었다.

　시간이 없다며 매일 툴툴거리던 내가 짬짬이 독서를 하며 '하루 15분만 투자하면 인생이 바뀐다'는 말을 실천해 보고 싶었다. 윤선현 작가의 《하루 15분 정리의 힘》에서 영향을 받았다. 나는 시간도 돈도 없었기에 최소한의 시간과 최소한의 비용으로 할 수 있는 것들을 먼저 찾아서 실행에 옮겨 보았다.

▍하루 15분 투자로 시작하기

　연예인이나 슈퍼스타들은 정말 바쁜 시기가 되면 호르몬이 가장 왕성한 시간인 밤 10시~새벽 2시에 잠을 자고 나머지 시간에는 미친 듯이 일에 몰입한다고 한다. 우리도 이렇게까지는 아니어도 보통 사람들의 시간 개념에서 벗어나, 우리의 인생을 바꾸는 노력을 해 보자.

　어쩌면 육아하는 엄마들은 연예인보다 더 바쁜지도 모른다. 처음부터 한두 시간을 재능 찾기에 투자하는 것도 욕심일 수 있다. 그렇다면 욕심을 버리고 자신이 현재 할 수 있는 일, 해 보고 싶었던 일, 수익화 할 수 있는 일, 건강이나 미모에 관련된 일 등 무엇이든 좋으니 행복지수를 올릴 수 있는 것을 찾아 딱 15분 동안만 만끽해 보자. 어떤 일이든 처음에는 의욕이 넘쳐서 많은 시간을 투자하다가 금방 다시 원상태로 돌아가는 작심삼일을 경험했다면 지금부터는 선택과 집중으로 15분의 기적을 실천해 보면 된다.

내가 경험한 15분의 기적

육아하며 거울 볼 시간도 없었던 나는 매일 메이크업을 하며 15분씩 거울 보기를 실천했다. 처음엔 거울 속의 나를 마주하기 힘들었지만, 점점 메이크업도 늘고 거울 속의 나 자신과도 친숙해졌다. 매일 표정 연습을 하자 어느새 표정까지도 좋아졌다. 그렇게 시간이 지나자 메이크업에 대한 나만의 철학이 생기기 시작했다.

SNS에서 이미 성공한 사람들이나 잘 나가는 사람들을 보면 나와 다른 점이 있었다. 그들은 평상시에도 어딘지 모르게 에너지 넘치고 깔끔한 모습이었다. 누구의 남편, 아내, 엄마, 지위나 직업보다는 그 사람 본연의 모습 자체가 멋지게 보였다.

- 지금 당장 내가 원하는 나의 미래를 그려 보았다.
- 내가 원하는 액션과 이미지를 구체적으로 그려 보았다.

어느 날 '만약 내가 작가가 되어 강연하면 어떤 모습일까? 내가 과연 이런 모습으로 강의를 할 수 있을까?'라는 생각이 들었다. 그때부터 삶의 구체적 목표와 동기가 생겨 15분 거울 보기와 함께 운동으로 몸매 관리도 하며 셀카를 익숙해질 때까지 찍었다. 셀카를 찍게 된 계기는 착한재벌샘정 작가의 책 《말랑말랑학교》 덕분이었다. 나도 작가님처럼 셀카 찍기로 세상을 보는 관점을 바꾸는 사고의 전환을 실천해 보고 싶었다. 그래서 나도 매일 셀카를 찍다 보면 어떤 깨달음이 생기지 않을까? 하는 마음에서 셀카 찍기를 시작했다. 매일 일어나자마자, 메이크업 전후의 셀카를 각각 찍었다. 셀카 찍기의 결과는 생각보다 더욱 놀라웠다. 셀카를 찍으며 하루를 시작하고 하루를 돌아보며 나를 발견하고 그 누구보다 나 자신을 아끼고 사랑해야겠다는 마음이 생겼다. 이런 경험을 나누고자 나의 블로그와 인스타그램에서 '셀카 함께 찍기' 프로그램을 통해 재능기부도 했다. 단순한 셀카 재능기부가 아닌 현대인의 정신적 고충도 함께 해결해 보자는 취지였다.

- 나의 변화된 모습이 담긴 사진, 글 등을 블로그에 매일 기록하였다.
- 나의 재능을 발굴해 줄 인맥이나 멘토들과의 인연을 소중히 생각했다.
- 구글 타이머를 활용했다.

시간적 여유가 있더라도 처음부터 욕심부리지 않고 매일 15분 동안만 집중했다. 이때 유용하게 활용했던 것이 '구글 타이머'다. 뽀모도로 타이머라고도 불리는 구글 타이머는 아날로그 탁상용 시계로, 시간이 줄어드는 것을 눈으로 확인할 수 있으며 맞추어 놓은 시간이 되면 타이머가 울린다.

- 뽀모도로 기법: 25분 집중, 5분 휴식, 25분 집중을 반복하는 방법이다. 이 방법으로 공부하면 집중력이 높아져서 높은 성과를 낼 수 있다고 한다.

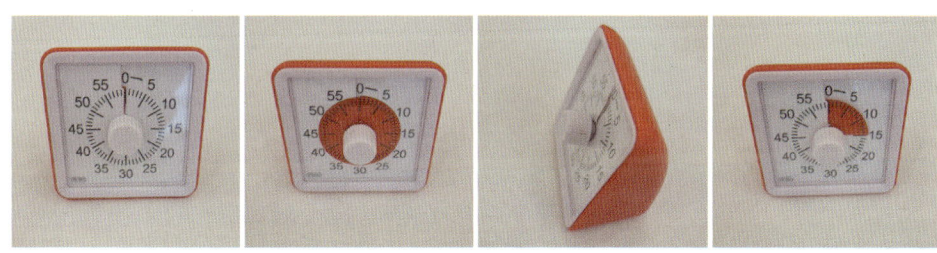

[구글 타이머]

'겨우 15분 동안 무엇을 할 수 있겠어?'라는 부정적인 마음을 버리고 '15분이 내게 어떤 변화를 가져다줄까?'라는 긍정적인 마음을 가져 보자. 평소에 좋아하는 일부터 해 보는 것을 추천한다. 독서 15분, 메이크업 15분, 청소 15분, 정리 15분, 글쓰기 15분, 걷기 15분, 조깅 15분, 블로그 15분, 인강 듣기 15분 등 다양한 일을 할 수 있다. 이때 집중해서 15분 동안 하는 것과 집중하지 않고 이것저것 생각하며 2시간을 보낸 결과의 차이가 크다는 것을 몸소 체험하게 될 것이다. 이렇게 매일

15분씩 할 수 있는 일을 이것저것 해 보다가 한두 가지 정도로 추린 뒤 점점 시간을 늘려 가며 집중적으로 해 본다.

'매일 15분'은 지금의 나를 만들었다. 뚱뚱하고 무능력하던 아내가 20대 때와 비슷한 날씬한 몸매로 돌아가고 조금씩 돈을 벌어 오자 남편의 눈빛과 태도도 협조적으로 바뀌기 시작했다. "당신은 가만히 있어라", "당신이 어떻게 돈을 버냐", "여자는 집에서 살림하고 육아만 하는 게 우선이다"라는 남편의 구시대적인 사고방식도 조금씩 허물어졌다. 이렇게 '15분의 기적'은 내 주변 사람들의 마음도 바꿔

Tip 15분 실천하기 리스트

아래처럼 원하는 리스트를 작성해 실천해 보자.

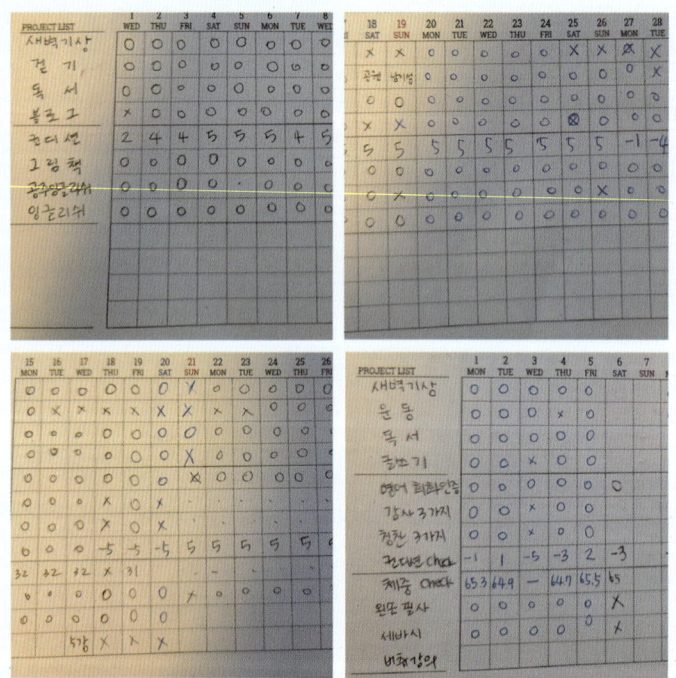

[매일 실천 리스트]

놓았다.

SNS 시작해 보기

SNS란?

SNS는 웹상에서 새로운 인맥을 쌓으며 폭넓은 인적 네트워크를 형성할 수 있는 소셜 네트워크 서비스(Social Network Service)를 말한다. 트위터, 페이스북, 인스타그램, 네이버 블로그, 카카오톡 등이 대표적이다. 이 외에도 이미지 기반의 블로그 형태인 텀블러, 플리커 등이 있다. 각자의 성향과 목적에 맞는 것으로 시작해 보길 추천한다.

> **Tip SNS 활용법을 배울 수 있는 곳**
>
> SNS 초보라면 관련 강의를 듣는 것도 좋다. 강의를 들으며 지식을 배울 수도 있지만 강의를 통해 알게 된 동기들과 인연을 맺으며 온라인 인맥도 넓힐 수 있다.
> - 인스타그램 강의: 해피스완 윤소영 작가(https://blog.naver.com/ajiyoon)
> - 전자책 쓰기 강의: 진심으로클레오 안지희 작가(https://blog.naver.com/cleoahn)
> - 유튜브 영상 강의: 허지영TV 허지영 작가(https://blog.naver.com/woojunjjang)

[해피스완, 허지영TV, 진심으로 클레오]

나만의 프로젝트 시작하기

프로젝트를 기획하고 제목을 짓고 그 과정을 블로그에 포스팅한다. 자신의 성향과 목적이 아직 불분명하다면 처음에는 육하원칙에 따라 기록해 본다. 여기에 어느 정도 익숙해지면 자신만의 프로젝트를 만들어 본다.

나는 11주 동안 일주일에 한 권씩 책을 읽고 블로그에 포스팅하는 11주 독서 프로젝트를 한 적이 있다. 매주 책 한 권을 읽는 게 쉽지 않았지만, 블로그라는 공간에서 공개적으로 진행했던 프로젝트였기에 나의 게으름을 극복하고 성공할 수 있었다.

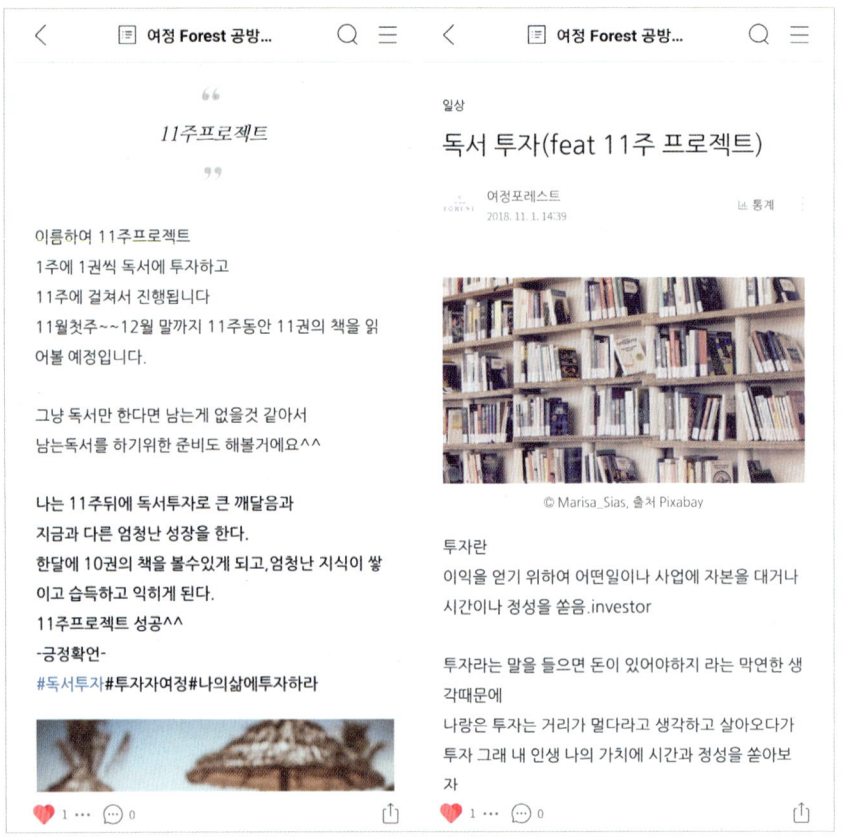

[11주 독서 프로젝트]

프로젝트를 만들어서 진행하고 자신과의 약속부터 지켜 보자. 프로젝트를 기획하고 진행하는 과정을 거치면서 한 단계 성장한 자신을 느낄 수 있을 것이다. 그렇게 작은 프로젝트들이 쌓이면 그중에서 콘텐츠로 이어 갈 수 있는 일이 분명히 있다. 나는 혼자서 책을 읽다가 독서모임을 열어서 운영하기도 했다. 그리고 그때 그 경험이 바탕이 되어 지금 공방 한쪽에서는 책방이라는 이름으로 저자 강연회를 열고 있다.

콘텐츠 생산하기

내가 만든 콘텐츠를 수익화하는 즐거움은 꽤 크다. 경력이나 강점, 숨겨진 재능을 이용해 SNS 활동을 시작해 보자. 자신의 장단점, 콤플렉스도 모두 활용할 수 있다. 나의 경우 매일 셀카를 찍으며 경험한 변화를 SNS에 올리면서 나만의 콘텐츠로 만들었고, 혼자 하던 일을 사람들과 함께 하며 자리잡기 시작했다. 당시 '경단녀'라는 생각에 자존감이 한없이 낮았기에 셀카를 찍어 SNS에 올리는 것은 결코 쉽지 않은 일이었다. 하지만 두려움을 극복하고 꾸준히 하다 보니 나만의 노하우를 쌓을 수 있었다. 본인의 다이어트 성공 과정과 자기만의 노하우를 보여 주는 유튜브 영상도 인기가 좋다. 또 먹방, 요리 만들기 유튜브 영상도 효과적이다. 꼭 요식업계의 대부를 능가하는 실력이 아니어도 좋다. 자신만의 노하우로 유익한 정보를 제시해 보자.

유튜브는 일정 조회수와 구독자수를 넘기면 수익을 창출할 수 있다. 네이버 스마트스토어나 웹사이트를 운영하며 전자상거래로 발전시켜도 좋다.

마음의 변화를 통해 콤플렉스에 가려진 자신의 재능을 재조명해 보자

아무리 예쁘고 키가 큰 사람도 본인이 그렇게 생각하지 않으면 장점으로 발전할 수 없다. 오히려 다른 사람이 "모델 대회 한번 나가 보세요"라고 칭찬을 해 줘도 "비꼬는 건가?"라는 부정적인 생각에 사로잡힐 수 있다. 누가 그러겠느냐고 생각할지 모르지만, 사실 내 이야기다. 나는 학창 시절 큰 키가 콤플렉스였고 사람들의 칭찬을 조롱으로 듣곤 했다. 그러나 다행히도 마음의 변화를 겪은 후 콤플렉스를 극복하고 외모에 자신감을 가지며 모델대회에 지원할 수 있었다. 큰 키는 내가 노력하지 않아도 되는 최고의 자원이라는 생각을 하게 된 것이다.

치과위생사라는 직업은 내 의지가 아니라 생계를 위해 울며 겨자 먹기로 선택한 직업이다. 그래서 솔직히 말하면 직업에 대한 자부심이 굉장히 부족했고 어떻게 해도 그 부족함이 채워지지 않는 느낌이 들었다. 하지만 결혼과 육아로 5년간 일을 쉬면서 이 일을 재조명하게 되었다. 너무나도 힘든 일이고 치과 냄새조차 맡기 싫어했던 나였지만 치과위생사 자격증은 국가면허증이기에 오래 쉬었어도 다시 프리랜서로 일할 수 있었다. 일을 다시 시작하며 아픈 사람을 치료한다는 자부심이 생겼다. 이렇게 마음가짐이 변하자, 상담할 때 나의 눈빛부터 달라졌다. 마음과 사고의 변화는 인생을 바꾼다. 어려운 제안이지만 이 글을 읽는 여러분도 사고의 전환을 해 보라고 권하고 싶다.

그런 와중에 나는 이 순간 진정으로 하고 싶은 일, 사이드 잡으로 할 수 있는 일, 잘하고 좋아하는 일들을 찾아 나서기 시작했다. 이제라도 한 가정의 주인으로서 남편과 발을 맞추고 싶었다. 눈치 보며 아이들을 키우기보다 떳떳한 나를 찾고 싶었다. 내가 잘하고 재미있어 하는 일을 찾아 수익화해 보고 싶었다. 그래서 N잡러 시대에 발맞추기 위한 노력을 했다. 또 재테크에도 관심이 생겼다. 은행 재테크 정보는 물론 재테크 관련 책을 읽거나 유명한 사람들의 블로그와 유튜브를 구독하고 경제 공부를 꾸준히 했다. 책을 읽고 마음의 변화가 찾아오자 책을 쓴 작가가 궁금해져서 주말도 반납하고 작가의 강의를 듣기 위해 책을 들고 다녔다. 작가의 친필 사인 책을 부적처럼 여기며 책을 읽는 사람에서 쓰는 사람이 되자는 다짐까지 하게 되었다. 독서는 엄마가 된 후 잃어버린 '나를 찾는 여정'이었다. 나 스스로 바로 서야 행복한 가정을 이룰 수 있다고 생각했기 때문이다.

이러한 변화를 기록하는 방법은 나만의 콘텐츠로 SNS 활동을 직접 해 보는 것이었다. SNS에 콘텐츠를 업로드하는 것도 처음엔 독학으로 하다가 조금 더 전문적으로 배울 수 있는 곳을 찾아 나서게 되었고, 시간이 지나 내 콘텐츠는 다른 사람들에게 소비되기 시작했다. 여러 사람에게 내 생각을 드러내자 개방적인 사고방식으로 일처리를 할 수 있었고, 사업도 더욱 확장되었다. 그리고 새로운 인맥과 수많은 기회가 찾아왔다.

스타 강사의 도움을 받아 콤플렉스로 여겼던 단점이나 이미 갖춘 기술을 생계수단으로 발전시킬 수 있다. 누누이 강조하지만 자신을 인정하는 마음가짐과 수익화에 대한 의지가 선행되어야 한다. 생각의 관점을 바꿔 하나의 수입원에 생계를 의지하지 않고 다양한 수입원을 고민해야 한다. 쉬운 일은 아니지만 이러한 과정 속에서 남편과 아이들에게도 내 상황을 전달하고 최소한의 협조와 협력을 얻어 낼 수 있다. 새로운 인맥을 찾아 나를 성장시키는 것은 의지만 있다면 누구나 할 수 있는 일이기에 꼭 도전해 보았으면 한다. 나는 한 번도 체계적으로 배운 적은 없지만, 수공예 재주가 있다는 것을 발견하고 '내가 해낼 수 있는 일부터 한다'는 생각으로 임해 보았다.

원데이 클래스

▍완벽하지 않아도 괜찮아

어느 날 전화가 한 통 걸려 왔다. 자이언트 얀 공방 오픈 2일 만에 들어온 첫 원데이 클래스 예약이었다. '원데이 클래스'라니! 순간 눈앞이 캄캄했지만 감사한 마음으로 예약을 잡았다. 처음 진행했던 원데이 클래스 수업 날을 생각하면 아직도 웃음이 난다. 자이언트 얀으로 쿠션을 만드는데 갑자기 다음 단계가 생각이 나지 않아서 결국 고객에게 "죄송합니다. 제가 기억이 잘 나지 않아서 유튜브 영상을 보면서 알려 드리겠습니다"라고 이야기했다. 이전의 나였다면 그 상황이 너무 당황스럽고 고객에게 죄송해서 뭐라고 하지도 못하고 얼굴만 빨갛게 달아올랐을 것이다. 하지만 이번에는 그렇게 하지 않았다. 사람들은 완벽한 것보다 솔직하고 진정성 있는 태도에 더 마음을 열고 응원해 준다는 것을 알았기 때문이다. 그날도 역시 공방을 오픈한지 얼마 되지 않았다는 사실을 알고 있던 고객분들이 오히려 괜찮다고 격려해 주며 따뜻한 눈빛을 보내 주었다.

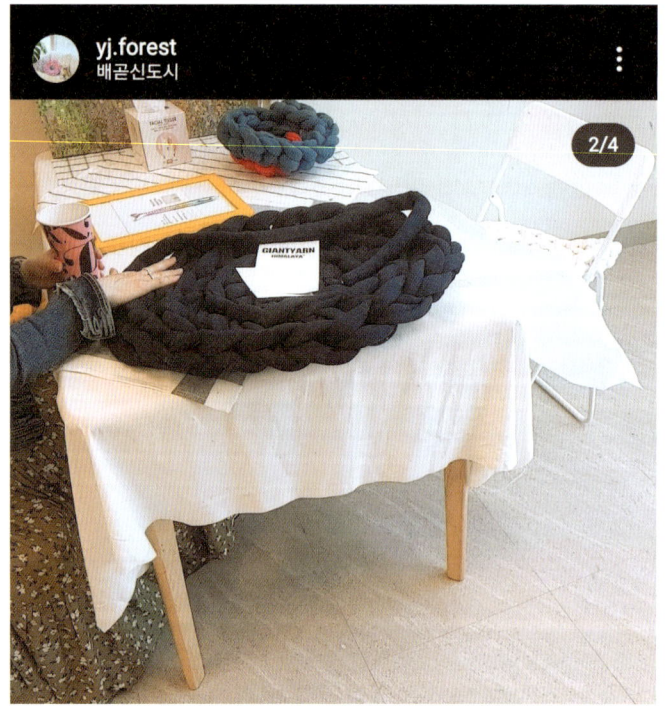

[여정 Forest 첫 원데이 클래스]

> **Tip** 원데이 클래스 종류

캔들, 리본공예, 꽃꽂이, 마크라메, 스테인드글라스, 유리공예, 마카롱, 컵케이크, 오일파스텔, 앙금 플라워 떡케이크, 비누 만들기, 가죽 제품 만들기, 라탄 소품 만들기, 보자기 아트, 레진 공예, 양모 펠트, 목공, 악기 연주 등 자신의 재능으로 원데이 클래스를 진행할 수 있다. 다음의 앱들을 통해 수강하거나 수업할 수 있으니 참고하자.

[원데이 클래스 앱]

시작은 어설퍼도 괜찮아

평생을 누군가가 정해 준 기준과 방식으로 살아왔고, 그것은 익숙함이 되어 내 삶의 방식이 되어 있었다. 그래서 새로운 시도가 너무 두려웠고, 작은 시작마저도 큰 산처럼 버겁게 느껴졌다. 경단녀이자 전업주부로서의 삶은 나에게 더욱 두려움을 안겨 주는 듯 했다. 사실 직장생활이 너무 힘들 땐 차라리 전업주부가 더 낫지 않을까라는 생각을 했었다. 하지만 막상 전업주부로서의 삶도 쉽지는 않았다. 역설적으로, 대단한 일보다는 나를 위한 어설픈 일이 더 필요했다. 세상은 더욱 빠르게 변하는데 전업주부로만 늙기에는 뭔가 억울했다. 결혼 전으로 돌아간다면 빠르게 변화하는 세상에 잘 대응할 수 있었을까? 사실 그렇지도 않을 것이다. 세상이 변하는 만큼 나 스스로가 변해야 한다. 결혼 전에는 잘 해 왔던 일들도 다시 하려면 막상 두려움이 앞선다. 아이들을 잘 돌보는 것은 당연하고 엄마가 아닌 자신만의 삶도 잘 챙겨야 하는 세상이다. 세상일은 아무도 모른다. 코로나19라는 무시무시한 바이러스가 우리의 일상을 180도 바꾸어 놓았듯 또 어떤 세상이 올지 아무도 모른다. 그렇기 때문에 스스로가 처음부터 끝까지 결정하면서 할 수 있는 일이

[온라인 원데이 클래스]

필요하다. 어떤 일을 어떻게 해야 할지 잘 모르겠다면, 원데이 클래스를 추천한다. 특별한 공간이 없어도, 큰 자본이 없어도 소수정예 수업으로 지금 당장이라도 시작할 수 있기 때문이다.

요즘은 온택트 시대(비대면을 일컫는 '언택트(Untact)'에 온라인을 통한 외부와의 '연결(On)'을 더한 개념, 온라인을 통해 대면하는 방식)이기 때문에 온라인 원데이 클래스도 가능하다. 원데이 클래스 키트를 수강자에게 택배로 보내고 줌(ZOOM, 원격 화상회의 프로그램)으로 강의하는 것이다. 공간을 따로 빌리지 않아도 되고, 핸드폰만 있어도 된다. 온라인 원데이 클래스 강의가 궁금하다면 관심과 흥미가 가는 것으로 먼저 체험해 봐도 좋다. 처음부터 거창하게 시작하려 하면 오히려 더 어렵다. 1평의 공간, 핸드폰, 노트북 하나로 시작한다는 마음으로 어떤 것이든 도전해 보자.

> **Tip** 원데이 클래스 커리큘럼 꿀팁
>
> - 1~2시간에 끝낼 수 있는 커리큘럼으로 구성한다.
> - 수강생이 짧은 시간에 결과물을 얻어 갈 수 있게 한다.
> - 같은 재료여도 다른 사람이 하지 않은 새로운 것을 시도해 본다.
> - 수강생이 만들어 보고 싶다고 요청하는 것을 만들어 본다.

원데이 클래스 성공 노하우

원데이 클래스 실전 노하우

❶ SNS 비지니스 계정 만들기

네이버 블로그, 인스타그램, 유튜브 등에 원데이 클래스 운영용 계정을 만든다. 계정을 만드는 건 돈이 들지 않으니 고민하지 말고 일단 만들어서 운영해 보자.

❷ 네이버 활용하기

원데이 클래스 소식과 업체 정보를 블로그에 기록한다.

- 네이버 스마트 플레이스 등록: 네이버에 업체 정보를 등록(통합 검색, 지도, 플레이스 정보)해 두면 업체 이름이 네이버 검색 결과에 바로 나와서 위치나 일정을 홍보하는 데 도움이 된다. 또 블로그와 다른 SNS 채널도 연동할 수 있다.

❸ 동네 강좌 등록하기

네이버에서 동네 강좌를 검색해서 공방 원데이 클래스 일정을 등록해 놓으면 네이버 메인의 '우리 동네'에 소개될 수 있다.

❹ 스마트스토어 시작하기

제품을 올려서 판매할 수 있는 네이버 온라인 쇼핑몰이다. 통신판매업자신고증만 있으면 누구나 시작할 수 있다.

❺ 카카오톡 채널 개설하기

카카오톡의 모바일 비즈니스 플랫폼 서비스로 카카오톡 채널 관리자 메뉴에서 새로운 채널을 개설할 수 있다. 카톡으로 채널 관리를 할 수 있고 고객과의 채팅 내역을 확인할 수 있다. 카카오톡 채널은 전화번호를 공유하지 않고 링크 주소를 통해 카톡으로 채팅이 가능해서 구매자들이 선호하는 채널이기도 하다. 또한 다른 SNS에 카톡 채널을 연동할 수 있다.

[가입하면 좋은 채널]

[각 채널별 아이콘]

❻ 핸드메이드 온라인 플랫폼 활용하기

수공예 작가와 구매자를 이어 주는 중개 플랫폼을 활용할 수도 있다. 이 플랫폼을 통해 구매자들은 다양한 공방과 원데이 클래스를 알아볼 수 있고, 작가들은 좀 더 쉽게 원데이 클래스 시장에 진출할 수 있다.

각 플랫폼에 작가 신청을 하고 작품을 올려서 판매하거나 원데이 클래스 모집을 할 수 있다. 각 플랫폼의 MD는 항상 SNS에서 작가들을 찾고 있다. 또 각 플랫폼마다 클래스, 작품, 키트, 작가 강의 등 중점을 두는 부분이 달라서 협업 시 다양하게 도움을 받을 수 있다.

- 수공예 중개 플랫폼: 손수잇다, 아이디어스, 텐바이텐, 솜씨당
- 지역 기반 수공예 플랫폼
  - 경기: 문화활력소
  - 전북: 마미닛(maminit)
  - 광주: 모람플랫폼(MORAM)
  - 부산: 동백상회

[수공예 중개 플랫폼]　　　　　[중개 플랫폼 솜씨당]

> **Tip** 원데이 클래스 운영 꿀팁
>
> - SNS에 홍보하기
>   - 공방을 오픈하기 전에 온라인에 계정을 만들고 공방 오픈 소식과 원데이 클래스 일정을 공유한다.
> - 예약 잡기
>   - 공방 오픈 초기에는 문의 전화가 오면 예약을 1주나 10일 뒤로 잡고 그동안 준비를 한다.
> - 예약금 받기
>   - 미리 예약금을 받아서 노쇼를 예방한다. 선금을 받으면 그만큼 책임감이 강해져 일의 능률도 높일 수 있다.

무조건 Yes하기

온택트 시대인 만큼 비즈니스 분야도 비대면이 늘어나고 있다. 그러다 보니 얼굴도 모르는 상태에서 문자로 입점 제안을 받는 경우가 있다. 무분별하게 쏟아지는 SNS 광고 때문에 그냥 지나치지 않게 주의해야 한다. 나도 백화점 팝업스토어

제안이 왔던 걸 모르고 한 달이 지난 후에야 확인했던 적이 있다. 이럴 때는 당황하지 말고 꼭 답변해야 한다. 문자를 늦게 확인했다고 답을 하니 담당자에게 오히려 답을 줘서 고맙다는 이야기를 들었다. 그리고 이후에 다시 팝업스토어 제안을 받아 참여했고 그 인연이 지금까지 이어져 오고 있다.

온라인 중개 플랫폼은 수수료가 있다. 이 수수료가 부담스럽다는 사람들도 있지만, 자신의 핸드메이드 작품을 많은 사람에게 알리고 공방을 홍보하는 계기로 삼으면 좋을 것이다.

'손수잇다'라는 플랫폼에서 전문 PD와 함께 작가 프로필 촬영을 하고 교육용 영상을 제작해 유튜브에 업로드한 적이 있다. 이를 통해 교육 영상을 좀 더 전문적으로 촬영할 수 있었고 1인 공방을 운영하는 나에게 큰 도움이 되었다.

[수공예 중개 플랫폼 손수잇다 프로필 영상 촬영]

▎관공서 기관에서 수업하기

원데이 클래스를 한다면 기관 수업은 꼭 해 보라고 추천하고 싶다. 기관 수업은 수업 전 강사 프로필, 강의 기획서, 견적서를 먼저 보내야 한다. 수업이 끝나면 세금계산서를 발행한다. 세금계산서는 국세청 홈텍스 홈페이지에서 누구나 발급할 수 있다. 이 과정을 통해 나는 강사 프로필을 업그레이드하고 있다. 전국에는 셀 수 없이 많은 기관이 있다. 이는 잠재 고객이 많다는 뜻이고 조금만 열심히 노력하면 얼마든지 기관 수업을 할 수 있다. 보통 기관 수업은 기관에 직접 가서 하는데,

[자이언트 얀 온라인 수업, 원데이 클래스]

온라인으로 진행할 때는 인원 제한이 없어 10명이 넘는 인원과 원데이 클래스를 진행하기도 했다. 한 번에 많은 인원이 참여하는 기관 수업은 공방을 운영하는 입장에서는 큰 도움이 된다.

    코로나19로 오프라인 모임이 제한되는 경우가 많기 때문에 온라인 강의를 적극적으로 활용하는 것을 추천한다. 후에 코로나19가 잠잠해지고 오프라인 강의가 다시 활성화된다고 해도 SNS 활동으로 기록해 놓은 블로그나 원데이 강의를 위해 만든 유튜브 영상은 계속 실용적으로 사용할 수 있을 것이다.

해시태그 활용하기

    다양한 플랫폼과 기관에서 제안을 받기 위해 사용했던 해시태그를 소개할까 한다. 아무리 SNS를 활용한다 해도 해시태그를 제대로 사용하지 않으면 검색이 되지 않는다. 반대로 해시태그를 잘 활용하면 팔로워 수나 좋아요 수와 상관없이 검색이 되어 기회를 잡을 수 있다. 그렇다면 어떤 해시태그를 써야 할까?

    수강생들에게 질문한 적이 있다. "여정 Forest를 어떻게 알고 오셨나요? 뭐라고

[여정 Forest 공방 롯데백화점 팝업 스토어]

검색을 하셨나요?"라고 말이다. 그렇게 탄생한 해시태그는 '#배곧원데이 클래스'다. 공방 앞에 지역 이름을 붙이니 지역 기반의 행사 제안도 많이 받게 되었다.

또 내가 사용했던 해시태그는 '#시흥공방'이다. 전국의 다른 지역명을 돌아가면서 사용하기도 했다. 온라인으로 전국에서 수강이 가능하기 때문에 더욱 효과적이었다. 가고 싶은 지역이나 활동하는 지역을 해시태그에 돌아가면서 사용해 보자. 지역명을 붙이면 그 지역의 행사나 이벤트가 있을 때 검색될 수 있다. 앞으로의 목표나 바람을 해시태그에 넣을 수도 있다. 예를 들어 출장 강의를 할 계획이 있다면 해시태그에 #출강, #출장강의, #전국강의 등을 써 보자. 이렇게 해시태그를 잘 사용하면 어디선가 나를 필요로 하는 곳에서 나를 찾을 것이다.

나 또한 지역 해시태그를 써서 백화점 팝업 스토어 제안을 받았고 지역전시회 플리마켓 행사에 참여할 수 있었다. 기관 수업 해시태그를 써서 지역 내 어울림 센터, 육아 종합 지원 센터와 연결되었다. 이렇듯 해시태그는 그냥 말장난이 아닌 나를 표현해 주고 나의 목표를 명확하게 보여 주는 도구가 된다. 해시태그만 잘 써도 좋은 홍보 마케팅을 할 수 있다.

경단녀였던 나에게 원데이 클래스는 근사한 직업을 만들어 주었다. 원데이 클래스는 자신이 가진 소박한 재능으로 시작할 수 있는, 지금 이 시대에 가장 좋은 사이드 잡 아이템 중 하나다.

[집에서 진행한 온라인 원데이 클래스]

[공방에서 진행한 온라인 원데이 수업]

> **Tip** 온라인 원데이 클래스 준비물

항공샷을 찍을 수 있는 삼각대, 마이크, 핸드폰, 노트북, 줌(ZOOM) 이렇게 간단한 준비물을 가지고 공방이나 집에서 강의를 진행할 수 있다. 집이 좁아도 괜찮다. 노트북을 펼칠 수 있는 공간만 있으면 충분히 가능하다.

인스타그램은 한계가 없다

　평범한 주부였던 나를 알아봐 준 건 다름 아닌 인스타그램이었다. 가까운 지인들에게 왜 SNS를 하지 않느냐고 물었다. 그랬더니 정말 놀라운 이야기를 들을 수 있었다. SNS는 잘 놀러 다니거나, 정말 예쁘거나, 맛있는 음식을 먹으러 다니는 사람들이 하는 것이기 때문에 시작하지 않는다는 것이었다. 게다가 그런 사람들은 일상이 특별한데 자신은 집에 누워 있거나, TV를 보거나, 집에서 가족들과 대화를 나누는 것이 전부여서 시작하지 않는다고 했다. 지인들의 말을 한참 듣다 보니 예전에 나도 그렇게 생각했던 적이 있어 공감이 되었다. 그러나 그런 이유로 SNS를 하지 않는 거라면 더욱 SNS를 시작해야 한다고 이야기하고 싶다. 일상 속에서도 충분히 특별함을 발견할 수 있기 때문이다.

　나는 경력이 단절된 상태에서 무엇을 할 수 있을지 고민하다가 SNS를 먼저 시작했다. SNS를 하는 연예인이나 다른 사람들에 비해 나는 절대 특별하지 않았다. 그런데 SNS를 운영하는 것 자체가 SNS를 하지 않는 사람들에겐 조금 특별해 보인다는 걸 알게 되었다. 내가 그들을 특별하다고 이야기하듯 말이다. 나의 이야기가 SNS라는 필터를 거치면 다른 누군가에게 아주 조금은 특별해 보인다는 생각이 들었다. 이렇게 SNS는 나의 삶을 조금 다른 방식으로 바라보게 하는 역할을 해 주었다. 특히나 SNS에서 만난 사람들은 나의 일상이 꾸준해 보이거나 목적이 뚜렷할 때 더욱 나를 응원해 주었다.

▌인스타그램을 추천하는 이유

　나는 현재 SNS로 나를 드러내기 위해 열심히 사진을 찍고 글도 쓰고 영상도 찍고 있다. 온라인에서 내가 이런 활동을 할 것이라고는 정말 생각해 본 적도 없다. 그런데 지금은 그 누구보다 SNS를 더 열심히 하고 있다. 수많은 SNS 중에서 인스타그램을 이야기해 볼까 한다. 짧은 시간에 무언가를 생산할 수 있는 가장 좋은 플랫폼이기 때문이다.

SNS를 잘 하지 못했던 내가 SNS에 일상을 올리는 것을 넘어 기관 수업을 의뢰받고, 백화점 유통을 하고, 공중파 방송 출연 섭외를 받고, 라이브 토크 쇼핑 게스트로 1일 쇼호스트가 되어 협찬을 받는 등 다양한 기회를 맞이할 수 있었던 것은 전부 인스타그램 덕분이다. 인스타그램은 시간도 돈도 없고 평범한 전업주부였던 내가 15분 투자로 했던 일 중 가장 집중했던 플랫폼이다. 단언컨대, 인스타그램은 짧은 순간을 기록하고 공유하는 데 최적화된 플랫폼이다. 또한 팔로워 수나 좋아요 수에 상관없이 한 가지를 꾸준히 올리는 것만으로도 성과를 낼 수 있는 플랫폼이다. 사진을 찍고 올릴 준비가 되었다면 지금 당장 시작하라고 말하고 싶다. 내가 지금까지 경험한 인스타그램은 사람을 찾는 에디터나 MD들이 가장 많이 활동하는 플랫폼이다. 인스타그램에서는 누구에게나 기회가 열려 있다.

인스타그램이 뭐예요?

처음 인스타그램을 하면서 다이렉트 메시지(Direct Message, 이하 DM)를 받았을 때는 의구심이 먼저 들었다. 인스타그램을 시작하면 부업 광고, 다단계 광고, 해외 광고 등 '이건 뭐야?' 할 만한 DM이 많이 온다. 어떤 사람에게는 인스타그램을 그만둬야 하나 싶을 정도로 심각한 고민을 던져 주기도 한다. 나도 DM을 확인하다가 놀랐던 적이 한두 번이 아니었다. 그래서 DM으로 제안이 왔을 때 바로 대답을 하지 못한 적도 많았다. 그런데 한두 번 제안을 받다 보니 인스타그램에 MD들이 많이 활동한다는 것을 알게 되었고 그때부터는 DM을 잘 확인해서 광고인지 기회인지 구분하기 시작했다.

넘쳐나는 허위성 광고와 기회가 공존하는 인스타그램은 도대체 무엇일까?

인스타그램(Instagram)은 '인스턴트(Instant)'와 '텔레그램(Telegram)'이 더해진 단어로 '세상의 순간들을 포착하고 공유한다'라는 슬로건을 내걸고 2010년에 출시됐다. 창업자는 스탠포드대 선후배 사이인 케빈 시스트롬과 마이크 크리거다.

나도 내 삶의 순간을 포착해서 인스타그램에 공유하고 있다. 이 공유의 힘은 평범한 경단녀였던 내게 연결이라는 선물을 가져다주었다. MBC 방송에 출연하고 유명 가수분과 라이브 쇼핑 방송을 하기도 했다. 최근에는 협찬을 제안하는 메시지가 나에게 설렘을 주고 있다.

▌온라인상의 명함 (비즈니스 카드)

인스타그램은 온라인상의 명함이 될 수 있다.

사람을 처음 만나면 명함을 주고받듯이 나에 대한 설명이 필요하거나 상대에 대한 궁금증이 있을 때 명함 대신 인스타그램 아이디를 주고받는다. 인스타그램이 온라인상의 명함이 되는 것인데, 비대면 시대에는 특히나 꼭 필요한 명함이 되었다. 인스타그램을 시작하기 힘들다면 온라인상에 나의 명함을 만든다는 생각으로 하나씩 이어나가 보자.

종이 명함은 업그레이드가 어렵다. 새로운 일을 시작하면 아예 새로운 명함을 다시 만들어야 한다. 하지만 온라인 명함은 알아서 업그레이드된다. 심지어 매일 새로운 일들로 업그레이드할 수 있다. 얼마나 신나는 일인가? 내가 자고 있는 사이에도 인스타그램은 깨어 있다.

여러분도 어떤 온라인 명함을 갖고 싶은지 생각해 보고 오늘부터 만들어 보자.

▌온라인 명함 만드는 법

- 인스타그램에 분야별로 계정을 따로 만든다.
- 각각의 계정에 콘셉트를 정한다.

- 매일 15분 동안 실천하고 온라인에 기록한다.
- 한 가지 콘셉트를 정해서 한 달 동안 운영해 본다.
- 중간에 하고 싶은 일이나 흥미 있는 일이 생기면 계정을 추가한다.

계정이 너무 많으면 모든 계정을 동시에 운영하기가 힘들다. 일자별로 나누는 것도 좋고, 하고 싶은 걸 먼저 해도 좋다. 이렇게 여러 계정을 운영하면 관리 요령이 생긴다. 이 여러 계정들이 서로를 응원하기도 한다.

한 사람이 운영하는 것이지만 각각의 역할이 다르기에 분명 더 잘하는 것, 더 재밌는 것 등을 발견하며 자기 자신을 알아가는 시간이 될 수 있다. 이렇듯 개인적인 부분과 비즈니스를 분리하고, 좋아하는 일과 해야 하는 일을 분리해서 각각의 온라인 명함을 만들어 보자. 이 온라인 명함이 어디로 데려가 줄지는 아무도 모를 일이다.

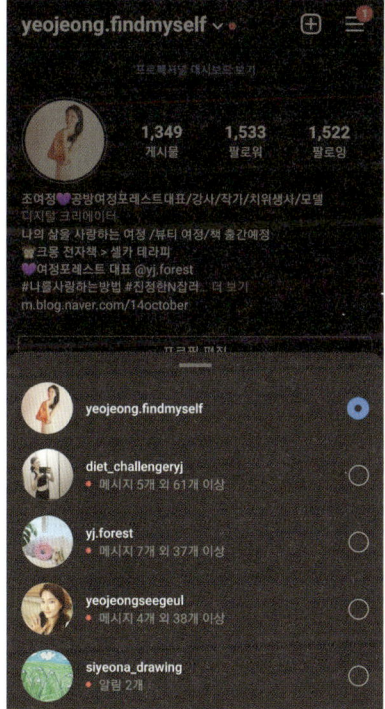

[나의 인스타그램 계정들]

에 | 필 | 로 | 그

나는 SNS가 무엇인지부터 배우면서 시작했다. 이제 나의 SNS 계정은 어엿한 온라인 명함 역할을 톡톡히 해 주고 있다. 나의 SNS에는 내가 무엇을 잘 하고 좋아하는 사람인지 고스란히 담겨 있다. 나를 세상에 드러내는 게 두려워서 포기하고 싶었던 적도 많았다. 하지만 더 용기를 내고 SNS에 익숙해지고자 노력한 결과 다른 세계로의 통로가 열렸다. 오프라인에서는 직장인, 주부, 아내, 딸, 며느리 등의 역할로 평범하게 지냈지만, 온라인에서는 나의 잠재력과 정체성을 발견하고 드러낼 수 있었다.

나는 사진 찍는 것을 좋아하는데, 특히 인물 사진과 공간 사진 찍는 걸 좋아한다. 또 매일 내 얼굴을 마주하고 나 자신과 소통하며 하루를 시작하는 게 좋다. 그리고 실천하는 독서를 꾸준히 하면서 읽는 사람에서 쓰는 사람으로 발전하고 있다. 나이가 들수록 사람 만나는 것이 부담스러웠는데, 이제는 긍정적인 사고와 마음가짐으로 세상을 살아가려 한다. 나는 긍정적인 마음가짐이 인생을 바꿔 준다고 믿는다. 특히 한복모델 대회에 참가하는 경험을 통해 입상보다 무대에 서서 내가 느꼈던 두려움을 극복하고 무대를 만끽하는 사람이 되는 것이 더 중요하다는 것을 깨달았다. 단순한 성과가 아닌 삶의 이유와 의미를 찾게 된 것이다. 이렇게 SNS상에 나를 기록하며 39년 동안 나 자신도 몰랐던 나를 조금씩 알아 가고 있다. 삶에는 정답이 없다. 그렇기에 정답이 아닌 나만의 삶을 온라인에 창조하며 오프라인과 균형을 맞추어 가고 있다.

SNS를 시작한 지 1년쯤 되었을 때 공방을 열었다. 만약 SNS를 하지 않았다면 공방 운영을 포기했을지도 모르겠다. 나는 경단녀가 되면서 많은 부분을 포기했었는데, SNS를 시작하고 나서는 나를 드러내는 방법과 두려움을 극복하고 도전하는 법을 배웠다. 사업체를 운영한다는 건 자신과의 외로운 싸움이다. 나는 공방에서 오직 나만이 할 수 있는 원데이 클래스와 개성 있는 소품들을 끊임없이 연구하고 있다. 그리고 점점 커지고 있는 원데이 클래스 시장에서 자신만의 것을 창조해 내는 시간은 분명 가치 있는 시간이라 믿는다.

많은 사람이 언제 어디서든 나의 SNS를 볼 수 있어 꼭 만나지 않아도 나의 근황을 보여 줄 수 있다. 사람들은 인스타그램에서 내 피드를 보고 "여정님~ 요즘 기관 강의도 하시고 새벽 기상, 걷기도 꾸준히 하시고…"라며 댓글을 달아 준다. 내가 일일이 만나지 못하는 사람들도 내 인스타그램을 보면 열심히 사는 것이 보여서 동기 부여가 된다고 이야기한다. 심지어 어떤 사람은 대리만족을 느낀다고도 얘기해 주었다. 참 행복한 미소가 지어지는 일이다. 나는 숫기도 없고 누가 나를 알아볼까 봐 조마조마하던 사람이었는데 말이다.

여러 공저자와 책을 출간하게 된 것도 모두 SNS 덕분이다. 이 글을 쓰면서 나는 내 슬픔과 마주할 수 있었고, 그 슬픔을 나눌 수 있었다. 그 슬픔을 공감하며 나의 글이 아닌 우리의 글을 쓸 수 있었다. 나는 이제 두려움을 선택하며 살기로 마음먹었다. 그리고 두려움을 극복해야 하는 이유도 찾았다.

내가 간절히 바라고 해 보고 싶은 일일수록 실패가 두려울 수 있다. 너무 잘하려는 마음과 완벽히 하려는 마음을 조금 내려놓고 도전해 보자. 우리는 아무런 관심조차 없는 것에는 두려움을 느끼지 않는다. 나는 경단녀였을 때 다시 일하는 것이 두려웠고, 육아는 잘할 수 있을지, 내조는 잘할 수 있을지 너무나도 두려웠다. 하지만 그 두려움을 피하지 않고 마주하니 이윽고 극복할 수 있었다.

온라인으로 출근하는 일도 때로는 하기 싫고 귀찮고 부질없는 일이라고 생각될 때가 있다. 그럴 때마다 나는 나의 마음 상태나 컨디션을 먼저 체크한다. 온라인뿐만 아니라 병원에 출근할 때도, 경단녀였을 때도 이런 생각에 자주 빠져들었으니 말이다.

내 마음의 상태를 확인하면 마음이 조금 편해진다. 너무 힘들 땐 쉬어도 좋다. 온라인은 나를 해고하지 못한다. 내가 포기하지 않는 한 절대로!

결혼 생활도 마찬가지다. 너무 힘들 땐 쉬어도 좋다. 남편과 아이들은 누가 뭐라 해도 나를 가장 아껴 주고 나의 아픔을 함께 나누는 사람들이다. 이런 가족이 있기에 힘을 내고 당당히 온라인으로 출근한다. 혼자만의 시간을 허락해 준 사랑하는 내 가족 모두에게 감사와 사랑을 전하고 싶다.

원고를 집필하여 책으로 출간하는 과정은 마치 산고와 같았다. 세상에 없던 무언가를 창조하는 일은 힘들고 어려웠다. 그러나 내가 포기하지 않는 한 원고도 나를 버리지 않는다. 이 고통을 기꺼이 함께 나눠 준 심나프 작가분들께도 감사와 사랑을 전한다.

모든 사람에게 장점과 단점이 존재하듯 세상 모든 일에는 양면이 존재한다. 나의 장점을 최대한 드러내 주고 용기를 북돋아 준 분들과 책을 쓰는 내내 부족한 사람이라고 자책했지만 결국 이렇게 마지막 페이지를 장식한 나 자신에게도 사랑을 전한다.

Part 4

재구독을 부르는 온라인 카페 노하우, 결국은 관계

박지숙
줄리썸머

#네이버카페
#온라인기록

재구독을 부르는
온라인 카페 노하우,
결국은 관계

사용 툴 ⚙
네이버블로그,
네이버카페

박지숙(줄리썸머)

엄마도 '나만의 공간'이 필요해 - 블로그

결혼하기 전까지 나는 한 번도 내 방을 가져 본 적이 없었다. 내가 아주 어렸을 때부터 계속된 아빠의 사업 실패와 긴 방황으로 우리 가족은 이사를 수도 없이 했다. 좁은 반지하에 화장실까지 대문 밖에 있던 집에서 오래 살았던 때가 있었다. 늦은 밤에 깨서 화장실에 가고 싶으면 잠든 동생을 흔들어 깨워 대문 밖 담벼락에 서서 기다리게 하면서 볼일을 보곤 했다. 비가 많이 오는 날이면 온 가족 모두 뜰 것을 챙겨 반지하 단칸방에 들어찬 빗물을 퍼내야 했다. 그 이후에도 이사는 여러 번 계속되었다. 아이가 셋이라고 하면 주인집에서 싫어한다고 이삿날이면 친구 집에 갔다가 늦게 들어오라고 하셨던 엄마의 모습이 기억난다. 그때 우리 엄마 마음은 어땠을까? 그다음에 이사한 집은 더 좁았다. 그래도 반지하를 탈출해서 좋았다. 자려고 이불을 펼치면 밖에서 방문조차 열지 못할 정도로 좁은 방 두 개짜리 집이었다. 엄마 혼자 서면 아무도 들어갈 수 없던 주방과 손바닥만 한 화장실. 그게 전부였다. 그 집에서 여섯 식구가 오랫동안 함께 생활했다. 풍을 맞아 거동이 불편하셨던 할머니는 일곱 남매 중 여섯 째인 우리 아빠 집에서, 돌아가시는 날까지 함께 계셨다. 이유는 우리 엄마가 가장 살가운 사람이었기 때문일 것이다.

남동생은 고등학생이 될 때까지 안방에서 누워 계신 할머니, 부모님과 같이 지냈다. 그에 비하면 움직이기 어려울 만큼 좁아도 둘이서 방을 쓰던 나와 여동생의 투정은 행복한 비명이었기에 아예 말도 꺼내지 않았다. 아직도 그 집에서의 기억이 생생하다. 덕분에 우리 삼 남매는 우애가 정말 좋다. 힘들었던 그 시절을 잘 이겨 낸 덕분이 아닐까 싶다. 하지만 그렇게 좋은 우애 속에도 나는 오래도록 마음에 품어 온 로망이 있었다. 바로 '내 방'을 갖는 것이었다.

결혼

엄마의 소망은 고생한 큰 딸의 안정적인 생활이었다. 친구처럼 나의 이야기를 잘 들어 주는 자상한 사람을 만나니 혼자보다는 남편과 함께하는 삶이 더 행복할 거라는 생각도 들었다. 억 소리 나는 큰 액수를 대출받아 신혼 전셋집을 마련할 때도 두렵지 않았다. 근처에 아무것도 없는 고립된 지역이었지만 신축 아파트가 마음에 들었다. 무엇보다 그토록 바라던 내 방이 생겼다. 모든 것이 예전보다 나아지고 있다고 생각했다. 난 열심히 할 자신이 있었고, 그렇게 일하면 전부 다 순조롭게 잘 해결될 거라고 믿었다.

남편은 결혼 전보다 점점 더 퇴근이 늦어졌지만, 나는 혼자만의 시간이 생겨서 좋았다. 출장이 잦아 집에 잘 들어오지 않아도 내 일하느라 바빠서 아쉽고 서운한 지도 모르고 살았다. 나는 결혼하고도 계속 일을 하고 싶었다. 그동안 열심히 공부하며 쌓았던 내 경력이 '결혼' 때문에 사라진다는 것은 상상도 할 수 없었다. 아이들을 가르치는 일이지만 시간에 구애 받지 않고 자유롭게 일하면서, 결혼 후에도 쉬지 않고 쭉 일을 이어 가고 싶은 마음이 컸다. 그래서 회사를 그만두고 프리랜서로 전환을 했다. 그렇게 일에 몰두하며 하루하루 열심히 살고 있을 때 선물처럼 아이가 찾아왔다.

그런데 아이가 태어난 후에는 이야기가 달라졌다. 계속되는 장기 출장으로 남편은 너무 괴로워했고, 그런 남편의 얼굴을 보지 못하는 날이 점점 더 많아져 나 역시 힘들었다. 국내 출장부터 해외 장기 출장까지 일 년에 200일 가까이 집에 들어오지 않는 남편과 사느라 어느새 나는 하숙집 주인이 되어 가고 있었다. 출장 후에 남편이 가지고 오는 빨래 폭탄을 처리하고 간만에 들어온 남편에게 따뜻한 밥을 차려주기 바빴다. 아이를 품에 안고 졸고 있는 남편의 옆모습을 보는 것이 내 일상의 전부였다.

우리 둘

아이에게는 엄마가 세상 전부였다. 하루 이틀 사흘이 지나도 아이와 나 온전히 둘뿐이었다. 우린 행복했고 슬펐고 힘들었고 지쳤다. 아이는 시간이 지날수록 더 예민해졌고, 엄마가 보이지 않으면 극도의 불안 증세를 보이며 잠자는 것을 힘들어했다. 안아도 울고 눕혀도 울고 나가도 울고 먹여도 울었다. 머리를 감을 때는 물론이고 화장실에서 볼일을 볼 때도 아이를 안고 들어갔다. 혼자 샤워 한 번 하는 게 소원이었다. 누가 잠깐 아이를 봐 주면 얼마나 좋을까 생각했다. 딱 삼십 분만 깨지 않고 자고 싶었다. 몸도 마음도 지칠 대로 지친 나는 계속 골골댔다.

꼬박 이틀을 못 자고 온종일 아이를 안고 있다가 문득, 이대로 사라지면 좋겠다는 생각이 들었다. 베란다 밖을 내려다보았다. 그때 우리 집은 13층이었다. '여기서 떨어지면 죽을까?', '나만 떨어져야 하나?', '불쌍한 내 아이, 엄마 없이 살면 어떡하지?' 나는 우는 아이를 하늘 높이 쳐들고 소리쳤다. "우리 같이 가자! 그럼 다 끝나. 그러자. 응?" 엄마가 무슨 이야기를 하는지 눈치채기라도 한 듯 아이는 더 자지러지게 울었다. 그런 아이를 꺼안고 그 자리에 주저앉아 나도 펑펑 울었다. 아팠던 건데 아픈 줄도 모르고 살았다. 숨이 쉬어지지 않을 만큼 아팠고 그 마음의 병과 피로가 온몸을 돌며 나를 골병들게 했다. 그런데도 모든 죄책감과 후회의 화살을 나 스스로에게 쏘아 대서 결국 나는 몸뿐만 아니라 마음까지도 만신창이가 되었다.

남편이 돌아왔을 때 잠깐 한 시간이라도 혼자 외출했다면 좋았을 텐데, 그땐 그걸 몰랐다. 내가 없으면 큰일 날 것처럼 두려워하는 남편을 보면서 아이를 두고 나갈 자신이 없었다. 그땐 서로 너무 힘들고 지쳐 있어서 서로가 서로에게 격려나 위로가 되지 못했다.

그래서 나는 늘 내 마음을 꺼내놓을 곳이 필요했고 어디에서도 말하지 못했던 나의 속마음을 블로그라는 공간에 털어놓기 시작했다. 임신하고 나서 육아 정보를 찾는다며 만들었던 블로그였다. 아이가 잠들지 않는 밤이면 블로그에 아이 사진을 올리고 일과를 기록하며 그 긴 밤을 버텨 냈다. 우는 아이를 재우고 나서는 곤히 잠든 아이의 얼굴을 보며 그제야 밀려오는 반성의 마음과 자책의 두려움을 육아하는 엄마들과 함께 소통하며 치유해 나갔다. 유독 내 아이만 유별나다고 생각했는데, 나보다 더 힘든 사람들도 많다는 것을 알게 되었다. 초보 엄마인 나의 부족함을 깨닫고, 또 다시 힘을 낼 용기를 얻었다. 그리고 잘 버텨 낸 우리는 서로 대단하다, 멋지다, 애썼다 등의 위로의 말을 주고받으며 그 날들을 살아 냈다.

일상의 모든 것이 기록의 소재

아이가 심하게 울어도, 냉장고 선반을 밟고 올라서서 낑낑 대고 있어도, 싱크대

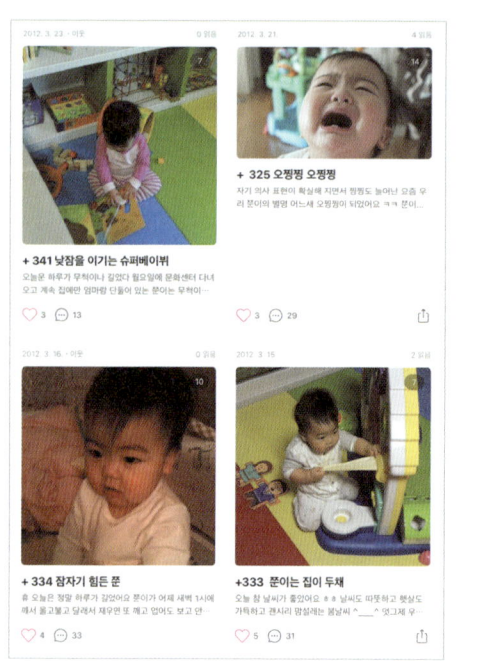 

[아이와의 모든 일상이 블로그 소재]

하부장을 모두 뒤져서 바닥을 엉망으로 만들어도 위험하지 않은 상황이라면 괜찮았다. 울고 매달려서 힘들게 하는 것보다 훨씬 나았다. 아이의 행동을 촬영하기 시작하면서 '오늘도 엄마에게 이야깃거리를 던져 줘서 고마워'라고 생각하게 되었고, 매일의 일상을 더 열심히 기록하기 시작했다.

   사실 온종일을 말이 통하지 않는 아이와 보내는 것은 감정 소모가 엄청난 일이다. 새벽 5시면 어김없이 일어나는 아이와 함께 하루가 시작되었다. 눈뜨자마자 시작된 놀이로 한참 같이 놀다가 아침을 먹이고 아침 산책을 다녀오고 또 점심을 만들어 먹이고 오후 산책을 다녀오고 씻기고 저녁을 먹여도 6시밖에 되지 않는 날들이 계속되었다. 워낙 잠이 없던 아이는 낮잠도 잘 자지 않았고 어쩌다 자신도 모르게 곯아떨어져도 삼십 분이면 어김없이 울면서 일어났다. 엄마 말고는 자신 곁에 아무도 없으니 불안해서 잠을 못 잤을 것이리라.

나만의 방

나는 아이가 입은 옷을 찍고, 아이가 먹는 음식을 기록하고, 아이에게 읽어 준 책들을 쌓아 놓고 사진으로 찍으면서 눈코 뜰 새 없는 날들을 살았다. 아이와 단둘이 보내는 삶에 의미 있는 날들을 만드는 것 같아서 좋았다. 결혼 전, 열심히 일하며 살다가 결혼하고 육아하면서 점점 나 자신이 사라져 가고 있다는 느낌이 들었는데, 블로그를 하면서 무언가 바쁘게 할 일이 생겼다는 즐거움이 매일의 에너지를 만들어 줬다. 그리고 어디에서도 배울 수 없는 육아 선배들의 살아 있는 조언도 큰 힘이 되었다.

아이의 사진 속에는 나만 아는 순간들이 가득했다. 그 사진들이 블로그에 글과 함께 매일 기록되자, 아이의 성장이 눈에 보였고 나의 감정 변화가 고스란히 느껴졌다. 아무도 내 사진을 찍어 주지 않았고 어디에도 내 이야기를 들려 줄 곳은 없었지만, 블로그에는 타임캡슐처럼 그때의 감정이 고스란히 숨 쉬고 있었다. 그때는 너무 힘들었는데 지나고 나니, 그때의 다양한 감정이 행복으로 간직되어 있었다.

언젠가 아이가 더 크면 우리가 느꼈던 감정과 아이의 모든 순간이 가득 담긴 블로그를 아이에게 선물로 주고 싶다. 엄마를 살게 했던 엄마만의 방, 그 안에 있는 너와 나. 그리고 우리가 기뻤고 슬펐고 힘들었고 사랑했던 진한 흔적을 오래오래 간직하라고 말하면서 말이다.

신혼집으로 이사하면서, 가운데 방에 아주 큰 책상과 책장을 넣었다. 개인 방 한 번 못 만들어 주고 시집을 보낸다고 미안해하시던 엄마가 만들어 주신 공간이었다. "잘해 주지 못하고 시집보내서 미안하기만 하구나. 이제 결혼했으니 너 하고 싶은 거 많이 하면서 그저 네 인생을 신나게 살아라."라고 하시던 엄마의 말씀에 마음이 설렜다. 내 방이 생기면 정말 좋겠다고만 생각했는데 정작 그곳엔 내가 없었다. 결혼하면서 물리적인 내 방이 생겼지만, 그곳에서 나를 위한 시간을 보내지 못했다. 그토록 원했던 내 방보다 어쩌면 블로그라는 공간이 내게 더 중요한 방이 되어 주었는지도 모른다. 나를 살려 준 고마운 내 방 말이다.

진짜 나를 만나야 하는 절호의 기회

아이는 무럭무럭 자랐다. 그리고 우리는 더 열심히 살았다. 엄마 얼굴만 보면 책을 들고 오는 아이에게 틈날 때마다 최선을 다해 동화책을 읽어 주었다. 책을 읽어 주면서 내 마음도 서서히 치유되었다. 엄마로서만 말고 나로도 잘 살고 싶다는 마음이 꿈틀거리던 때, 우연히 지인의 소개로 독서모임을 알게 되었고, 그때부터 나는 매주 토요일 새벽 6시면 아이를 깨워 데리고 다니면서 열심히 독서모임에 나갔다. 책을 읽고 싶어 새벽에 일어났고, 그렇게 무언가 해냈다는 뿌듯함은 다시 내 일상에 활력으로 돌아왔다. 그리고 아이가 어렸을 때 육아를 기록했다가 조금씩 쉬어 가던 블로그도 다시 시작했다. 아이 이야기로 가득 차 있던 블로그가 나의 이야기로 바뀌어 가고 있었다. 책을 읽으며 생각한 것들을 기록하기 시작했고 더 많은 사람과 소통하면서, 그동안 잊고 살았던 강사의 꿈을 향해 다시 걷고 있다는 행복한 설렘이 피어나던 시기였다.

그런데 그 설렘은 다시 한번 무너졌다. 온 세상을 휩쓴 코로나19 바이러스는 조금씩 피어나는 내 작은 설렘과 행복까지 쓸어 갔고, 강의를 위해 준비하던 모든 일이 수포로 돌아갔다. 그렇게 슬퍼하던 내게 찾아온 원인 모를 바이러스는, 내 얼굴마저 바꿔 놓기 시작했다. 세상이 잠기고 내 몸과 마음도 잠겼다. 답답한 날들이 계속되었고 내 얼굴은 알아볼 수 없을 만큼 부어올랐다. 따갑고 간지러워 가만히 있지 못할 정도였다. 그 힘든 상황에서 24시간을 아이와 보내야 했고, 엄마니까 해야하는 일들이 무거운 짐이 되어 내 어깨를 짓누르고 있었다. 모두가 잠든 밤이 되면 더 극심해지는 간지러움의 고통은 나를 날카롭게 날이 선 사람으로 만들었다. 혼자 콩콩 뛰며 세수를 하고, 다시 보습하기를 스무 번 이상 반복하며 버티다 보면 아침이 찾아왔다. 매일 그렇게 비참함과 괴로움으로 아침 해를 보는 것이 나에겐 악몽이었다.

　평생 이렇게 살게 될까 봐 두려웠다. 거울 속 내가 낯설어, 거울을 볼 때마다 심장이 터질 것 같았다. 모자를 쓰고 마스크를 끼며 얼굴을 꼭꼭 숨겨 보았지만, 그럼에도 드러나는 내 얼굴이 너무 싫었다. 얼굴이 변하면서 내 모든 것이 변하기 시작했다.

　세상이 어지러웠지만 내 마음속은 더 복잡했다. 나에게 왜 이런 일이 일어나는지 모르겠다며 남을 탓하는 날이 많아졌다. 그렇게 솟아오르는 마음 속 울분을 쏟아 내며 시간을 보냈지만, 울분을 쏟아 내고 나면 더 큰 우울이 찾아왔다. 이 일이 영영 끝나지 않을 것만 같은 두려움에 사로잡혀 더욱 힘들었다. 가만히 있기에는 내 마음이 지옥 같았다. 뭐라도 해야만 했고 살기 위해서, 살아 내기 위해서 무언가가 필요했다.

절대 포기하지 않아, 나로 사는 삶

　병원에서 수많은 검사를 해 봐도 돌아오는 의사의 답은 '원인 불명'이었다. 수개월을 혼자 울고 밤을 지새우며 나는 잊고 살았던 과거의 나를 만났다. 세상의 어느 누가 나만큼 나 자신에 대해 잘 알까? 나는 이렇게 아프고 괴롭고 힘든데 다들 잘 먹고 잘 자고 잘 웃었다. 내 마음은 앞이 보이지 않는 깜깜한 터널 속인데 아무도 그 터널로 나를 구하러 오지 않았다. 내 인생엔 몇 개의 터널이 있을까? 그리고 지금 이 터널은 몇 번째 터널일까? 나는 그렇게 스스로 긴 터널에 갇혀 있었고 결국 그 터널에서 나를 구할 수 있는 사람은 나뿐이라는 것을 세상의 무관심이 가득한 외로운 밤을 견디며 혹독하게 배웠다. 매일 밤 고요한 외로움 속에서 삶의 끝을 상상하던 시간은 나 스스로 '나로 살겠다'라고 다짐하게 했다.

내가 말하지 않으면 아무도 내 마음을 알 수 없다. 내가 꾹 참고 견딜수록 나는 괜찮은 사람이 되어야 했다. 내가 나를 지키지 않으면 아무도 나를 지켜 줄 수 없다. 그러니 가장 먼저 나 스스로가 나를 지키고 사랑해야 했다. 엄마이기 이전에, 아내이기 이전에 나로 온전해야 했다.

내가 하고 싶었던 일

나는 하루도 쉬지 않고 열심히 살았다고 자부한다. 게으름 피우지 않고 순간순간 최선을 다해 지독히도 알차게 살았다. 그렇게 뒤도 돌아보지 않고 전속력으로 달리기만 하던 내 삶에 브레이크가 걸린 것이다. 멈춘 그곳엔 잊고 살던 내가 있었다. 그리고 질문 하나가 내 마음속으로 들어왔다.

'넌 지금 네가 바라던 대로 살고 있니?'

아무리 생각해 봐도 일하고 가정을 돌보고 아이를 양육하면서 피곤에 지치고 시간에 쫓기며 지칠 대로 지친 내 모습만 떠올랐다. 매일 새벽 모두가 잠든 시각, 홀로 고요함과 다투던 나는 그날부터 아주 어린 시절의 나를 만나기 시작했다. 진짜 나를 찾아 떠나는 여행이었다.

나는 어려서부터 그림을 그리고 오려 붙이며 꾸미기를 좋아했다. 또 동화를 읽고 글을 짓고 그림을 따라 그리며 나만의 동화책을 만들어 친구들에게 보여 주기를 즐겼다. 그리고 초등학생 때부터 고등학생 때까지 하루도 빠짐없이 일기를 썼다. 친구들과 주고받은 편지와 쪽지들이 두 상자에 가득할 만큼 나는 기록과 마주닿아 있었다. 초등학교 4학년 때 서예 선생님께서 더 공부해 보자고 하셨지만 가정 형편이 어려워 포기했었다. 중학교 때는 친구 따라 간 미술 학원 문밖에서, 하염없이 친구를 바라보며 부러워한 적도 있었다. 이렇게 과거의 나와 데이트를 즐기면서 나는 어린 시절부터 그리는 삶을 동경했다는 사실과 마주하게 되었다.

그림을 그리고 기록하며 글 쓰는 일을 좋아했던 '나'를 잊고 사는 동안 나는 나의 마음을 돌보는 일로부터 멀어져 버렸다. 평소 속마음을 잘 표현하지 못 해도, 집에 와서 글로 쓰면서 풀어냈다. 그런데 그 일들에 소홀해지면서 마음에 드리워진 그림자가 나를 더 아프게 했는지도 모르겠다. 그날부터 나는 지난 나의 모든 기록을 찾아보기 시작했다. 베란다 뒤편에 가지런히 쌓아 둔 다이어리와 일기장, 편지들, 그리고 바인더까지 찾아 읽으면서 매일 밤 열심히 살았던 지난날의 나를 만났다.

[기록의 흔적_다이어리, 여행일기]

오래전의 기록들이지만 보자마자 그 시절로 돌아간 것처럼 기억들이 살아 움직였다. 이 기록들을 다시 꺼내 읽으면서 혼자 훌쩍이기도 하고, 흐뭇하게 웃기도 하면서 지난날의 나의 일상을 돌아보았다. 혼자 생각할 때는 힘들었던 기억만 났다. 그런데 기록에 남은 나의 일상은 힘들기만 했던 것이 아니라, 하루도 소중하지 않은 날이 없었다. 처음 가 본 곳들에 대한 놀라움도 가득했고, 친구들과 만들었던 특별한 에피소드들도 생생하게 담겨 있었다. 그 에피소드 속에는 인생의 순간을 즐기며 나름 잘 살아온 내가 보였다. 어쩌면 이렇게 기록을 좋아했기 때문에 나는 블로그에 더 매료되었는지도 모르겠다.

지난날의 나의 기록에서 찾은 가장 큰 보물은 그 시절 내가 꿈꾸던 나의 미래대로 현재 내가 잘살고 있다는 점이었다. 꿈꾸고 기록하고 바라면서 열심히 살아온 날들은 나를 내가 원하던 곳으로 잘 데리고 가고 있었다. 지금의 나는 과거에 이루고 싶다고 써 두었던 많은 일을 이루어 낸 사람이었다.

힘들 때마다 내가 시도했던 일들이 바로 기록이었고, 어린 시절부터 성인이 되기까지 쭉 이어진 기록의 흔적들이 바로 그 증거였다. 자각하지 못했을 뿐 그동안 나는 육아하며 블로그를 시작해서 열정을 쏟았고, 다시 일을 시작하면서 바인더를 배워서 쓰기 시작했다. 그리고 이 기록들을 통해 그런 사실을 깨닫고 나니 다시 다짐하게 되었다. '그래, 다시 써 보자. 나만의 기록을 만들어 보는 거야. 멈추었던 기

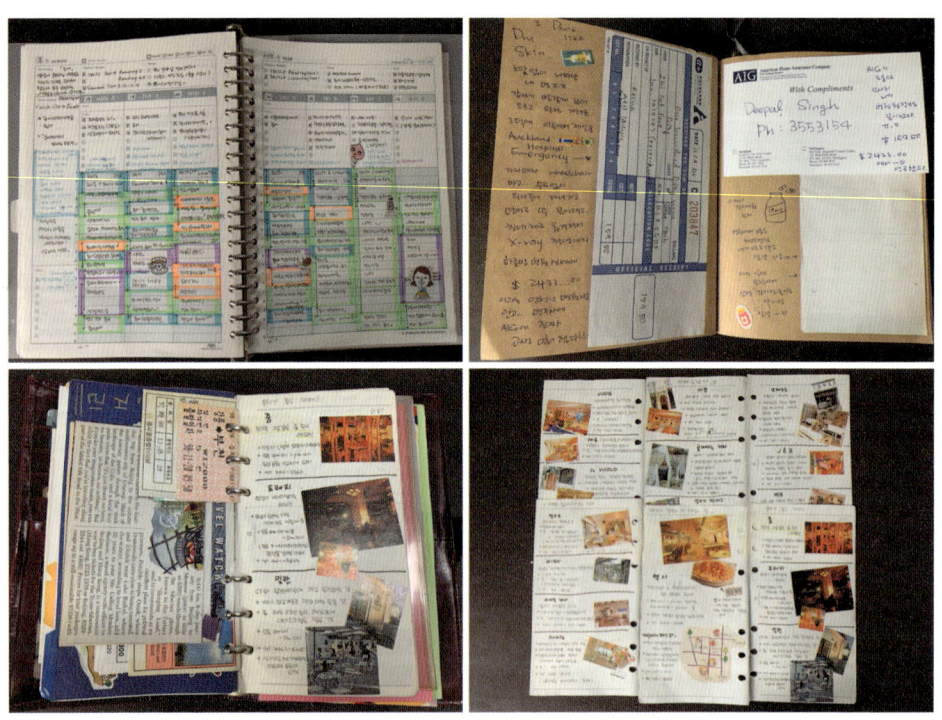

[기록의 흔적]

록을 다시 시작해보자.'

나는 블로그를 하기 전에도 다이어리에 예쁜 카페 리스트를 정리하고, 다이어리 속지를 직접 만들고 예쁜 스티커를 사서 붙이는 취미를 즐겼다. 잊고 있었던 나의 오래된 취미를 다시 찾은 기분이었다.

내가 어떤 사람인지 정의하는 것은 내가 어떻게 살고 싶은지 선언하는 것과 같다. 나를 새롭게 정의해야 했다. 호호 불어 반짝반짝 마음을 닦듯 블로그 대문을 하나씩 바꾸어 나가기 시작했다. 누군가 내 블로그에 들어와서 소개 글을 읽으면 내가 어떤 사람인지 알 수 있게 말이다. 내가 살아온 삶의 흔적을 솔직담백하게 써 내려갔다. 기록하는 것을 좋아하는 내 소개도 했다. 육아 일기장처럼 쓰고, 내가 읽은 책을 기록하던 블로그에서 이번엔 나를 드러내는 글을 새롭게 쓰기 시작했다.

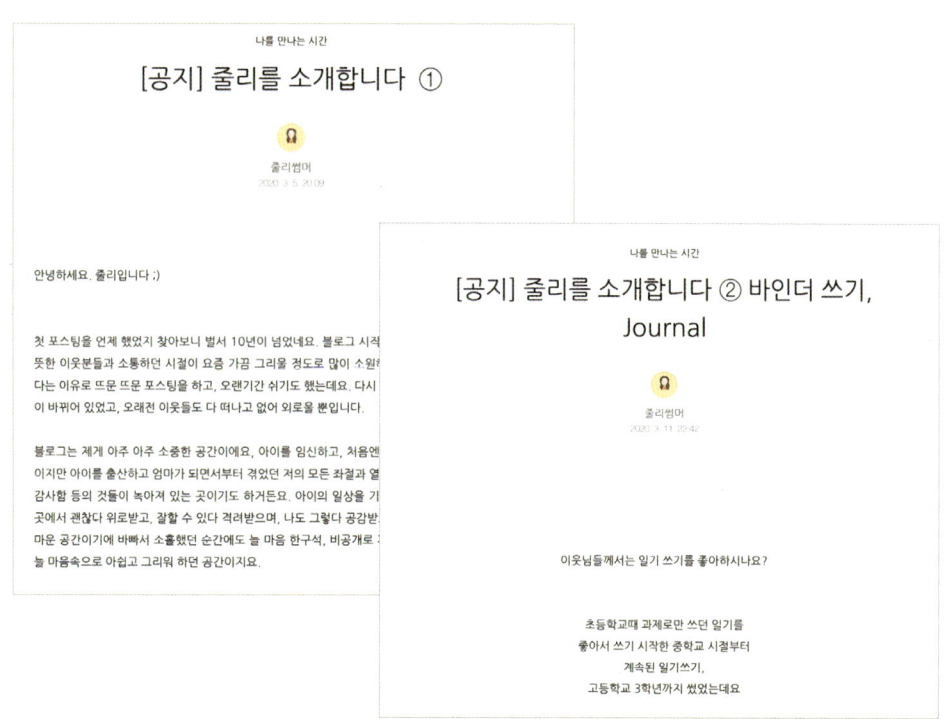

[프로젝트 오픈 - 블로그 공지글]

오프라인을 온라인으로

그렇게 나는 다이어리, 편지, 일기장에 기록하던 나의 일상을 온라인에 기록하기 시작했다. 누군가에게 전하고 싶은 나의 속마음부터 여행 이야기, 좋은 카페를 발견한 기쁨, 취미로 손뜨개 가방을 완성한 뿌듯함, 매일의 평범한 일기까지 나는 새로운 폴더를 만들어 나의 모든 오프라인 활동을 하나씩 온라인으로 가지고 오기 시작했다.

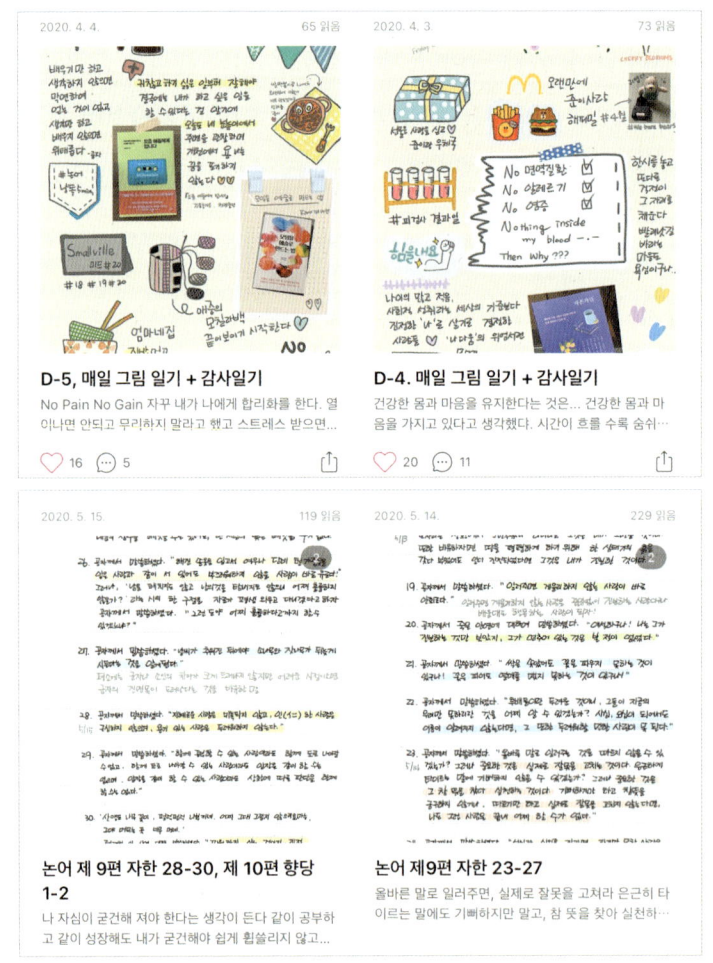

[그림일기, 고전 필사_매일 블로그에 기록하기]

매일 아침 했던 필사와 밤마다 쓰던 일기를 하루도 빠짐없이 꾸준히 올렸다. 그러자 보기만 하고 소통하지 않던 사람들도 하트를 눌러 주고 궁금해하며 관심을 보이기 시작했다. 내가 좋아서 하는 일들이지만 좋다고 말해 주고, 멋지다고 응원해 주고, 대단하다고 칭찬해 주니 더 신이 나서 할 수 있었다.

[취미로 그리기]

학창시절에 배우고 싶었지만 못 배웠던 그림 그리기에 대한 아쉬움을 취미로 바꾸었다. 하루에 한 장 그리기를 스스로 약속하고 지금까지 500장 가까이 보고 그리고, 따라 그리고, 바꿔 그리고, 생각해서 그리면서 열심히 즐거운 취미로 이어 가고 있다.

《제로 투 원》의 저자 피터 틸은 "뛰어난 생각은 흔치 않다. 하지만 천재적인 아이디어보다 더 희귀한 것은 바로 용기다"라고 말한다. 나는 이 말에 공감한다. '이런 이야기를 누가 볼까?', '나의 이런 부분도 특별한 기록이 될 수 있을까?'라는 생각에 망설이지 말자. 수많은 아이디어를 가지고 있어도 실행하지 않으면 소용이 없다. 그저 기록을 시작하기만 해도 아주 좋은 출발이 될 수 있다.

구해줘 홈즈:
블로그라는 나만의 시공간에 일기 쓰기!

의사가 물었다. "어제 뭘 드셨나요?", "최근에 자주 드신 음식이 있었나요?", "평소에 드시지 않던 음식을 드시진 않았나요?" 정지 버튼을 꾹 누른 것처럼 아무 생각도 나지 않았다. 아이와 남편을 챙겨 보내고 나면 나 먹자고 따로 차리기도 귀찮아 끼니를 거르거나 대충 먹는 일이 다반사였다. 아무리 그래도 이렇게까지 생각이 나지 않을 일인가? 내가 무언가 단단히 잘못하고 있다는 생각이 들었다. 내가 지금 가장 중요한 것들을 놓치고 있는 것은 아닐까?

'자신의 꿈이 첫 번째로 실현되는 장소가 바로 일기장'이라고 했던 오프라 윈프리의 말이 떠올랐다. 나도 매일 나를 만나야겠다는 생각이 들었다. 나는 어려서부터 힘든 순간마다 스스로를 지키기 위해 일기를 썼었다. 매일 병원에 다녀와서 약을 먹고 반나절을 침대에 누워서 보내는 나에게 무슨 일상이 있을까 싶었지만, 지푸라기라도 잡는 심정으로 나는 다시 일기를 기록하기 시작했다.

《글쓰기가 필요하지 않은 인생은 없다》를 쓴 김애리 작가의 "아무도 보지 않을 책에 헌신할 만큼 자신의 삶이 가치 있다고 판단하는 행위가 바로 일기다"라는 말을 믿어 보기로 했다. 나의 삶이 얼마나 가치 있는지 나 스스로 알아차려야 했으니 말이다.

[매일 그림일기]

 그와 동시에 또 하나 도전했던 일이 필사였다. 책을 읽고 독서모임에 나가면서 책장에 사 모았던 고전이 눈에 띄었다. 깊은 마음속 내면의 소리를 들으려면 나는 무엇을 해야 할까? 수천 년 동안 사랑 받고, 수도 없이 많은 사람이 삶의 지혜를 얻었다는 《논어》에서 그 해답을 찾을 수 있지 않을까 싶었다. 그래서 매일 아침 나는 논어를 펴고 공자를 만나기 시작했다. 그렇게 아침에는 논어 필사를 하고 저녁에는 일기를 쓰는 삶을 시작하게 되었다. 필사하고 일기를 쓰는 사람은 많을 것이다. 그런데 여기에 내가 한 가지 더 한 일은 일기와 필사도 블로그에 기록한 것이다. 혼자 읽고 쓰면 중간에 포기하기 쉽고, 포기하면 나 자신이 더 미울 것 같아서 남과 다른 나만의 방식을 찾아 표현해 냈던 것이다.

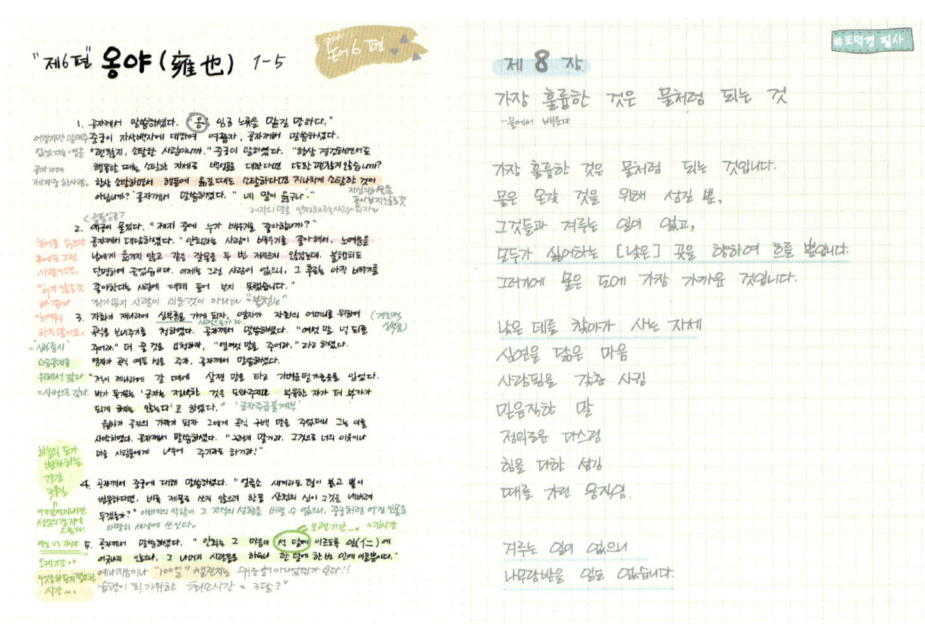

[매일 고전 필사_좌《논어》, 우《도덕경》]

지난해에 그림을 그리고 싶다고 남편을 설득해서 선물 받았던 아이패드가 눈에 들어왔다. 나만의 즐거움을 위해 무언가를 해 보자 싶어서 아이패드로 고전 필사와 그림일기를 써 보기로 했다. 아이패드의 기능을 익혀서 쓰고 그리는 동안은 아픈 것도 잊고 집중하게 되었다. 그리고 기록으로 공유하기에 조금 더 괜찮아 보이는 디지털 필사와 일기여서 좋았다. 그림일기를 쓰다 보니 그림도 더 잘 그리고 싶어졌다. 그래서 어려서부터 좋아했지만 제대로 배워 본 적은 없는 그림 그리기까지 시도하게 되었고, 여러 가지 취미가 생기기 시작했다.

[매일 드로잉 연습]

처음엔 누구나 모방에서 시작한다는 전공자들의 조언을 듣고 무작정 좋아하는 스타일의 그림을 찾아 그리기 시작했다. 그렇게 일기를 쓰고 고전을 필사하며 내가 좋아하는 일을 해 나가는 사이, 자연스럽게 아이도 본인이 좋아하는 것을 찾아 나서기 시작했다. 아이도 같이 그림을 그렸고 내 옆에서 영상을 촬영하거나 종이접기를 했다. 그러는 동안 우리는 각자 자신만의 세상에 집중하며 오늘을 사는 방법을 배웠다. 어디에 가든 엄마를 따라다니던 아이는 집에서 혼자 엄마를 기다리는 연습을 하기 시작했다. 그리고 엄마가 병원에 다녀오는 동안 뚝딱 만들어 낸 자신의 종이접기 작품을 자랑하며 이야기 보따리를 풀었다. 24시간 엄마와 모든 것을 같이 하고 싶어하던 아이, 껌딱지처럼 꼭 붙어서 지내던 아이에게도 자신만의 세상이 생긴 것이다. 2~3시간 동안 각자의 시간을 보내고 만나는 것도 꽤 괜찮았다. 그렇게 아이가 나를 찾는 시간이 줄어들기 시작했다. 엄마의 일정을 확인하고 자신의 하루를 계획했고, 우리는 가끔 과정을 공유하는 사이가 되어 갔다. 아이도 나도 각자의 시간을 존중하며 자연스럽게 성장하고 있다.

예뻐지기 위해, 잘 보이기 위해 거울은 매일 들여다보면서 나의 인생과 인격을 돌보지 않으면 안 된다던 《백세 일기》의 김형석 선생님 말씀처럼, 나이가 들면서 더더욱 우리는 나의 인생, '나'라는 사람의 마음을 끊임없이 돌아봐야 한다고 생각한다. 현재 550일 이상 일기를 매일 써 오면서 내가 느낀 '그림일기'의 장점은 이렇다.

- 매일 나를 돌아볼 수 있다.
- 나를 더 사랑할 수 있다.
- 세상을 바라보는 시선이 섬세해진다.
- 생각을 정리하는 습관이 생긴다.
- 매일의 꾸준함을 증명해 낼 수 있다.
- 글을 길게 써야 하는 부담이 없다.
- 사진이나 스티커로 손쉽게 꾸밀 수 있어서 내 일상이 더 향기롭게 느껴진다.
- 일기를 쓰기 위해 일상을 더 화려하게 꾸미는 습관이 생긴다.
- 치매를 예방할 수 있다.
- 그림 그리기에 대한 두려움이 사라진다.

글쓰기로 만나는 치유의 시간

매일 필사를 하고 그림일기를 쓰면서도 마음이 답답했던 순간이 있었다. 오래전부터 마음속에 차곡차곡 쌓여 가라앉았던 앙금들이 쉽게 사라질 리가 없었다. 아팠는데 아픈 줄도 모르고 살았던 지난날을 인지하게 된 순간이 있었다. 바로 글을 쓰면서부터였다. 독서 모임에서 만난 김리하 작가님과 서로의 블로그를 오가며 댓글을 주고받다가 친해졌다. 그분의 블로그에서 정란희 작가님의 <인생 글쓰기> 수업 공고를 보게 되었다.

다정한 글쓰기 선생님과 자신의 삶이 담긴 작품을 만드는 인생 쓰기 학교. 무언가에 끌리듯 가고 싶다는 댓글을 달았다. 사실 몸 상태도 그렇고 얼굴도 사람들이 있는 곳에 갈 수 없는 모습이었지만, 마음이 요동치기 시작했다. 그렇게 5주간의 인생 글쓰기와 이어진 동화 쓰기로 꼬박 7개월을 매주 문우들과 글을 쓰며 정란희 작가님께 인생 이야기, 동화 이야기를 들으러 나갔다. 나조차도 믿을 수 없는 이야기지만 인생 쓰기 학교에 세 번째로 참여했을 때 나는 다 치유된 기분이 들었다. 어린 시절 나의 상처까지도 거짓말처럼 괜찮아진 것 같았다. 나만 힘든 줄 알고 살았는데 다른 분들의 인생 이야기를 들어 보니 내 고민이나 걱정, 어려움은 아무것도 아니구나 하는 생각이 들었다.

그전에는 얼굴 한 번 본 적 없는, 30대부터 70대까지 다양한 나이의 문우들이 모인 공간에서 우리는 안전하다는 느낌을 받았나 보다. 모두 치유가 필요했던 사람들이었다. 어린 시절부터 최근까지 겪었던 수많은 사연이 쏟아져 나왔고, 누군가의 한 문장에 터지기 시작한 눈물이 수업이 끝날 때까지 계속되면서 우리는 조금씩 치유됨을 느꼈다. 세상에 힘든 일이 얼마나 많을까? 상상도 하지 못할 아픔을 마음에 안고도 다 저마다의 삶을 잘 살아가고 있었다. 아무렇지도 않은 척 밝게 웃지만, 마음속 깊은 곳에 다 묵직한 바윗덩어리를 안고 살고 있었다. 혼자만 안고 끙끙거리면 절대 치유되지 않는다. 상처는 밖으로 드러내어 바람도 쐬어 주고 연고도 발라 주고 관심도 주어야 흔적 없이 옅어진다. 나는 5주의 인생 글쓰기 시간 동안 아픈 것도 잊고 빠져들었다. 마음속에서만 맴돌던 많은 이야기를 혼자 써 내려가는 시간을 가졌다. 글쓰기의 힘은 대단하다. 정말이다.

[작가님 그리고 문우들과 함께 문집 내기]

이후 문우들과 아주 가까운 사이가 되었다. 서로의 삶을 응원하며 보고 싶고 그리워하는 사이 말이다. 동화 작가님의 도움으로 우리는 난생처음 동화도 써 보았다. 우리가 쓴 첫 동화를 엮어서 문집으로 만들고 파티도 했다. 이렇게 글 쓰는 즐거움을 깨달으면서 나는 더 본격적으로 쓰고 기록하는 삶에 매료되었다.

같이 일기를 쓰는 삶이 시작되고 나서 가장 크게 바뀐 점은 글을 잘 쓰고 싶은 욕심이 생긴 것이다. 인생 글쓰기에서 동화 창작반까지 들으며 글쓰기에 대한 욕망이 더 커졌다. 혼자 썼다면 쉽게 멈추고 포기했을 일들이 작은 시도로 이어졌다. 온라인 커뮤니티에서 함께 전자책을 쓰는 프로젝트에 참여했고, 전자책을 출간하면서 난생처음 작가라는 말을 들었을 땐 가슴이 뛰었다. 문우들과 함께 만든 문집이 나왔을 때도 종이책을 출간한 것처럼 기뻤다. 그렇게 한 걸음 한 걸음 내디딘 용기가 나를 여기까지 올 수 있도록 만들어 주었다. 많은 시행착오 끝에 내가 깨달은 것은 일단 뭐든 써야 한다는 것이다. 쓰다 보면 잘 쓰고 싶은 욕심이 생기기 시작한다. 그리고 글은 쓰는 것만으로도 치유의 효과가 있다. 많은 사람이 경험한 것이니 망설이지 말고 용기를 내 보자. 누구든 시작할 수 있다.

> **Tip** 초보도 할 수 있다! 글쓰기를 시작하는 법
>
> - 매일 쓴다.
> - 한 줄이라도 쓴다.
> - 솔직하게 쓴다.
> - 모두가 볼 수 있도록 쓴다.
> - 조금씩 글 쓰는 양을 늘린다.
> - 잘 쓴 글을 많이 읽는다.
> - 잘 쓴 글, 닮고 싶은 글을 따라 쓰는 연습을 해 본다.
> - 내가 쓴 글을 반복해서 다시 읽어 본다.
> - 잘 쓰든 못 쓰든 계속 쓴다.
> - 부끄러운 마음에서 자유로워질 때 글쓰기를 통한 치유가 가능해진다.

나만의 시공간

　마음공부를 하듯이 필사를 하고, 향기로운 스티커를 붙여 가며 그림일기를 쓰는 동안 나는 치유되고 있다는 것을 느꼈다. 솔직함을 무기로 한 나의 글들과 블로그에 올려 둔 나의 필사에 사람들은 따스한 댓글을 달아 주었다. 특별할 것 없지만, 나답게 살아온 오늘의 기록을 응원해 주는 따뜻한 댓글에 힘이 났다. 남 탓, 환경 탓을 하며 끊임없이 나 자신을 괴롭히던 날들에서 벗어났던 그날, 바로 그날부터 나는 조금씩 내가 되기 시작했다. 마음의 병만큼 큰 것이 있을까? 좋은 것을 좋게 보지 못 하는 삐뚤어진 마음으로는 어느 하나 제대로 할 수 있는 것이 없었다.
　《논어》제19 자장편 5장에 보면 이런 이야기가 나온다.

> 날마다 자신이 알지 못하던 것을 알게 되고, 달마다 자신이 할 수 있던 것을 잊지 않는다면, 배우기를 좋아한다고 할 수 있다.

《논어》제19 자장편 5장 중에서

　나는 매일 내가 알지 못했던 나를 만났다. 그리고 논어의 구절을 통해 반복적으로 나 자신을 돌아보게 되었다. 아픈 만큼 성숙해진다는 뻔한 이야기가 결국 나를 위한 이야기였다. 끝이 보이지 않던 희뿌연 안갯속에서 나는 매일 나를 찾아다녔다. 날마다 나 자신이 알지 못하던 것들을 알게 되고, 달마다 내가 할 수 있는 것들을 잊지 않으며 내가 깨달은 것은, 난 정말 배우기를 좋아하는 사람이라는 것이었다. 나는 나만의 시공간에서 매일 나를 기록해 냈다. 그 기록들이 괴로운 마음의 숲으로부터 나를 구출해 줬다. 건강한 몸과 마음으로 나만의 시공간에서 노닐게 된 것이다.

재발

　처음 이 글을 쓰기 시작했을 때만 해도 나는 나를 괴롭히던 병이 있었나 싶을 만큼 괜찮았다. 지독하게 아팠던 봄날, 고전 필사와 그림일기를 시작하면서 마음공부를 꾸준히 했고, 매일 잘 쓰든 못 쓰든 글을 써 온 시간이 있었다. 그 모든 것을 블로그에 기록하면서 네이버 카페 '오아시스 학교'에서 필사 프로젝트의 리더가 되는 기회를 얻었다. 그리고 동시에 내 카페에서 그림일기 클래스를 운영하게 되었다. 이 시간을 통해 나는 손을 내밀어 주는 방법을 배웠다. 우리는 서로를 의지하며 그 어렵다는 《논어》의 모든 내용을 꾹꾹 눌러 손으로 쓰고 읽고 생각을 나누면서 4개월만에 전원 필사 완주를 마치는 즐거움을 누렸다. 또 밤이 되면 일상에 대한 기록을 일기로 작성해서 함께 공유하기 시작했다. 일기를 쓰는 그 시간은 나도 모르고 지냈던 나의 일상을 객관적으로 바라보게 되면서, 잊고 살던 나를 찾고 우리의 마음을 단단하게 만들어 주는 고마운 시간이 되었다. 그렇게 1년이 지나 나는 작년과는 다른 새로운 봄을 만났고 행복한 일상을 보낼 수 있었다.

하고 싶은 일의 목록이 쏟아져 나오기 시작했을 때쯤 사라졌던 바이러스가 거짓말처럼 다시 나를 찾아왔다. 내 얼굴은 또 이유 없이 부어 올랐고 다시 또 빨갛게 열꽃을 피웠다. 이전의 나라면 병의 재발을 원망하며 슬퍼했겠지만, 이번엔 조금의 원망도 없이 병을 자연스럽게 받아들였고 그런 내 모습에 내가 놀랐다. 병이 재발하자 내가 했던 생각은 '요즘 나 자신에게 또 소홀했나? 너무 무리했나? 아직 다 나은 것이 아니었구나'였다. 하고 싶은 일을 하면서 즐겁게 살고 있는데 몸이 아프면 큰일이었다. 꿈꾸던 많은 것들을 쉽게 포기할 수 없었다. 그렇게 내 인생에 공들여 그려 넣은 쉼표를 치워 버릴 수는 없었다. 나는 바로 식단을 재정비하며 꼼꼼히 식단 일기를 썼다. 하려던 많은 일을 정리하고 새롭게 일정을 짜기 시작했다. 우울해하면서 시간을 보내기엔 지금까지 내가 걸어온 시행착오의 길이 너무 아깝게 느껴졌다.

어쩌면 고전 필사를 하고 그림일기를 쓰면서 나의 질병이 싹 사라졌다고 말하고 싶었는지 모르겠다. 하지만 세상 일은 그렇게 만만하지 않았다. 언제든지 내가 무리하거나 힘들 때, 내 몸을 소홀히 대할 때 이 질병은 또 찾아올지도 모른다. 그런데 이 병을 대하는 나의 태도가 바뀌자 더 이상 두렵지 않았다. 평생 이렇게 살아야 할까

하는 걱정도 되지 않았다. 나도 모르는 사이에 몸속에서 병이 크고 있는 것이 아니니 오히려 행운이라 생각했다. '왜 하필 얼굴에 병이 생겼을까?'가 아니라, 몸이 주는 사인을 내가 인지하고 바로 조절할 수 있다는 게 차라리 다행이라고 여겨졌다.

매일 평소처럼 하던 일을 했다. 물론 가끔 우울하기도 하고 눈물이 나기도 했다. 너무 아파서 못 자던 날에는 다 그만두고 누워 지낼까도 생각했다. 그런데 그러기엔 나의 지난날들이 너무 아까웠다. 나를 믿고 기다리는 사람들에게 실망과 걱정을 줄 수는 없었다. 내가 무언가 책임 있는 일을 하고 있지 않았더라면 다시 찾아온 질병과 싸우며 매일 우울한 마음을 떠안고 슬퍼하며 지냈을지도 모른다. 그렇게 나의 마음 그릇은 조금씩 넓어지고 평화로워지고 있었다.

"꿈은 숨 가쁘게 이어지는 직선 같은 삶에, 신께서 공들여 그려 넣은 쉼표 같은 것."
이미예, 《달러구트 꿈 백화점》, 팩토리나인, 2020년

소설 《달러구트 꿈 백화점》에서 읽었던 구절이다. 자면서 꾸는 꿈과 우리가 살면서 꾸는 꿈이 다르지 않다는 생각을 해 본다. 현실을 크게 침범하지 않는 수준의 적당한 꿈, 마음을 다스리며 오래오래 품을 수 있는 진짜 꿈. 그런 꿈이 없었다면 아마 포기했을지도 모른다. 무언가 다르게 살고 싶은 마음, 뭐라도 해 보겠다는 마음의 힘이 사라져 버렸을 것만 같다.

우리는 살면서 여러 번 포기하고 싶은 순간을 만난다. 하지만 그때 나에게 닥친 위기를 두려워하기보다 어제까지 열심히 살아온 나를 잊지 않는 것이 나를 지키는 중요한 방법이 될 것이다. 나에게 주어진 하루를 열심히 살았던 경험들로, 우리는 위기를 충분히 극복해 나갈 수 있다. 그리고 마음에 품고 있는 작은 열정을 우리가 꿈이라고 부른다면, 그 꿈을 반드시 꽉 쥐고 있어야 한다. 견딜 수 없는 간지러움으로 수십 번 일어섰다 앉기를 반복하면서 글을 쓰고 있는 지금의 나도 그럴 것이다.

온라인에 마련한 내 집:
꾸준한 블로그 인증에서 온라인 카페 오픈까지

현재 나는 매일 블로그에 글을 쓰며, '킨더줄리'라는 블로그와 네이버 온라인 카페를 운영하고 있다. 그림일기 프로젝트, 고전 프로젝트, 고전학당 독서모임과 영어 프로젝트의 리더이자 11살 아이의 엄마이며, 고전독서와 영어를 가르치는 선생님이다. 평범했던 나도, 아니 너무 아파서 일상생활조차 어려웠던 나도 블로그를 만들고 그 공간에서 나를 발견하며 그렇게 힘든 시간을 지나왔다. 여러분들은 더 즐겁게 잘할 수 있다. 이제 여러분도 온라인으로 무언가 성과를 내 보고 싶지 않은가? 그렇다면 무엇부터 시작하면 좋을까?

▍브레인스토밍

우선 '나'라는 사람을 중심에 두고 내가 할 수 있는 것과 할 수 없는 것을 모두 기록해 보자. 브레인스토밍 같은 것이다. 브레인스토밍은 아이디어 발상을 위한 것이다. '나'라는 사람의 테마를 생각해 보자. 내가 하는 모든 것을 떠올려 보면 좋다. 내가 집 안에서 하는 일, 살면서 내가 해 왔던 모든 일들, 학창시절에 잘했던 일, 하고 싶었는데 하지 못했던 일 등 나에 관한 모든 이야기를 기록해 보겠다는 마음으로 단어를 나열해 보자. 살림하는 법, 생선 잘 굽는 법, 식물 잘 키우는 법, 같은 물건 싸게 사는 법, 효과적으로 빨리 청소하는 법 등 찾아보면 얼마든지 있다. 나에게는 당연한 일상이지만 이 모든 것들이 익숙하지 않은 사람들에게는 대단한 노하우가 될 수 있다.

[브레인스토밍 - 내가 할 수 있는 일]

나의 장점 50개 써 보기

너무 막막하다면 나의 장점을 50개 정도 써 봐도 좋겠다. 안 보고 쓱쓱 해도 먹을 만한 요리를 잘한다든지, 처음 보는 사람들과 말을 잘한다든지, 보고 그리는 그림을 잘 그린다든지, 청소를 빨리 깨끗이 잘한다는 등 어떤 것이어도 좋다. 나의 장점을 기록하다 보면 나에 대해 관찰하고 생각하게 된다. 생각이 떠오르지 않고, 아무리 생각해도 자신이 없다면 오래 알고 지낸 지인들에게 문자를 보내자. 타인을 통해 나의 장점을 수집해 보는 것이다. 내가 아닌 다른 시선으로 보는 나는 더 매력적일 것이다. 우리는 보통 나 자신에게 가장 인색하기 때문이다. 그렇게 써 내려간 많은 문장 중에서 내가 하고 싶은 것을 찾으면 더없이 좋을 것이다. 만약 그렇지 못하다 해도 지금 당장 시도해 볼 수 있는 몇 가지를 골라 보면 된다.

오늘부터 바로 시작하기

시작하기로 했다면 바로 오늘부터 매일 블로그, 인스타 등의 SNS에 나의 시도를 기록해 보자. 마음의 소리가 들릴 때 더 잘하려고 뒤로 미뤄 두지 말고, 그냥 바로 시작하는 것이 좋다.

"Never the last without the first(시작 없는 끝은 없다)." _조지 맬러리
- 이혜선, 김혜진, 《하루 10분, 우리 아이를 위한 영어 명언 100》, 로그인, 2021년

처음부터 잘할 수는 없다. 누구에게나 시작은 어색하고 미흡하다. '이런 것이 기록이 될까?', '누구나 할 수 있는 이런 일이 뭐가 특별할까?' 고민할 수 있다. 나도 그랬다. 대단한 결과를 바라고 한 일은 아니었다. 그저 내가 해 보니 정말 좋은 일을 꾸준히 하고 싶어서 기록했을 뿐이다. 그 기록을 본 누군가가 나도 해 보고 싶다는 꿈을 꾸게 된다면 더없이 좋은 일이 아닐까? 망설인다는 것은 해도 좋고 하지 않아도 괜찮다는 말이다. 그러니 망설여진다면 우선 해 보고 고민하자.

실패를 실패로 받아들이는 것도, 실패를 나에게 찾아온 값진 선물이라고 생각하는 것도 모두 내 손 안에 달려 있다. 정말 좋을 것 같아 시작했는데 막상 매일 하기는 힘들거나 하다 보니 나와 맞지 않는 것 같으면 그때 멈추면 된다. 그리고 다시 하고 싶을 때 시작하면 그만이다. 아무것도 하지 않으면 아무 일도 일어나지 않는다. 무언가 시도해 본 경험은 경험에서 오는 자신감과 용기를 선물해 준다.

"인간은 언제나 자기 능력보다 더 높이 희망하며, 희망했던 것보다 못한 성취에도 어느 정도 만족해하며, 그 어떤 결과에서도 결국 뭔가를 배우는 존재다"
- 김영하, 《여행의 이유》, 문학동네, 2019년

많은 사람이 자신의 모든 능력을 남김없이 발휘한 다음에야 비로소 삶의 의미를 찾는다. 희망하고 도전하고 실패하고 배우는 동안 우리는 모두 성장한다. 우리가 체험하는 모든 것은 의미가 있다. 내가 처한 상황은 내가 가지고 있는 나에 대한, 그리고 세상에 대한 신념의 결과일 뿐이다. 그러니 나 자신에게 선언해 보자.

'나는 이제부터 달라질 거야. 나는 ○○○이 될 거야.'

당신이 가지고 있는 무한한 재능과 능력을 밖으로 끌어내 보자. 그리고 상상해 보자. 여러분은 어떤 사람이 되고 싶은가?

나에게는 그림일기와 고전 필사를 블로그에 기록한 것이 그 시작이었다. 만약 내가 전문적으로 해 왔던 일이라면 그렇게 덜컥 시작할 수 없었을지도 모른다. 더 잘 쓰고 싶고, 더 제대로 하고 싶어 미루었을 확률이 높다. 그러나 나도 새롭게 시작하는 일이었고, 그랬기 때문에 망설임 없이 블로그에 기록할 수 있었다. 그 시작이 없었다면 그저 혼자 필사하고 그림일기를 쓰고 그리다 말았을지도 모른다. 기록하면서 나 자신에게 공언했고, 보는 사람이 있을지 없을지 몰라도 나 스스로 만든 약속을 깨고 싶지 않아 매일 인증하기 시작했다. 그리고 그 시작은 다른 사람들도 시작하게 만드는 아주 작은 몸짓이 되었다.

고전 공부를 시작하고 나서 지인의 소개로 고전 수업을 하는 선생님을 만나게 되었다. 그리고 5개월 동안 좋아하는 분들과 함께 공부하면서 고전 수업 지도 자격을 이수했다. 이후 아이들과 같이 고전을 읽고 나누는 수업을 시작했다. 지금까지 내가 걸어온 발자국들이 나를 이곳까지 데려다준 것이라 생각한다. 결국 이 모든 일이 그냥 시작해 본 것에서 출발한 일이었다. 그러니 여러분도 모두 할 수 있다.

"인간은 말과 행동으로 어렵지 않게 자신이 원하는 상태에 자신을 놓아둘 수 있다. 사랑이라는 감정도 따지고 보면 말이나 행동에 의해 생겨난다."

- 리처드 칼슨, 《우리는 사소한 것에 목숨을 건다》, 창작시대, 2011년

나를 사랑하기로 했다고 말해 보자. 그리고 내가 가진 아주 사소한 것이라도 나누겠다는 마음을 가져 보자. 그런 다음 그 모든 과정을 기록하자. 꾸준함을 이길 무기는 없다. 대단한 능력을 갖춘 사람들은 많지만 그걸 끝까지 해내는 사람은 많지 않다. 내가 가진 역량이 많지 않다고 걱정하지 말고, 우린 꾸준함이라는 무기를 장착해 보자.

▌나만의 플랫폼을 찾아 100일 인증 도전하기

글을 쓰는 것을 좋아한다면 브런치를, 사진 찍는 것을 좋아한다면 인스타그램을, 사진과 글을 넣어 나의 기록을 정리하고 싶다면 블로그를 추천한다. 각자에게 편리한 플랫폼을 선정해서 계정을 만들어 보자. 그리고 브레인스토밍하며 나열했던 많은 것 중에서 하나, 또는 두 가지를 꾸준히 업로드해 보자. 중요한 것은 한 번에 많은 것을 올리는 것이 아니라 꾸준히 차근차근 올리는 것이다. 자신의 상황에 맞게 하면 된다. 끈기가 약한 사람이라면 요일과 시간을 정하는 것도 좋다. 매일 정해진 시간에 업로드하는 것만큼 꾸준함을 증명하는 좋은 방법이 있을까?

그리고 계획한 것을 적어도 100일간 지속해 보자. 아무도 안 보는 것 같고 물어보는 사람이 없어도 100일은 해 보겠다고 마음을 먹어 보자. 많은 프로젝트가 100일 인증을 활용한다. 습관이 되어 자연스럽게 할 수 있는 날이 되기까지, 보통 100일이라는 시간이 필요하기 때문인 것 같다. 경험에서 나오는 이야기지만 21일 습관을 만들어도 생각보다 쉽게 다시 제자리로 돌아갔다. 그런데 100일은 조금 다르다. 왠지 멈추기엔 너무 아까운 숫자다. 중간에 하다가 그만둔 사람은 많았지만 100일을 지속한 사람은 반드시 200일 300일을 해냈다. 실제로 나와 함께 프로젝트를 하는 이웃들도 100일 쓰기를 힘들어했지, 그다음부터는 멈추지 않고 계속 쓰고 있다. 나를 비롯해 주변에 많은 사람이 그렇게 증명을 해냈다. 그러니 여러분도 할 수 있다. 내 것으로 만들기 프로젝트 100일에 도전하자.

▌마음 숨결이 비슷한 이웃 찾기 여행

꾸준함을 지속할 수 있는 방법에는 여러가지가 있다. 더불어 요즘에는 블로그, 메신저 플랫폼에서도 다양한 인증 프로그램을 운영한다. 혼자서도 할 수 있는데 우리는 왜 인증 프로그램에 참여할까? 우선, 작심삼일이라는 말이 있듯이 혼자서 하면 중도에 포기하는 경우가 많기 때문이다. 또한, 웬만한 의지력으로는 100일 이상 지속하기 어려운 상황이 우리에겐 너무나도 많다. 많은 사람이 매년 연말이 되면 실패한 다이어트나 공부를 반성하고 새해에 다시 시작하는 것도 같은 이유일 것이다. 그러나 다른 사람과 함께 하면 이야기가 달라진다. 같이 하는 사람들에게서 응원을 받고, 약간의 강제성을 만들어 둔 공간에서 진행하면 더 성공률이 높아진다. 무슨 일을 하든 기한이 정해지면 없었던 아이디어도 쏟아져 나오듯이, 우리의 도전을 인증하는 공간이 생기면 더 오래 잘할 수 있게 된다.

온라인 활동이 더욱 활발해지면서 다양한 챌린지 프로그램이 생기고 있다. 나도 블로그 챌린지와 카카오 프로젝트 100 두 가지 모두 참여하고 있다. 그런데 매일 무언가를 하는 것에 익숙해진 나인데도 놓치는 날이 있었다. 100일 동안 영어 문법 책 인증하기를 하는 중에 아이와 여행을 간 적이 있었다. 매일 24시간 안에 인증을 해야 하는 프로그램인데 40일가량 진행 중이어서 절대 놓치고 싶지 않았다. 여행에 두꺼운 책을 가지고 가기도 싫고 해서 미리 숙제를 다 해 놓은 뒤에 사진을 찍어 야심 차게 준비해서 여행을 떠났다. 그런데 여행하는 도중에 몸 상태가 안 좋아져 앓아누우면서 아쉽게도 하루 인증을 놓쳤다. 몸살이 와서 초저녁에 약을 먹고 누웠는데 눈을 떠 보니 12시가 넘은 시간이었다. 제때 인증을 하면 파란색 인증 마크가 뜨는데 12시 넘어서 올렸더니 회색 마크가 뜨며 '아쉽'이라고 기록되었다. 어찌나 속상하던지 다음날부터 또 할 마음이 잘 생기지 않았다. 그래도 끝까지 완주하겠다고 마음먹고 열심히 올렸는데 그날부터 다시 마음이 돌아오는 데까지 시간이 걸렸는지 그 이후에도 두 번이나 회색 마크를 받았다. 물론 지극히 개인적인 결과일 수도 있다. 그러나 일과 가정, 그리고 엄마라는 삶의 중간 어디에 있는 나에게는 주말까지 계속되는 인증 프로그램에 시간 제한까지 있다는 것이 큰 부담이 되었다. 게다가 알려 주는 사람도 없이 스스로 해야 하다 보니 예상치 못한 상황이 되면 놓치기 일쑤였다.

그래서 내가 직접 운영하는 프로젝트는 주말엔 쉰다. 그리고 이제는 다른 프로젝트에 참여할 때도 주말에 쉬는 프로그램에만 참여한다. 그래야 평일에 다 하지 못한 사람들도 완성해서 인증할 수 있다. 삶의 어느 순간이든 반드시 쉼이 필요하다. 딱 한 번 100일만 하고 마친다면 주말까지 할 수도 있겠다. 그러나 '준비, 시작!' 해서 '끝' 하고 100일이면 마무리되는 일은 생각보다 많지 않다. 나는 천천히 오래, 그러나 지치지 않고 꾸준히 할 수 있도록 속도를 조절하는 것이 중요하다고 생각한다. 열심히 해 보려고, 무언가 해내고 싶어서 시작한 인증 프로그램인데 한 번의 실수로 혹은 하루의 미흡한 참여로 실패가 되어 오히려 시도하지 않았을 때보다 마음이 더 힘든 것이 어쩐지 불편했다. 누구나 각자의 상황이 있으니까, 하루를 놓쳤더라도 멈추지만 않으면 다시 시작해 누구나 완성할 수 있는 그런 프로그램을 만들고 싶다고 생각했다.

매일 글을 쓰고 싶다면, 블로그에 글쓰기 챌린지를 시작해 보자. 또 짧은 분량으로 매일 꾸준히 하는 연습을 하고 싶다면 카카오 프로젝트 100을 활용하면 좋다. 단기간에 마치는 것이 아니라 혼자 하기 너무 힘든데 같이 하면 그래도 가능할 것 같은 다이어트나 영어공부, 운동, 경제신문 읽기, 독서, 일기 쓰기 등등의 프로그램은 마음의 결이 비슷한 운영자가 운영하는 곳에서 시작해 보자. 새로운 도전을 좋아한다면 행동하는 리더와, 느리더라도 꾸준히 완성하는 것을 좋아한다면 쉬어 가며 오래 운영하는 리더와 함께 하면 된다. 그렇게 누군가와 함께해 본 경험은 여러분들이 자신만의 프로젝트를 만들어 운영하는 데 큰 도움이 될 것이다. 정말 하고 싶은 것이 있는데 프로그램이 없다면 직접 프로젝트를 만들면 된다. 처음에는 누구나 혼자 시작한다. 그러다 단 한 명이라도 함께 할 사람이 생기면 더할 나위 없이 좋다.

글을 잘 쓰는 사람은 무수히 많다. 읽기 쉽게 정리한 정보가 많은 블로그도 정말 많다. 그런데 내가 자꾸 찾아가서 읽고 싶어지고, 마음이 움직이며 댓글을 달고 싶어지는 글들이 있다면 그곳의 주인은 여러분과 마음결이 비슷한 사람일 것이다. 우리는 그렇게 나와 생각이 비슷할 것 같은 사람, 나의 이야기에 공감해 줄 것 같은 사람의 글을 만날 수 있다. 마음에 맞는 이웃을 찾아 떠나는 여행도 조금씩 함께 해 보자. 나의 글에 하트를 눌러 주는 사람의 글도 읽어 보고 같이 공감해 보자. 그리고 읽고 싶은 글이 있는 그 공간에 주기적으로 방문하면서 가까운 이웃을 만들어 보자. 온라인도 오프라인과 다르지 않다. 마음을 내어주고 상대방의 이야기에 귀 기울이며 기다려 준다면, 오래 사귄 벗처럼 가까워질 수 있다. 그렇게 조금씩 온라인 세상 속에서 친구를 사귀며 나만의 공간을 채워 나가는 것이다.

> **Tip 나만의 프로젝트를 시작하는 꿀팁**
>
> - 우선 나에게 최적화된 플랫폼을 정한다.
> - 그곳에 내가 꾸준히 오래 할 수 있는 것을 올린다. (적어도 100일, 정해진 시간에 꾸준히)
> - 나와 비슷한 관심사를 가진 사람들과 소통한다.
> - 다른 사람이 운영하는 프로젝트에도 참여해 본다.
> - 나만의 룰을 만들어서 공지글을 쓰고 사람들을 모집해 본다.
> - 프로젝트 인증을 잊지 않도록 오픈 채팅방을 활용해 링크를 공유한다.
> - 참여자의 인증 내용을 모두 확인할 수 있는 공간을 만든다. (네이버 카페, 블로그, 오픈채팅방 등)
> - 멈추지 않고 계속할 수 있도록, 놓쳤더라도 포기하지 않도록 격려한다.
> - 장기 플랜을 만들어 지속적으로 함께 할 계획을 공유한다.
> - 생각지도 못한 아주 작은 선물이나 따스한 말로 격려와 위로를 하며 마음을 달래 준다.

누구에게나 인정받고 싶은 욕구, 주인공이 되고 싶은 마음이 있다. 그 마음을 헤아려, 많은 사람이 기회를 얻을 수 있는 공간을 만들어 보자. 리더 혼자 운영하는 공간이 아니라 참여자들이 직접 주인공이 되는 그런 공간 말이다. 그리고 그 공간에서는 나보다 남을 먼저 세우는 노력을 해 보자. 서로를 세워 주면서 진심이 담긴 공감을 주고받다 보면, 그곳은 함께 하는 모든 사람이 만족하는 공간이 되어 빛을 발할 것이다.

▌네이버 카페 만들기

많은 사람의 권유로 일기 쓰기 프로젝트를 진행하면서 고민이 생겼다. 사람들이 쓴 일기를 어떻게 관리하고 인증할 지에 대한 것이었다. 그동안 여러 카페에서 참여자와 리더로 활동하며, 카페 관리가 쉽지는 않지만 나와 같은 마음을 가진 사람들끼리 만든 소규모 커뮤니티 정도는 운영할 수 있을 거라는 용기가 생겼다. 물론 회원 수가 많고 매일 대단한 글이 올라오는 카페는 관리가 더 힘들 것이기에 소규모 커뮤니티 정도를 상상하며 용기를 내어 내 카페를 오픈했다.

네이버 카페는 회원 등급별로 폴더를 설정하여 오픈할 수 있고, 모든 기록을 한눈에 볼 수 있게 관리할 수 있어서 편리했다. 또 많은 사람에게 직접 홍보 링크를 보내지 않고 좋은 소식을 카페로 공유해서 자유롭게 볼 수 있게 하는 것도 마음에 들었다. 나만의 프로젝트를 운영한다면, 함께하는 모든 것들을 자유롭게 기록할 수 있는 카페를 개설하는 것을 추천한다.

▌네이버 카페 개설하기

카페 이름은 카페 개설 후 기간에 상관없이 2번까지 바꿀 수 있다. 카페 이름은 기억하기 쉽고, 입에 착 붙는 이름이 좋다. 카페 주소도 기억하기 쉽도록 영문명으로 만들면 좋다. 또 운영 방식, 운영 목적이나 용도에 따라 분류 방법이나 검색어 등이 다양해진다.

내 카페만의 특징을 나타내는 설명을 채워 보자. 보통 카페 활동을 많이 하는 사람들은 다양한 카페에 참여하여 활동을 하기 때문에 직관적인 아이콘을 만들어 넣어 두면 더 좋다. '캔바', '미리 캔버스', '망고보드' 플랫폼에서 내 카페의 개성을 드러내는 컬러와 로고를 담아 만들어 봐도 좋겠다.

카페 이름 /	킨더줄리
카페 주소	https://cafe.never.com/ kinderjulie
카페성격	✓공개 ○비공개
가입방식	○ 가입 신청 시 바로 가입할 수 있습니다. ✓ 가입 신청 시 운영진 승인을 거쳐 가입할 수 있습니다.
이름 사용여부	✓별명사용 ○이름사용
멤버목록	○ 공개 ✓비공개
주제	대분류 〈 교육 〉. 소분류 〈 교육일반 〉

카페검색어

#그림일기	#굿노트	#아이패드	#엄마공부	#자아찾기
#고전필사	#독서모임	#외국어	#영어공부	#그림그리기

카페설명: 인생이 짧다는 것을 자각하고 있으면
매일 매일 해야할 일이 분명해 집니다
오늘을 온전히 나로 사는 법

카페 아이콘

[네이버 카페 개설 사전 준비 1]

카페 이름	
카페 주소	https://cafe.never.com/

카페성격　○ 공개　○ 비공개

가입방식　○ 가입 신청 시 바로 가입할 수 있습니다.
　　　　　○ 가입 신청 시 운영진 승인을 거쳐 가입할 수 있습니다.

이름
사용여부　○ 별명사용　○ 이름사용

멤버목록　○ 공개　○ 비공개

주제　　대분류 〈　　　　　〉. 소분류 〈　　　　　〉

카페검색어

카페설명

카페 아이콘

[네이버 카페 개설 사전 준비 2]

블로그와 온라인 카페로 출근하기

▌새로 지은 내 집에 사람들을 초대하려면

　두근거리는 마음으로 온라인에 나만의 공간을 만들었다면 이제 누군가를 초대해야 한다. 내가 힘들게 쓴 글에 누군가 하트를 눌러 주는 일은 생각보다 달콤했다. 나의 글을 읽고 느낀 마음을 누군가 댓글로 작성해 주는 것보다 더 고마운 선물이 없었다. 그리고 그 하트와 댓글은 글을 더 열심히 쓰는 동력이 되었다. 그렇다면 내 글을 읽는 사람이 많아지려면 어떻게 해야 할까?

　나는 마케팅을 공부한 적이 없다. 책과 다양한 매체를 통해 연구해 보았지만, 아직도 잘 모르겠다. 수많은 마케팅 책을 보고 흉내를 내 보아도 좀처럼 되지 않았다. 그렇게 많은 시행착오 끝에 내가 깨달은 것은 세상엔 정말 다양한 정보가 있고, 나와 같은 주제로 글을 쓰는 사람도 무수히 많지만 내 이야기를 할 수 있는 것은 오직 나 하나뿐이라는 것이었다. 잘 보이고, 대단해 보이게 포장할 수 있다면 더없이 좋겠지만 평범한 나에게 그럴 만한 능력은 없었다.

　나는 먼저 솔직하고 진정성 있는 이야기를 풀어놓았다. 그리고 다른 사람의 글과 이야기에도 마음을 다했다. 그렇게 한 명 두 명 나의 글을 읽어 주는 사람과 가까워지자 그 사람과의 공통점을 찾게 되고, 공감하는 마음을 표현하게 되었다. 그

런 일이 반복되면 점점 나의 색이 드러나기 시작한다. 사람들이 나의 어떤 면을 좋아하는지, 나에게 듣고 싶고, 나로 인해 도움을 받고 싶은 것이 무엇인지 조금씩 알게 된다. 그렇게 알아낸 것들을 염두에 두고 앞으로 나아가는 것이 중요하다. 내가 가지고 있는 나만의 색이 확실해질 때까지 반복해서 도전해 보자. 다른 사람들 눈 속에 비친 나의 모습을 보는 것이다.

먼저 시작한 사람은 이후에 시작한 사람들을 도울 수 있다. 나보다 훨씬 앞서 있는 대단한 능력을 갖춘 사람보다, 나보다 조금 앞서 있는 사람에게 물어보는 것이 효과적일 때가 더 많다. 그러므로 나보다 조금 앞서 있는 멘토를 만나는 것은 행운이다. 그리고 우리가 직접 그런 멘토가 되어 누군가에게 행운을 주는 사람이 되는 것은 행복이라 생각한다. 그러니 100일간 당신이 계획한 그 무엇을 꾸준히 기록하고, 그 기록을 기반으로 함께하고 싶어 하는 사람을 모집해 보자. '이런 것을 누가 궁금해할까?' 싶지만 반드시 있다. 나와 같은 고민을 하는 사람이 수도 없이 많다. 내가 프로젝트 리더가 되고 나서 배운 점이 두 가지가 있는데, 하나는 모두가 나와 같은 고민을 하며 살고 있다는 점이고, 또 다른 하나는 많은 사람이 언젠가는 나도 그렇게 하고 싶다는 꿈을 꾼다는 것이다.

미라클 모닝이어도 좋다. 매일 하루 한 쪽 책 읽기여도 좋다. 신문 읽고 한 줄 평 남기기여도 좋다. 아이에게 책을 읽어 준 기록을 공유하는 모임도 좋다. 멀리서 찾지 말자. 바로 내 앞에 있을지도 모른다. 매일 하는 일이라 너무 익숙해서 잘 몰랐던 일상은 좋은 기록 소재가 된다. 이런 활동을 하는 사람이 많은데, 그 안에서 차별화된 콘텐츠를 만들어 살아남는 것이 가능할지 걱정될 수 있다. 하지만 남과 나를 비교할 필요가 전혀 없다. 수없이 다양한 프로젝트 중에서도 나와 맞는 것이 있고 맞지 않는 것이 있기 때문이다. 그리고 프로젝트를 통해 나의 꾸준함을 증명해 내면 반드시 하트를 눌러 주는 사람이 있을 것이다. 그 하트 덕분에 우리는 끊임없이 도전할 수 있다. 그렇게 내가 가진 일상의 꾸준함을 새로운 도전의 기반으로 만들어 보자.

여러분이 브레인스토밍, 장점 쓰기 등을 통해 강점을 기록해 보고, 하고 싶은 일과 할 수 있는 일을 정해서 기록을 시작했다면, 이제 당신이 활동할 SNS 채널도 결정해야 한다. 채널을 결정할 때에는 그 채널에 대한 기본적인 이해와 공부는 필수다. 어떤 사람들이 많이 이용하는 공간인지, 다른 사람들은 어떤 글과 기록을 많이 살펴보는지, 어떤 방법의 기록이 도움이 되는지 하나씩 배워 보자. 처음부터 완벽하게 잘하는 것보다 하나하나 배우면서 조금씩 나아지는 모습이 보이는 공간이 더 매력적이다. 누군가에게 나도 할 수 있다는 용기를 주기에 더없이 좋은 공간 말이다.

수백만 명의 팔로워를 가지고 있는 유튜버나 인스타그래머, 블로거도 처음엔 다 0명에서 시작했다. 그러니 여러분도 바로 시작할 수 있다.

어떻게 기록할까?

자, 이번에는 흰 종이에 내가 기록하고 싶은 주제로 브레인스토밍을 해 보자. 앞서 '나'라는 사람을 두고 브레인스토밍을 해 봤다면 도움이 될 것이다. 이 주제를 기록하며 내가 전달하고 싶은 것은 무엇인지 생각해 보자. 나의 경우에는 매일 쓰는 일기를 통해 나를 돌아보는 것이었다. 내가 먹는 음식으로 나의 몸을 살피고, 내가 하는 일들로 나의 강점을 찾고, 내가 하는 습관으로 나를 돌아보고 싶었다. 그리고 매일 꾸준히 하는 목표를 세웠다. 여러분이 기록하고 싶은 주제는 무엇인가? 펜을 들고 종이 위에 기록을 시작해 보자. 매일 새벽 기상을 하겠다는 주제를 정했다면 나는 왜 새벽 기상을 하기로 했는지, 어떻게 매일의 루틴을 만들 것인지, 그 시간에는 무엇을 할 것인지 상세하게 소주제를 나누어 그 주제들을 가지고 하나씩 기록해 보는 것이다.

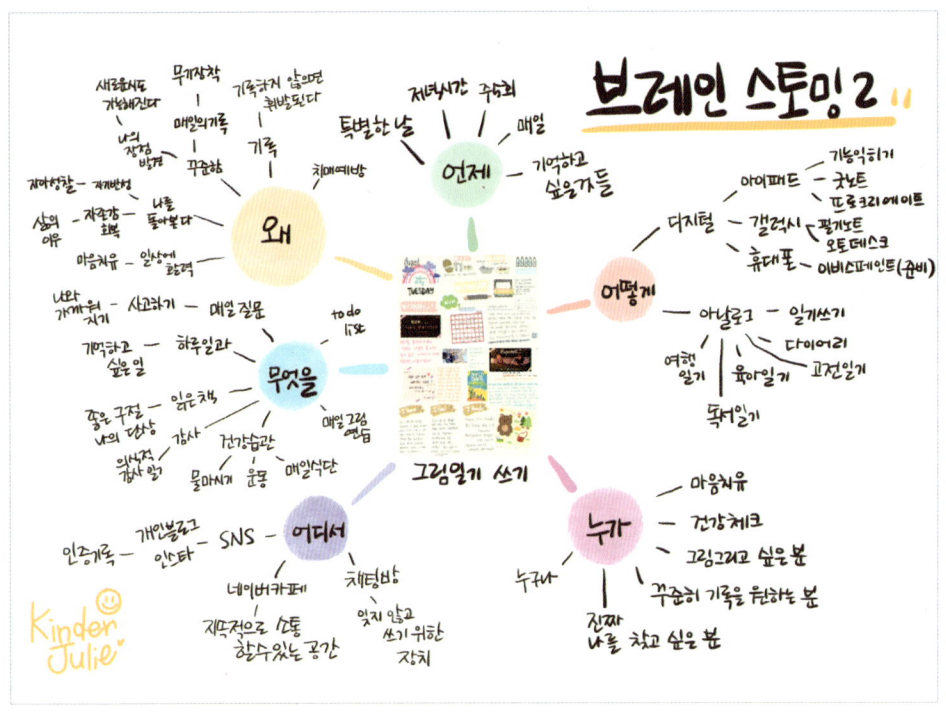

[브레인스토밍- 무엇을 어떻게, 왜 쓸 것인가]

　블로그를 시작했을 때부터 지금까지 여전히 나에게 블로그는 내 방과 같은 공간이다. 그런 공간에 누군가를 초대하고 싶다면 어떻게 해야 할까? 나의 일상을 누군가가 궁금해했으면 좋겠고, 궁금증을 따라 내 블로그에 오면 좋겠다고 생각했다. 그래서 내가 일상에서 하는 일들을 카테고리화 하기 시작했다. 내가 보는 책, 좋아하는 장소, 경험했던 일들, 나만 하고 싶은 이야기, 정보 추천, 친한 친구에게 소개하고 싶은 글, 다음에 아이가 성장해서 보면 좋을 수많은 기록을 하다 보니 카테고리가 더 다양해졌고, 나의 일상이 그 카테고리별로 구분되었다.

　여러분은 어떤 공간을 만들고 싶은가? 비즈니스 공간이라면 전문성을 드러내는 카테고리를 만들어 꾸준히 쌓아 올리면 된다. 나와 같이 공감형 일상 기록을 원한다면, 나와 비슷한 일상을 사는 누군가에게 도움이 되겠다 생각하는 것을 기록하면 된다. 살림 정리법이라든지, 나만 알고 있는 레시피라든지, 집에서 아이와 할 수 있는 운동도 좋다. 누구든 쉽게 바로 함께할 수 있는 아이템을 기록하고 그 공간에 함께할 누군가를 초대하면 된다.

그리고 단 한 명이라도, 함께하고 싶어 하는 사람이 있다면 시작해 보자. 그리고 그 여정을 상세하게 기록해 보자. 그 기록이 당신의 포트폴리오가 되고, 온라인 명함이 될 것이다. 당신은 어떤 프로젝트의 리더가 될 것인가?

▍블로그 자가 진단법(일상 블로거의 소소한 자가 진단법)

사람들은 나의 어떤 글에 반응할까? 블로그에 꾸준히 글을 올리면서 사람들의 반응을 관심 있게 살펴보아야 한다. 특히 블로그를 통해 상업적인 이익을 창출해야 한다면 반드시 블로그에 대해 제대로 공부해서 활용해야 할 것이다. 오래 공들여 쓴 글이 노출되지 않는다면 얼마나 안타까울까?

전문 블로거들의 블로그 진단법을 보고 따라 할 수 있다면 정말 좋을 텐데 나는 그것이 쉽지 않았다. 10년이 넘도록 한 번도 열어 보거나 관심 두지 않고 개미처럼 그냥 묵묵히 기록만 했다. 찾아보면 키워드 작업, 상위 노출, 정보, 읽고 싶은 글 등 전문적인 블로그 글을 쓰는 노하우가 가득하지만, 일상을 기록하던 나에게는 그것이 너무나 먼 이야기였다.

모든 사람이 전문적으로 블로그를 운영하는 것은 아니다. 나 또한 소수여도 나와 소통하고 오래오래 함께할 사람들을 찾고 싶었다. 어차피 모든 사람이 만족하는 글이나 프로젝트는 없으니 나의 글에 공감하고 용기를 불어넣어 주는 최소한의 사람들과 시작해 보자는 생각이었다. 공감과 댓글 수가 많으면 좋겠지만, 나에겐 충성스러운 블로그 고객이 생기는 것이 더 기쁜 일이다.

처음 블로그를 시작했을 때는 그저 아이와 나의 일상을 기록하는 정도였기에 내가 쓰고 싶은 것을 쓴다는 것에 만족했다. 블로그 통계를 보며 어떻게 방문자 수를 높이고, 어떻게 나와 지속적으로 소통할 사람을 모을 수 있을지 고민해 본 적이 한 번도 없었다. 그러나 나의 글을 읽으러 와 주는 사람들이 있으면 좋겠다는 생각이 문득 들었고, 많은 사람이 아니더라도 지속해서 소통하는 사람이 생기면 내 블로그가 더 나다워질 수 있을 것 같았다.

#자가 진단을 위한 셀프 질문
- 누가 내 글을 읽을까?
  : 이웃 방문 현황, 성별, 연령별 분포수 확인
- 어떤 사람이 내 글을 읽으면 좋을까?
  : 내 글의 주제와 핵심 키워드, 그 글에 공감할 대상을 떠올려 본다.
- 사람들은 나의 어떤 글에 반응하는가?
  : 조회수, 공감수, 댓글수를 확인해 본다.
- 나는 어떤 글을 쓰고 싶은가?
  : 내가 쓰고 싶은 글을 꾸준히 올리고 반응을 살펴본다.
- 조회수, 공감수, 댓글수에 신경을 써야 할까?
  : 열심히 쓴 글을 읽어 주는 사람들은 블로그 운영에 동력이 된다. 너무 자주는 아니더라도 가끔 살펴볼 필요가 있다.

블로그 통계 버튼을 누르면 조회수, 방문횟수, 조회수 순위, 유입 경로, 성별/연령별 분포 등을 한 번에 볼 수 있다. 조회수가 높다는 것은 콘텐츠가 좋거나 글의 가독성이 좋아 사람들의 유입이 잘 된다는 뜻이고 조회수와 방문자 수 둘 다 높은 것은 좋은 콘텐츠에 마케팅 또한 잘되고 있다는 뜻이다.

나는 가끔 조회수 순위를 열어 본다. 조회수 순위에서는 내 블로그에서 조회수가 많은 글 1위부터 10위까지를 한눈에 볼 수 있는데, 조회수 순위를 통해 '사람들이 내 블로그에 이런 글을 읽으러 들어오는구나', '앞으로도 이런 글을 잘 써 봐야겠다' 하는 블로그 방향을 잡는 데에 좋은 참고가 될 수 있다. 만약 블로그를 처음 시작했다면, 100일을 지속하는 과정에서 조회수 순위를 가끔 살펴보자. 사람들이 많은 관심을 보이는 글을 더 많이 써 보는 것도 블로그에 더 많은 사람을 유입시킬 수 있는 좋은 방법이 될 수 있다.

이미 블로그를 운영하고 있다면 조회수를 찾아보고 카테고리를 선별해서 정리해도 좋다. 내 블로그에서는 여전히 장소를 소개하는 글이 1위다. 이웃이 아닌 사람들이 검색해서 들어온 경우일 것이다. 나는 아이와 다녀온 장소, 내가 찾은 카페 등을 올리는 것을 좋아한다. 그리고 내 글을 읽고 그 장소에 누군가가 다녀왔다고 이야기해 주면 많은 보람을 느꼈다. 그다음 인기 있는 글은 내 생각을 담은 일상 글이다. 이는 내 블로그에 매일 들러 나의 글을 읽어 주는 이웃들의 고마운 흔적일 것이다. 그리고 독서기록, 아이들 도서 추천 관련 글, 고전 기록, 일기, 영어, 모집 글 등이 차례로 올라온다. 이 조회수 순위는 '내가 하는 기록이 의미가 있을까?' 하는 생각이 들 때마다 힘이 된다.

물론 수천, 수만 명의 이웃을 거느리고 하루 순수 방문자 조회수가 수천 회가 넘는 블로거들도 많다. 나는 그저 하루 500~1,000명 사이의 사람들이 방문하고 하트도 얼마 받지 못하는 작은 블로그의 주인이지만 누구보다 내 블로그를 통해 행복함을 느끼고, 뜨거운 용기를 얻는 사람이다. 내가 오래 전에 작성한 기록에 사람들이 다녀간 흔적을 발견하는 것은, 블로그를 지속하게 하는 큰 힘이 된다. '아, 내가 꾸준히 올리는 글을 누군가 계속 들어와 읽는구나' 하는 위로를 받게 된다. 그러니 너무 자주는 아니더라도 가끔 조회수 순위를 보며 어떤 글에 사람들이 반응하는지 살펴보자.

블로그 통계 확인하는 방법

네이버 블로그 →
블로그 관리 →
내 블로그 통계를
클릭하면 된다.

조회수, 이웃 방문 현황, 조회수 순위 이 3가지는 주기적으로 확인해서 방문자들의 반응을 점검해 보는 것이 좋다.

[블로그 통계 가볍게 살펴보기]

온·오프라인에서 나의 공간 확보하기

나는 내가 하던 많은 활동을 온라인으로 가지고 왔다. 시행착오를 통해 이제 조금씩 자리를 잡고 있다. 평일에는 오전에 온라인으로 출근해서 블로그에 하나 이상 글을 쓰고, 카페에서 다양한 클래스를 진행한다. 오전 근무를 마무리하고 저녁엔 개인적인 일로 수업을 한다. 그리고 일요일 오후 5시에는 특별 근무를 하면서 사람들의 프로젝트 상황을 체크한다. 온라인 출근의 큰 장점은 나의 상황에 맞게 시간 조절이 가능하다는 것이다.

내가 진행하는 많은 프로그램 중에서 가장 마음을 깊이 나누는 프로그램은 그림일기다. 그림일기 클래스에서 만난 사람들과 일상을 공유하다 보니 우리도 모르는 사이에 더 가까워졌다. 나는 책을 읽거나 좋은 영상을 봤을 때, 다른 사람과 대화하다가 좋은 주제를 만났을 때 메모를 해 두었다가 매일 아침 그림일기를 같이 쓰는 메이트들에게 질문을 하나씩 보낸다. 그 질문을 통해 자신을 돌아보며 행복한 시간을 가졌다는 이야기를 들을 때 가장 큰 보람을 느낀다. 질문을 받으면 우리는 잠시 하던 생각을 멈추고 질문에 대한 답을 찾기 위해 고민하게 된다. 그래서 우리에겐 더더욱 나를 위한 질문이 필요하다. 쉬운데 쉽게 답할 수 없는 질문이 무수히 많다. 그렇게 나를 찾아가는 과정에서 우리는 서로 자신의 세계를 구축해 간다. 그리고 나와 비슷한 누군가의 생각에 공감하고 나와 다른 사람들의 생각에서 힌트를 얻는다.

[매일 나를 돌아보는 한 가지 질문]

사람들은 언제 카페에 갈까? 오랜만에 만난 지인들과의 폭풍 수다를 위해서, 뭘 안 해도 좋을 분위기를 위해서, 밥 먹고 나서 맛있는 커피와 후식으로 입가심하기 위해서, 누군가를 기다리기 위해서, 커피가 생각나서 등 모두 저마다 다양한 이유로 카페를 찾을 것이다.

갓 스무 살이 넘은 시절, 학교 가는 길에 작은 카페가 하나 있었는데 그 카페 주인은 늘 책을 읽고 읽었다. 아침 일찍 카페 문을 열고 잔잔한 클래식 음악과 함께 커피 향이 나는 카페에서 책을 읽는 그분의 모습이 정말 아름다워 보였다. 그 모습은 졸업 후 항상 내 가슴속에 남았고, 취직을 하고 일을 하면서도 나도 그런 카페 주인이 되고 싶다는 꿈을 항상 꾸었다. 나도 작고 예쁜 카페를 하면서 음악을 듣고, 책을 읽고, 사색하고, 사람들과 소통하며 나이 들고 싶다고 말이다. 아마 많은 사람이 그런 꿈을 꾸기에 다 가 보지도 못할 만큼 카페가 많은데도 새로운 카페들이 계속 생기고 있는 것일지도 모른다.

온라인 카페도 오프라인 카페와 별반 다르지 않다는 생각을 한다. 카페의 주인공은 카페 주인이 아니듯, 온라인 카페의 주인장인 나도 그저 카페를 찾는 사람들이 더 좋은 프로그램에 참여하고 소통할 수 있도록 카페를 단장하는 역할을 하는 사람일 뿐이다.

오픈할 때는 인기를 끌다가 금세 조용해지는 카페들이 많다. 어떻게 하면 사람들이 자주 드나들고 마음을 나누는 공간을 운영할 수 있을까? 나는 스무 살쯤에 가졌던 꿈처럼, 가면 마음이 편안해지는 곳, 기쁠 때나 슬플 때나 제일 먼저 달려가고 싶은 곳, 간다고 생각하는 것만으로도 설레고 기쁜 그런 공간을 만들고 싶다. 엄마 밥이 그리워 엄마를 만나러 가듯 언제든 찾아와 편안히 마음을 나누고 커피 마시며 에너지를 가득 안고 돌아오는 곳 말이다. 나의 온라인 카페에 오는 사람들도 서로 마음을 나누고 다독이며 각자 자신이 원하는 만큼의 시간을 할애해 함께하고 언제 와도 편안하고 따스한 공간이라고 느꼈으면 좋겠다.

재구독을 부르는 온라인 카페 운영 노하우
- 관계의 달인이 되어라

　다른 사람들도 '내가 지금 하는 일이 아무짝에도 쓸모없는 삽질은 아닐까'라고 생각한 적이 있을까? 나에게는 매 순간이 그랬다. 정말 나는 왜 이럴까 할 만큼 나 자신이 한심하게 느껴졌던 순간들이 많았다. 그런데 이렇게 지나고 보니 내가 해 왔던 모든 일에 의미가 있었음을 깨닫는다. 누군가를 가르치며 왕초보의 마음을 느긋하게 이해할 수 있었고, 자연스럽게 누구든 따라 하기 쉽게 가르치는 방법을 연구하게 되었다. 숙제도 못 하고 수업을 따라오기 힘들어하는 아이들을 달래던 나의 노하우는 프로젝트를 힘들어하는 사람들을 잘 다독이는 데 도움이 되었다. 오랜 시간 쌓아 온 학부모 상담의 기술은 차곡차곡 심었던 성장의 씨앗이었다. 이 작은 씨앗들이 싹을 트고 소리 없이 자라면서 나를 관계의 달인으로 만들었다.

　사람들은 리더인 내가 일을 정말 즐거워서 하는 건지, 다른 목적을 두고 하는 건지, 단순히 남에게 보여 주기 위해 하는 건지 다 느낀다. 온라인이라 눈에 보이지 않을거라 생각한다면 큰 착각이다. 화려한 옷을 입고 부드러운 말로 마음을 한껏 꾸며 내도 고스란히 드러난다. 글의 행간에서, 주고받는 댓글의 사이사이에서 우리는 다 그 마음을 느낀다. 관계의 달인이라는 말을 내 입으로 꺼내니 부끄럽기도 하지만, 같이 글 쓰는 타인의 시선으로 만들어진 단어다. 결국, 온라인 세상도 사람들의 삶이 결부되어 있어서 우리는 관계에서 벗어날 수 없다. 한 번 만난 인연을 소중히 여기고 끊임없이 소통하면서 마음을 내주는 일은 결국 진심에서 시작된다. 그러니 온라인 블로그와 카페를 잘 운영하는 노하우도 관계를 잘 맺는 것이 전부다.

▎고전에서 답 찾기

인문학은 성공한 사람들이 늘 말하는 성공 비결 중 하나다. 과연 그 이유가 무엇일까? 세상에 일어나는 모든 일이 다, 사람과 관계가 있기 때문이다. 상대방의 마음을 움직이지 못한다면 그 어떤 것에도 성공할 수 없다. 그렇기 때문에 답을 찾는 공부가 아니라 사람을 배우는 공부를 해야 한다. 어떻게 사느냐에만 집중하는 것이 아니라 우리는 왜 사는지, 무엇을 위해서 사는지 고민하는 것부터 시작해야 한다.

신세계 정용진 부회장은 한 인문학 강의에서 요즘 학생들은 대학에 가서도 스펙을 쌓기 위해 좋은 계절과 꽃다운 나이를 누리지도 못하고 매일 열심히 사는데, 사회가 원하는 인재는 스펙 좋은 사람이 아니라는 이야기를 했다. 세상은 스펙보다 인문학적 소양을 가진 인재를 원하고, 사회에 나온 학생들은 이 때문에 혼란스러워한다는 것이다. 그는 "사람의 겉이 아닌 마음을 읽으려는 관심과 이해가 바로 인문학의 시작이다"라고 말하며 인문학의 필요성을 강조했다. 인문학은 어려운 것이 아니라 사람의 마음을 읽으려는 공부라는 말에 고개가 절로 끄덕여졌다.

고전을 읽기 시작하면서 나도 모르게 달라진 것은 나만의 가치관으로 사람들을 대하지 않으려고 노력한다는 점이다. 《논어》 학이편 1장을 보면 이런 구절이 나온다.

> "배우고 때때로 그것을 익히면 또한 기쁘지 아니한가? 벗이 먼 곳에서 찾아오면 또한 즐겁지 아니한가? 남이 알아주지 않아도 성내지 않는다면 또한 군자답지 않은가?"
>
> - 《논어》 학이 1편 1장 중에서

블로그를 처음 시작할 때, 내 마음을 남이 아닌 나에게 맞추는 것부터 해내야 했다. 누군가에게 보여 주기 위해 고전을 읽고 쓰는 것이 아니고, 돈을 벌기 위해 프로젝트를 진행하는 것이 아니고, 유명해지고 존중받기 위해 리더가 되는 것이 아니었다. 그저 내 마음공부가 필요해서 시작했다. 보는 사람 하나 없어도 나 스스로 나다워지고 싶어서 시작했던 마음공부였다. 그런데 내가 해 보니까 정말 좋아서 누군가와 같이하고 싶어졌다. 그렇게 한 명 두 명 같이 공부하는 진짜 벗이 생겼다. 이렇게 좋은 고전을 더 많은 사람과 나누고 싶다는 마음은 아이들과 고전을 읽는 프로젝트까지 한걸음에 나를 내달리게 했다. 배우고 익히면서 나를 돌아보고, 내 안에 나도 모르던 나를 만나고, 분노와 질투 그리고 원망으로 가득했던 과거의 나를 보내면서 감사와 기쁨으로 새로운 나를 가득 채우기 시작했다. 남이 자신을 알아주지 않을까 걱정하지 말고 내가 남을 제대로 알지 못함을 걱정하라는 공자의 말씀이 매일 내 마음속에 자리하게 되었다.

진짜 리더가 되는 길

> "자기가 서고자 할 때 남을 먼저 세워 주고, 자기가 뜻을 이루고자 할 때 남이 먼저 이루도록 한다."
> - 《논어》 학이편 중에서

리더는 마음이 네모난 사람, 세모로 뾰족한 사람, 너무 둥글어 티 내지 않는 사람까지도 잘 보듬어 다독여야 한다. 내가 리더가 되어 보니 매일 툭툭 튀어나오는 생각지도 못한 일들 때문에 마음이 자주 흔들렸다. 그러나 그때마다 매일 쓰는 글 사이사이에, 이런 명문장들이 흔들리는 나를 다시 붙잡아 주었다.

누구나 쉽게 따라 할 수 있지만 그 속에서 깊이를 스스로 조절할 수 있는 일. 함께하는 마음을 가장 우선에 두고 서로 밀어 주고 세워 주는 일. 한 발짝 먼저 내디뎌 안전한지 확인하고 사람들을 그 길로 이끌어 주는 일. 나는 이런 리더의 일이 더 이상 힘들지 않다. 항상 남을 먼저 생각하고 남을 세우기 위해 노력하며 지냈는데, 막상 지나고 보니 그 길에서 가장 많이 성장한 사람도, 가장 큰 보람을 느끼며 세워진 사람도 나라는 사실을 깨달았기 때문이다.

소크라테스가 얘기했던 '나 자신을 아는 것'에서부터 모든 실마리가 풀리기 시작했다. 매일 내 마음에 질문을 던져 나를 돌보는 일. 고전 필사가 그런 일이었고, 그 시간을 통해 나는 사람들에게 관심이 가득해졌다. 내 마음 근육이 단단해지면서 불필요한 작은 걱정들이 사그라들었다. 그리고 아이들과 함께 성장하는 것을 힘들어했던 내가, 다른 방법으로 아이들에게 다가가고 있었다.

　세상에 어떤 일도 그냥 일어난 일은 없다. 내가 그냥이라고 이름 붙이기 전까지는 말이다. 전혀 관계없는 일이라고 생각했는데 그 모든 것이 다 나의 일부분이었다. 많은 경험과 노하우가 내가 나아가는 새로운 세상의 문제점을 해결하는 마스터키였다. 사람들은 알고 있을까? 우는 내 아이를 잘 달래던 경험이, 일상에 지친 동료의 등을 쓰다듬었던 기억이, 누군가의 마음을 사려고 살살거렸던 나의 그 모든 날이 무엇이든 할 수 있는 내가 되는 과정이란 사실을 말이다.

　엄마는 무엇이든 다 할 수 있다. 우는 아이에게 젖을 주며 빨래를 개키고, 밥 먹으면서 유모차를 앞뒤로 흔들어 아기를 재우는 것쯤은 일도 아니다. 아기 띠를 매고 화장실 청소를 하고, 운전하면서 아이를 위한 뮤지컬 배우가 되었던 우리는 앞으로도 못할 일이 없다. 육아는 사람의 마음을 읽는 기술을 배우는 시간이다. 아이가 들려 주는 최고의 찬사를 들으며 나도 꽤 괜찮은 사람일지도 모른다는 상상을 하는 시간이기도 하다. 그리고 세상에는 되는 일보다 안 되는 일이 더 많다는 것을 매 순간 깨닫게 하는 고마운 시간이다. 그러니 여러분은 모두 관계의 달인이다.

▌다른 사람들의 이야기를 궁금해하자

　사람들은 무엇을 원할까? 내 그림을 보며 '금손이시네요. 저는 똥손인데 정말 부러워요'라고 말하는 사람이 있다면, 그 사람은 '똥손인 저도 이렇게 해냈어요. 당신도 할 수 있어요. 제가 도와드릴까요?'라는 이야기가 듣고 싶은 것이다. '한 번도 그림을 그려 본 적이 없는데 가능할까요?'라고 묻는 사람은 '그럼요. 저도 처음이에요. 정말 신기하죠? 다 됩니다'라는 이야기로 용기를 줄 수 있다.

　나는 미술 전공자가 아니라서 속상했었다. 내가 그림을 더 잘 그린다면 얼마나 좋을까 생각했었다. 그런데 사람들은 나의 대단함을 알고 싶은 것이 아니었다. 내

자랑과 성공담을 들으며 부러워만 하고 싶은 것은 절대 아니었다. '저 사람도 했는데 나도 할 수 있지 않을까?', '나도 시작해 볼까?', '이런 나도 가능할까?' 하는 마음의 소리에 '당신도 할 수 있어요!'라는 확답을 듣고 싶은 것이다.

나의 어설픈 시작은 누군가의 시작에 용기를 북돋아 준다. 내가 다른 사람의 이야기에 귀 기울이며 그 순간을 극복했듯, 당신도 돕고 싶다는 마음만 있으면 충분히 관계의 달인이 될 수 있다. 사람들의 이야기에 관심을 갖고 그들이 원하는 소리에 반응하자. 매번 모든 글에 댓글을 달 수는 없겠지만 한 번씩은 사람들의 일상을 살피고 도움이 필요한 분들에게 손을 내밀어 보자.

만약 어떤 사람이 그림일기를 쓰기 위해 카페에 들어갔다가 매일 진행되는 고전 프로그램에 관심을 갖게 되었다고 하자. 그 사람은 같이 책 읽고 배우는 프로그램에도 관심이 생겨 등록했고, 영어 챌린지에 도전해서 영어 공부까지 하게 되었다. 마음에 맞는 장소를 찾았고, 그 공간을 즐기게 된 것이다. 그렇게 사람들은 계속 머물 이유를 찾으며 재구독을 이어 간다. 그러니 각자 다른 사람들의 요구를 불만 사항이라고 생각하지 않고 아이디어를 얻는 좋은 기회라고 생각해야 한다.

영어 프로젝트를 준비했는데 더 어려운 프로그램을 요구하는 사람들을 위해 상위 레벨 프로젝트를, 기초 문법 공부를 요구하는 사람들을 위해 기초 문법 스터디 프로젝트를 열었다. 영어 공부를 꾸준히 해 보고 싶다는 사람들의 요구에 가장 기초부터 시작해서 매일 꾸준히 할 수 있는 프로그램을 만들었다. 다른 방법으로도 공부해 보고 싶다는 사람들을 위해 다른 영어 선생님도 초빙했다. 처음부터 정해진 계획대로만 했다면 함께 하는 사람들의 의견에 민감하게 반응하지 못했을지도 모른다. 결국 함께하는 사람들의 요구와 의견이 가장 좋은 아이디어가 되었다.

나는 참여자의 바람이 반영되는 공간을 만들고 싶었다. 《내가 정말 알아야 할 모든 것은 유치원에서 배웠다》라는 책도 있듯, 유치원은 기초가 되는 모든 것을 경험하는 곳이며 어른들에게도 그런 공간이 필요하다고 생각했다. '어른이니까 이 정도는 하겠지'라고 넘겨짚지 않고 처음부터 차근차근 시도하며 실패해도 안전한 곳을 만들고 싶었다. 어른들을 위한 유치원 '킨더줄리'는 그런 공간이 되고 있다.

나의 모든 경험의 순간을 기록하자

여러분이 시작하는 활동의 첫 준비부터 시작까지 모든 순간을 반드시 기록해 두자. 그리고 나와 함께 하는 사람들과 걸음을 맞추는 것이다. 전문적인 기술이나 결과를 필요로 하는 곳에는 전문성을 가진 리더와 강사가 필요하다. 그러나 나도 배우는 단계에서 누군가의 성장을 도우며 함께 걷는 공간을 만든다면 그곳에 필요한 사람은 전문가 리더도 대단한 유명 강사도 아니다. 나보다 조금 먼저 그 경험을 해 본 선배, 그러니까 시행착오를 온몸으로 겪고 이겨 낸 롤 모델이 필요한 것이다.

'나'라는 사람을 잃고 엄마로만 살아야 한다는 생각이 들었을 때 나는 힘들었다. 남편도 이해하지 못하고, 주변에서 말리는 수많은 일을 온몸으로 경험하면서 정말 많은 시행착오의 벽돌을 쌓아 올렸다. 그리고 언젠가는 다른 사람이 더 수월하게 경험의 벽돌을 쌓아 안전하고 빠르게 우뚝 서도록 돕는 사람이 되겠다고 결심했다. 카페 운영은 대단하거나 특별한 일이 아니다. 내 카페를 찾아 준 회원에게 따뜻한 마음의 차를 내밀고, 고민을 나누는 친구가 되어 주며, 마음의 상처를 들어 주고 서로 힘을 합쳐 훌훌 털고 함께 웃는 일이다.

내가 아주 오래전부터 꿈꾸었던 공간, 어른 유치원. 나는 그 공간에서 그림일기를 시작으로 카페지기로 활동하고 있다. 그림일기를 쓰기 위해 만난 우리는 과정을 다 마치고 나서도 그냥 헤어지기 아쉬워 100일 일기 쓰기를 하며 소통하고 있다. 카페지기인 내가 궁금해진 사람들은 '나'라는 사람을 믿고 내가 운영하는 또 다른 프로젝트에 참여한다. 그렇게 자연스럽게 재수강을 하며 오래오래 곁에 머무른다. 온라인 카페를 운영하는 일도 사람을 사귀는 일과 다르지 않다.

#재구독을 부르는 카페 노하우
하나, 나를 내주는 것
둘, 그 사람을 궁금해하는 것
셋, 언제나 그곳에 있다는 든든함을 선물하는 것

호감 가는 사람을 만나면 그 사람에 대해 알고 싶어진다. 그리고 서로 마음을 교류하고 가까워지면 오래오래 그 사람 곁에 머물고 싶어진다. 온라인 활동도 마찬가지다. 외부 강연에서 나를 소개하며 내 블로그 주소를 알려준 적이 있다. 나를 궁금해하던 사람들이 내 블로그 글을 읽고 '나'라는 사람을 알게 된 후로 굳은 믿음이 생겼다고 했다. 긴 시간 진솔하게 기록해 둔 내 글들이 힘을 발휘한 순간이었다. 강의로 만난 제자는 그날 내가 궁금해서 나의 블로그 글을 밤새 쭉 읽었다고 한다. 그렇게 블로그와 카페는 온라인에 드러낸 '나'라는 사람의 명함이 되었다. 나는 이렇게 매일 새로운 사람들과 가까워지며 일상을 살고 있다.

내가 잘 보이고 싶을수록 사람들은 나와 멀어진다. 사람들은 나의 우아해 보이는 물 위 모습이 아니라 온종일 발을 움직이는 물속 모습에 더 친밀함을 느낀다. 나를 친밀하게 생각하는 사람들과 가까워지며 상대의 마음에 관심을 기울였다. 그 사람의 고민을 들어 주고, 내가 도와줄 수 있는 부분을 찾아내 해결책을 함께 고민했다. 나의 도움이 필요한 일이 있다면 언제든 시간을 내겠다는 말로 용기를 줬다.

자전거 페달 위에서 처음 발을 구를 때도 뒤에서 꼭 잡아 주는 어른이 있다면 용기 내 굴러 볼 수 있다. 언젠가는 자전거를 잡는 그 손을 놓을 거라는 것을 알지만 굳이 뒤돌아보지 않고 그저 꼭 붙잡아 주는 사람이 있다고 믿을 뿐이다. 마찬가지로 나는 그저 사람들의 첫 시작을 돕는 든든한 카페지기일 뿐이다. 잘 시작할 수 있도록 뒤에서 꼭 붙잡아 줄 테니 페달을 굴러 보라고 응원하고 싶다. 여러분도 할 수 있다. 나만의 카페 만들기, 그리고 그 향기로운 곳의 주인이 될 수 있다.

카페에서 함께 프로젝트를 하는 이유

사람들은 왜 내 카페에 올까? 왜 이곳에서 함께 성장하고 있을까?

글을 쓰면서 궁금했던 점을 카페에서 프로젝트에 참여하는 다양한 분들에게 물어보고 댓글을 받았습니다. 독자분들께 진짜 노하우를 전해 드리고 싶다는 생각에 직접 참여하고 있는 참여자들의 마음의 소리를 담아 보았습니다. 운영자의 목소리가 아닌 참여자의 진솔한 마음이 카페 개설을 꿈꾸는 여러분의 시작에 용기를 건네주기를 바랍니다.

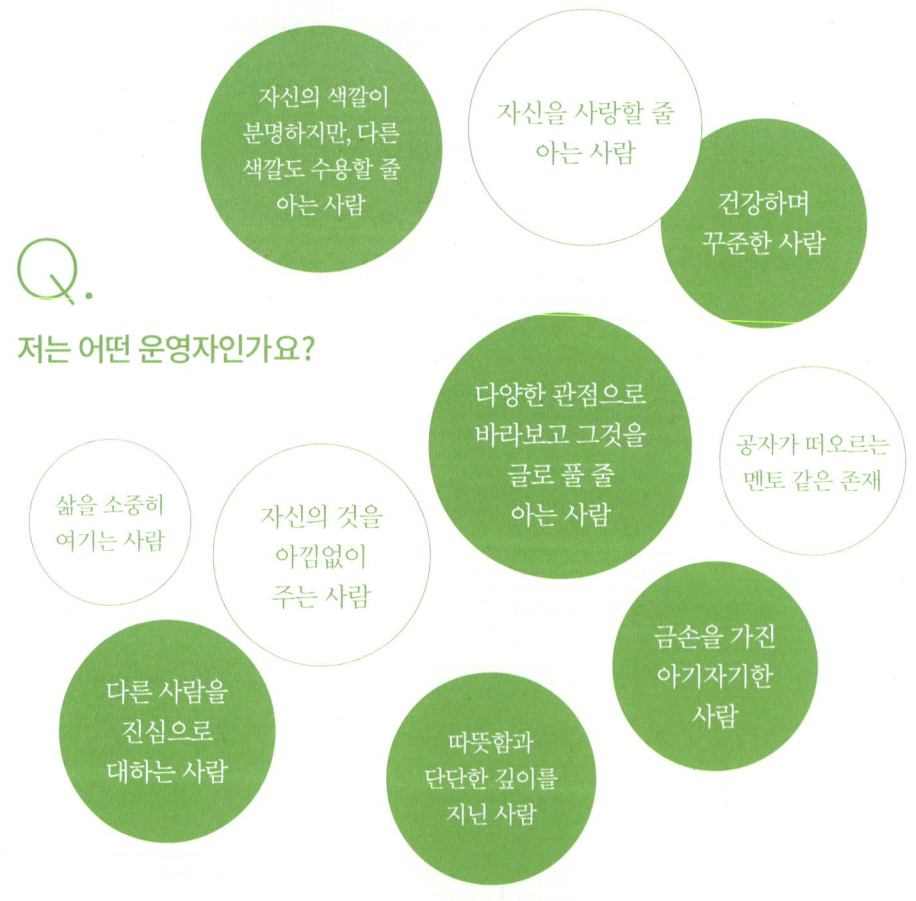

Q. 저는 어떤 운영자인가요?

- 자신의 색깔이 분명하지만, 다른 색깔도 수용할 줄 아는 사람
- 자신을 사랑할 줄 아는 사람
- 건강하며 꾸준한 사람
- 다양한 관점으로 바라보고 그것을 글로 풀 줄 아는 사람
- 공자가 떠오르는 멘토 같은 존재
- 삶을 소중히 여기는 사람
- 자신의 것을 아낌없이 주는 사람
- 금손을 가진 아기자기한 사람
- 다른 사람을 진심으로 대하는 사람
- 따뜻함과 단단한 깊이를 지닌 사람

매일 꾸준히 하시는 게 인상적이었고 나도 그렇게 살고 싶다고 생각했죠. 글에서 삶에 대한 진지함과 사람에 대한 따뜻함이 느껴져서 글을 읽을 때 편안해요.

이번에는 무슨 일을 하시고 어떻게 삶을 살아가실지, 어떤 성장을 하고 있을지 궁금합니다. 살아가는 모습으로 말씀하시는 분이라서.

이웃들과 늘 소통하며 따뜻한 나눔을 해 주시는 모습이 가장 큰 매력 포인트예요! :)

이야기를 읽으며 많이 흐느끼고 안아 주는 것 같은 따뜻한 위로를 받았어요. 진짜 나를 알아봐 주는 안전한 공간에서 모두를 인정하고 받아들이는 모습, 그러면서도 나 자산을 아끼는 모습이 글에서 느껴져서 좋아요.

Q. 제 글을 왜 읽으러 오시나요?

보이지 않는 무형의 것이 SNS를 통해서도 전달된다는 게 신기합니다. 그리고 내가 아는 것을 누군가를 위해 나누려고 하는 운영자님의 마음이 느껴집니다. 그래서 어른의 유치원을 다니는 심정으로 카페를 옵니다.

어쩜 이렇게 귀엽고 따뜻한 그림으로 일상을 기록할 수 있을까? 그림일기를 보고 마치 신세계를 발견한 듯한 느낌을 받았답니다. 함께하고 싶어서 다음 모집 날짜를 손꼽아 기다렸어요.

줄리님을 보면 '나만 힘든 게 아니었구나, 나보다 더 힘들었던 언니가 여기에 있구나. 나도 이겨 낼 수 있을 것 같다'는 생각이 들어요. 내 평범함으로도 닿을 수 있을 것 같은 느낌!

늘 새로운 정보가 가득하고 나도 한번 해 보고 싶은 다양한 정보도 있어서 옵니다.

제 카페를 좋아하는 특별한 이유가 있나요?

매일 질문을 나누고 함께 일기를 공유하며 '결'이 비슷하다는 생각을 하곤 했죠. '결'이 비슷한 사람들과 100일 일기를 쓰며 서로의 일상에 많이 공감했어요.

영어 공부인데도 인문학적인 삶이 고스란히 드러나는 하루 글귀가 저를 계속하게 만듭니다.

내가 무엇을 좋아하고 할 수 있는지 온전히 나에게 집중하는 길을 열어 주신 게 바로 줄리님이에요.

'아, 줄리님도 비슷한 경험이 있구나. 하지만 이제는 다 이겨 내고 그 경험으로 다른 사람을 살리고 계시는구나.'라는 생각이 들었어요. 매일 질문에 대한 답을 공유하는데 메이트들의 답이 모두 다르면서도 묘하게 비슷한 점이 참 재밌어요.

참여자 분들이 모두 진심으로 임해서서 마치 가족 같은 느낌을 받아요. 또 모두 추구하는 삶의 방향이 비슷해서 서로 격려해 주면서 시너지 효과가 납니다.

글을 읽으면서 저절로 고개를 끄덕일 때가 많아요. 감정의 높낮이를 글로 잘 표현해 주셔요. 마치 괜찮다고 말해 주시는 것 같아 힐링 돼요.

카페가 쉽게 사라지지 않을 거라는 믿음을 줍니다. 자신의 기분과 상황에 따라서 하루 이틀, 1~2년 하다가 접을 거란 생각이 들지 않아요. 카페 참여자 입장에서는 쉽게 사라지는 곳에 자신의 흔적을 남기고 싶지 않잖아요?

줄리님의 카페는 무지개색을 가진 곳이에요. 왜냐하면 이곳에 와서 사람들이 자신의 색깔을 찾아가니까요.

이 카페는 제가 더
좋은 사람이 되게 만들어요.
각자의 자리에서 행복한
시간을 보내고, 자신만의
신념으로 늘 성장해 나가는 멤버들과
함께 한걸음 한걸음
전진하고 싶어요.

저는 일단 '그림일기'라는
키워드가 가장 끌렸어요.
그림으로 일기를 쓴다는 건 성인이 되고
생각해 본 적이 없었어요.
그리고 다른 사람과 소통하며 일기를
쓴다는 것 또한 흥미로웠습니다.
이렇게 시작한 그림일기가 어느덧
100일째인데, 제가 기대했던 것
이상의 것을 얻고 있어요.

포기하고 싶을 때
희망을 주고
그림과 글을 꾸준히 쓸 수 있도록
이끌어 주셨어요. 또 언젠가는
저도 리더로 성장할 수 있을 거라며
용기를 주시니 늘 이곳을
찾게 돼요.

Q.
카페에서 프로젝트를
함께 참여하는 이유가
무엇인가요?

온라인에서의 관계도 이렇게
진실하고 따뜻할 수 있구나,
진심으로 존중해 주는 것이 가능하구나
를 깨달았어요. 그리고 사람의 마음이
태도와 방향을 결정한다는 것을
느꼈어요. 지식뿐 아니라 마음가짐도
함께 배우니 행운이지요.

리더가 욕심을 보이지 않아요.
프로그램을 통해서
돈을 많이 벌거나 입소문을 내서
많은 사람이 몰리도록 애쓰지 않아요.
카페 분위기가 편안하고
차분해서 사람들이 믿고
참여할 수 있지요.

에필로그

초등학교에 들어간 아들이 일기를 쓰기 시작했다. 왜 매일 일기를 써야 하느냐고 툴툴거리며 묻던 아이가 조금씩 습관을 들이더니 일기장에 돌아오는 선생님의 답장 한 줄을 기다리느라 신이 나서 매일 일기장을 펴곤 했다. 선생님과 대면하지 못하는 일상에서 자신의 이야기에 귀 기울여 주고 선생님의 개인적인 생각을 나만 알게 되었다는 설렘. 아이에게 일기는 그런 비밀을 만들어 주는 공간이었다. 그런데 학부모들의 건의로 일기 숙제가 없어지면서 아이의 일기장도 문을 닫았다. 가끔 아이의 생각도 엿보고, 나중에 어른이 돼서 보면 정말 재미있겠다 싶었던 특별한 글을 더는 볼 수 없게 된 것이다.

일기는 약간 강제적인 환경에서 더 잘 써지는 것 같다. 기록도 마찬가지다. 습관적으로 나의 이야기를 기록할 공간이 생기면 글을 쓰게 되지만 시작하기 전까지는 왜 글을 써야 하는지조차도 명확하게 와닿지 않을 수 있다. 나의 마음을 들여다보고 떠오르는 대로 써 내려간 글들을 통해 내 안의 나를 만날 수 있었다. 아들이 선생님의 답장이 써진 일기장을 보며 신나 하는 것처럼 내가 쓴 글에 달린 댓글이 반갑고 신이 난다. 이렇게 글을 쓰며 고마운 사람도 만나고, 함께하며 응원하는 글 벗이 생겨서 참 좋다.

사람들은 누구나 관계 속에서 살아간다. 좋든 싫든 서로 부대끼며 일상을 나누고 하루를 만들어 간다. 우리가 살아가는 삶의 순간순간은 모두 모험이다. 오늘은 누구에게나 항상 처음이니 말이다. 낯설고 두렵고 새롭고 어색해도 좋은 사람들과 함께 시작하는 오늘은 조금 다르다. 햇볕같이 따스해서 고마운 사람들 곁에 있다 보면 내 마음도 따스해진다. 각자의 자리에서 열심히 걸으며 때로는 누군가의 등을 밀어 주고, 힘들어하는 사람의 손을 잡아 주면서 멈추지 않을 힘을 충전한다.

힘들 때마다 서로 응원하면서 즐겁게 글을 쓸 수 있도록 함께 해 준 두 분의 작가님과 다섯 분의 공저 메이트님들께 감사드린다. 번거로운 일에 앞장서 주시고, 다독여 주신 덕분에 이렇게 행복한 마무리를 한다. 끝은 또 다른 시작이다. 우리는 앞으로도 멈추지 않고 서로를 응원하며 좋은 글 벗으로 평생 함께할 것이다.

온종일 책상에서 시간을 보내는 엄마를 격려해 주고 이해해 준 우리 멋진 아들 준이와 바쁘다고 집안일을 모른 척하던 아내를 이해해 준 남편에게도 감사한 마음을 전하고 싶다. 무엇보다 이 글을 쓰며 고민하던 나에게 달려와 진심 어린 댓글로 응원해 준 이웃분들께 말로 다 표현 못 할 만큼의 고마움을 건네 본다.

아이가 성장하면서 조금씩 잊고 살던 나를 찾고 싶은 엄마들이 있다. 나도 그중에 한 명이다. 그런 엄마들에게 따스한 손을 내미는 사람이 되고 싶다. 그리고 나처럼 또 다른 누군가를 돕는 사람이 될 수 있도록 그들의 시작을 돕고 싶다. 처음 나를 사랑하기로 했던 그 날이 마법 같은 일상을 가져다주었듯, 많은 사람이 그 마법을 경험할 수 있길 바란다. 여러분도 할 수 있다.

> 자기 자신의 마음을 다 드러내는 태도와 자기 자신을 미루어서 다른 사람을 대하는 태도는 도에서 멀리 떨어져 있지 않다. 자신에게 베풀어지기를 바라지 않는 것을 또한 다른 사람들에게 베풀지 말라.
>
> - 《중용》제13장 3절 중에서

Part 5

구독자 500명 유튜버의 수익화 노하우

허지영
허지영 TV

#채널멀티유즈
#크리에이터

구독자 500명 유튜버의 수익화 노하우

사용 툴 ✿ 유튜브, 키네마스터, 멸치, 인스타그램

허지영(허지영TV)

전업주부 13년 차, 내가 잘하는 것은 무엇일까?

▍힘든 유학 생활, 사라진 나의 목표

나는 10년 동안 성악을 공부한 음악대학 학생이었다. 세계적인 성악가 홍혜경님과 세종문화회관에서 함께 무대에 서는 영광스러운 순간도 있었다. 수업이 끝나고 항상 밤 늦게까지 연습실에 남아 악보를 외우고 부족한 부분을 연습하면서 세계를 누비고 화려한 무대에서 청중들의 갈채를 받는 미래를 꿈꿨었다.

대학원 재학 중 오랫동안 가슴에 품었던 꿈을 이루고 싶어 유학을 준비했다. 그리고 2005년 겨울, 비행기에 오르며 나의 유학 생활이 시작되었다. 외국에 나가 혼자 생활한다는 것만으로도 가슴이 설레, 부푼 마음을 안고 한국을 떠났다. 한국을 떠나 온 아쉬움 마음보단 독립해서 자유롭게 생활할 수 있다는 셀렘이 훨씬 크게 느껴졌다. 하지만 얼마 지나지 않아  일상생활 속에서 나에게 주어진 무한한 선택의 자유와 책임의 무게가 나를 점점 압박해 왔다. 그리고 자유로운 만큼 외로움도 컸다.

[성악가 홍혜경]

[2003년 무대에 선 모습]

　외국에서 3개월만 공부하면 영어 실력이 금방 늘어 바로 학교 입학이 가능할 줄 알았지만 영어는 쉽게 늘지 않았다. 게다가 타지에 있다 보니 혼자서 밥 차려 먹기가 싫어 굶는 날이 늘어났다. 엎친 데 덮친 격으로 집을 잘못 구해, 자는 내내 한기가 들어왔다. 밤새 오돌오돌 떨면서 잠을 청해야 했고, 몸과 얼굴에는 알 수 없는 두드러기까지 올라왔다. 얼굴이 따끔거려 공부도 노래도 집중할 수가 없었다. 한국으로 돌아갈까 말까를 고민하던 한두 달 사이 몸은 더 안 좋아졌다.

　인생에서 그렇게 힘든 시기는 없었던 것 같다. 머릿속은 나에 대한 불신과 부정적인 생각들로 가득 찼고 어느샌가 위장 질환, 피부 트러블, 바닥까지 떨어진 체력을 가진 내 모습과 마주하게 되었다. 대인기피증도 생기고 우울한 나날을 보내다가 결국은 1년 만에 한국으로 돌아왔다. 몸 상태가 너무 나빠져 그토록 하고 싶었던 노래를 할 수 없게 됐고, 그렇게 십여 년을 바라보던 목표가 한 순간에 사라졌다.

▎현모양처였던 나의 꿈

　너무나도 힘든 시간이었지만 나를 객관적으로 바라볼 수 있었던 기회였다. 그리고 그 힘들었던 시기에 옆에서 나를 지켜 준 남편을 만났다. 남편과 결혼하고 우리 가정에 사랑하는 아이들도 생겼다. 나의 우선순위는 자연스레 남편과 아이가 되었다. 엄마가 되어 아이를 키우는 것은 처음 해 보는 일이었다. 나는 아이들에게 좋은 엄마가 되고 싶었다. 잘 해내고 싶은 생각에 두려운 마음과 걱정이 앞섰지만 육아책과 자녀 교육서를 읽으며 좋은 엄마가 되기 위해 노력했다. 그렇게 훌륭한 아이로 키우리라 다짐을 했건만 어려움은 더해 갔다. 모든 것을 아이들에게 맞추며 살았음에도 아이가 떼쓰며 우는 날에는 죄책감과 좌절감에 '나는 못난 엄마인가?'라고 생각하며 자꾸만 움츠러들었다.

아이의 자존감이 중요하다는 구절을 읽고 '자존감? 그게 뭐지? 그토록 중요하면 우리 아이들도 꼭 있어야지'라며 자존감을 찾아 헤맨 날이 있었다. 또 아이들에게 칭찬을 많이 하라는 부분을 읽고 아이들과 눈만 마주쳐도 칭찬을 했다. 많은 칭찬이 오히려 독이 될 수 있다는 구절을 보고는 아이들에게 규율을 정해 엄하게 대했다. 그러자 아이들의 얼굴에서 웃음이 사라졌다. 아… 대체 아이의 자존감은 어디서 찾아야 할까? 고민하고 걱정하며 자존감을 찾아 헤맸던 초보 엄마 시절도 있었다.

10년을 오직 아이들의 엄마로만 살았다. 힘들었지만, 다른 한편으로는 후회 없이 최선을 다해 살았던 시간이기도 했다. 보석 같은 내 아이들과 함께하는 매 순간이 소중했고 값졌다. 이제 와서 고백하자면, 지금까지는 아이들이 내가 원하는 이상으로 잘 자라 주었다. 그래서 아이를 위해 노력했던 나의 삶을 후회하지 않는다. 다만, 마음속 깊은 곳에는 내 존재를 인정받고 엄마가 아닌 허지영이라는 사람이 주인공인 삶도 살아 보고 싶다는 생각도 들었다.

하지만 하고 싶은 일을 하는 용기를 내는 것도 쉽지 않았다. 약해진 체력 때문에 나의 꿈을 꾸는 것은 사치라고 생각했다. 클래식 음악이 라디오에서 나올 때면 좌절된 꿈이 머릿속에서 교차됐다. 그럴 때마다 라디오를 껐고, 외국에서 활동하는 동기들의 SNS를 본 날에는 잠까지 설쳤다. 노래 연습이라도 하는 날이면 몇 날 며칠을 몸이 아파서 움직일 수가 없었다. 아이들을 재운 밤, 혼자 컴퓨터 앞에 멍하니 앉아 모니터를 바라보며 혼자 읊조렸다. '나는 지금 뭐 하고 있지? 이게 내가 원했던 삶인가?' 앞으로 내가 주인공인 삶은 없겠다는 생각에 먹먹해진 밤을 보냈다.

[합창단]

그러던 어느 날, 작은아이가 6살 정도 되었을 때 레슨을 해 주셨던 교수님이 청주시립합창단 비상임 단원 오디션에 나가 보라고 추천해 주셨다. 내 파트는 메조소프라노인데, 메조소프라노 인원이 부족해 3개월 정도 정기연주회 자리를 채워 줄 인원이 필요하다고 했다. 정규단원도 아니고 오전 10시부터 오후 3시면 아이들이 어린이집에 있는 시간이라, 전업주부인 나에게 좋은 기회라는 생각이 들었다. 10년 동안 집에만 있다가 합창단에서 연주할 생각을 하니 걱정도 됐지만, 용기 내어 도전해 보기로 했다.

합창단에 들어가서 보니 내 대학 선후배들이 정규단원으로 있었다. 그들을 보며 '시간의 축'이란 걸 생각해 보게 되었다. 나와 비슷한 시기에 대학 졸업을 하고 합창단에 들어갔을 텐데 10년이란 시간 동안 그들의 음악은 나무가 가지를 치듯 계속 발전하고 있었고 나는 10년 전에 그대로 머물러 있었다. 그들과 나의 시간의 농도가 다르다고 생각했다. 다행인지 불행인지 잠깐의 합창단 생활이 끝나고 성대에 혹이 생겨 두 번 다시는 노래를 할 수 없게 되었다. 전업주부로 산 10년 동안 성악에 대한 미련만 품고 살았는데 이젠 정말 미련 없이 음악을 내려놓을 수 있었다.

▌블로그와 함께 연 인생 제2막

우연한 기회에 블로그를 알려 준다는 강의 공지를 봤다. 남편의 사업을 도와주고 싶어 블로그를 배우고 싶었고 네이버에서 상위노출이 되는 기술적인 노하우를 빨리 알고 싶었다. 그래서 시작한 강의였는데, 내 기대와는 다르게 블로그 수업의 첫 번째 숙제는 '당신이 잘하는 걸 써 보세요'였다. 나는 고민에 빠졌다. 내가 잘하는 것이 무엇일까? 질문을 받는 순간 막막함과 동시에 '내가 잘하는 것이 있나?'라는 생각이 들었다. 결혼하고 집에서 10년 동안 아이들만 키웠는데. 내가 똥 쌀 때마저 울어 대는 두 놈 때문에 둘 다 안고 싸야 하는 정신없는 마당에, 내가 잘하는 것을 고민하려니 도저히 떠오르지 않았다. 결국 나는 "가정주부라 아이들만 키웠습니다. 집에서 살림만 해서 잘하는 게 딱히 생각나지 않습니다"라고 적었다.

그런데 막상 그렇게 적고 나니, 진짜 궁금해졌다. "나는 정말로 잘하는 게 없을까?" 오랜 시간 아이들과 함께 지내다 보니 과거에 내가 무엇을 잘했고 어떤 꿈이 있었는지, 친구들과 어울리며 어떤 대화를 했었는지 생각나지 않았다. 나는 끼가 넘치고 활발한 음대생 친구들 사이에서 늘 유쾌하고 큰 목소리로 분위기도 잘 띄우는 사람이었다. 결과야 어떻든 뭐든지 열정적인 나였다. 그런데도 내가 잘하는 것을 찾는 게 이렇게 어려운 일인지 몰랐다.

하지만 블로그에 일상을 적기 시작하면서 달라졌다. 블로그에 글을 쓰면서 팍팍했던 내 인생이 긍정적으로 느껴지기 시작했다. 힘들게만 느껴졌던 육아 전쟁에서 다른 긍정적인 감정도 발견했고, 길었던 육아 터널을 잘 지나왔다는 생각도 들었다. 사소한 것들이 나의 콘텐츠가 되었다. 내 생각과 생활을 드러내고 이웃들과 소통하는 행복이 생겼다. 오프라인과는 또 다른 온라인 인간관계가 매우 즐거웠다. 살면서 그토록 인정과 칭찬을 받아 본 적이 없었는데 자기계발을 함께하는 블로그 이웃들의 격려와 칭찬 덕분에 가득했던 두려움을 깨고 하나하나 도전을 시작해 나갔다. 남편에게 도움이 되고 싶어 수강한 블로그 강의가 내 삶의 방향성을 조금씩 바꾸기 시작했다.

▍개인 브랜딩을 하고 싶다면 블로그를 운영해 보자

블로그를 꾸준히 운영하면 개인 브랜딩에 도움이 된다. 따라서 사업을 하거나 개인 브랜딩으로 성장하고 싶은 사람들에게 블로그를 추천한다. 블로그를 꾸준히 운영하면 나를 찾는 사람들에게 좋은 평가를 받는다. 또 블로그에 쌓이는 글은 개인의 포트폴리오가 된다. 꾸준히 글을 쓰다 보면 글쓰기 실력이 향상되기도 하고 블로그의 글을 다듬고 정리하여 출판할 수도 있다.

하지만 블로그는 단기간에 효과를 기대하긴 어렵다. 진정성 있는 글을 쓰는 블로거를 만나면 그 사람의 팬이 되고 성장 과정을 지켜보게 되는 것처럼 긴 호흡을 가져야 한다. 꾸준히 소통하고 진정성 있는 정보를 함께 공유해야 자연스럽게 나의 일까지 홍보할 수 있다. 내게 'SNS 채널 중에 무엇부터 시작할까요?'라는 질문을 던진다면 블로그는 무조건 하라고 말하고 싶다. 전업주부인 나도 포기하지 않고 계속 확장해 나갈 수 있었던 플랫폼이기 때문이다. 이웃들과 소통하는 것이 즐거웠고 함께 일상을 나누는 것이 좋았다. 나만의 콘텐츠와 일상을 적으면서 많은 이웃과 끊임없이 소통하는 노력을 이어 간다면 목표하는 바를 이룰 수 있는 플랫폼이다.

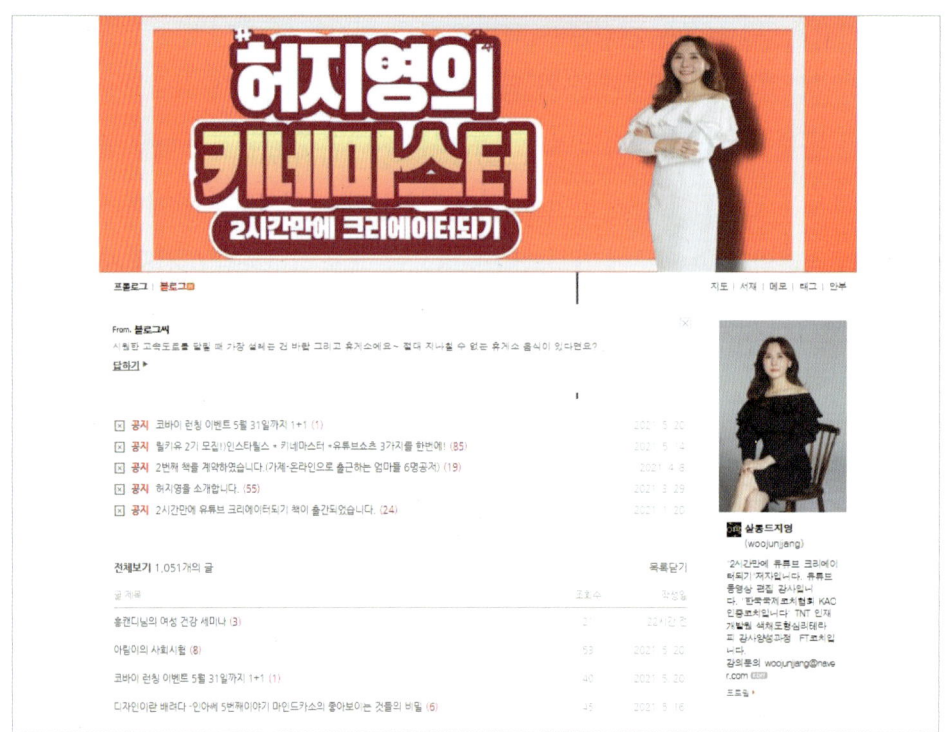

[나의 블로그]

블로그는 온라인상에서 나를 드러내는 제2의 명함이다. 따라서 내 콘텐츠 방향성을 잡았다면 블로그에 콘텐츠를 명확하게 드러내는 것이 좋다.

> "대한민국 사람들의 80%가 아직도 네이버 검색을 통해 정보를 찾는다. 블로그는 오랫동안 사랑받고 있는 채널이기 때문에 상위노출 로직이나 운영에 대한 정보를 마음만 먹으면 쉽게 얻을 수 있다. SNS 채널은 어떤 것도 상관없지만 본인이 하고자 하는 콘텐츠와 어울리는 채널을 선택해야 한다. 보통은 네이버 블로그를 기본으로 운영하면서 유튜브 또는 인스타그램을 추가로 운영한다. 아무리 유튜브가 대세라고 하지만 아직 네이버 검색 비중이 80% 이상을 차지하고 있기 때문에 네이버 블로그는 꼭 운영하길 바란다."
>
> - 윤소영, 《사이드 잡으로 월급만큼 돈 버는 법》, 더블엔, 2020년

온라인으로 출근합니다

"He can do, She can do, Why not me?"
(그도 하고, 그녀도 하는데 나라고 왜 못하겠어)

이 문장을 보면 어떤 생각이 드는가?

10년 전쯤 어느 날 텔레비전을 틀었는데, 작은 키에 태권도복을 입은 노란 머리의 한국인 여자가 보였다. 그녀는 미국에서도 부자들만 산다는 비버리 힐스 별장 앞에서 태권도 시범을 보이며 "He can do, She can do, Why not me?"라는 구호를 큰소리로 외치고 있었다. 나중에 안 사실인데 그녀는 미국에서 '실리콘 밸리의 작은 거인'이라 불리며 세계를 대표하는 여성 지도자로 큰 사업을 성공시킨 김태연 회장이었다. 키가 150센티미터도 채 안 되는 여자가 태권도복을 입고 앞차기 뒤차기를 하며 "He can do, She can do, Why not me?"를 외치는 모습은 신선함을 넘어 충격적이었다.

[김태연 회장]

"누구나 할 수 있다고? 그도 할 수 있고 그녀도 할 수 있겠지만 나는 못할 것 같은데"라는 생각이 먼저 들었다. 아이들도 아직 어렸고 내 꿈을 생각하는 것은 사치 같았다. 내 꿈보다는 아이들의 꿈이 먼저라고 생각하던 때였다.

하지만 블로그를 시작하면서 나의 생각은 조금씩 변하기 시작했다. 특별하고 화려했던 날만을 기록하는 것이 아니라 아이들과 나누었던 사소한 대화와 따뜻했던 햇살을 기록했다. 그렇게 쌓인 하루하루는 꽤 괜찮은 삶이었고 그것에 만족해하는 내 모습을 발견했다.

블로그 이웃 중에는 강사로 이름을 널리 알린 사람도 있고 출판을 한 작가도 있었다. 일면식도 없고 잘 알지도 못하는 사람들이지만 막연히 부러운 마음이 들었다. 나도 잘하는 일이 있으면 좋겠다, 누군가에게 도움이 되는 콘텐츠를 글이나 강의로 알려 주고 싶다는 생각을 했지만 그저 까마득해 보일 뿐이었다.

유튜브를 시작하다

어느 날 블로그 이웃을 통해 유튜브 강의 공지를 봤다. 동영상 편집은 오래전부터 배워 보고 싶은 것이었다. 그 강의는 핸드폰 앱으로 영상 편집하는 법을 알려 주는 수업이었는데, 기계치인 나도 할 수 있을 것 같아 덜컥 신청했다. 한 달 동안 동영상 편집 방법을 배우고 유튜브 콘텐츠를 찍어서 올려야 했다. 사실 유튜브 수업을 신청한 이유 역시 남편의 사업을 위한 한의원 콘텐츠 때문이었다. 하지만 남편은 영상을 찍는 게 부담스러웠는지 못한다고 선을 그었고 갑작스레 콘텐츠가 없어진 나는 혼란스러웠다.

"그럼 무슨 콘텐츠로 동영상을 만들지?"

그날부터 발등에 불이 떨어져서 나만의 동영상 콘텐츠를 찾았지만 좋아하는 것이나 잘하는 것을 떠올려 봐도 '이게 어떻게 콘텐츠가 돼?'라는 생각이 들었다. 성악을 전공했으니 반주에 목소리를 넣어 노래하는 음악 동영상 콘텐츠를 만들어 보고 싶어 노래를 불러 녹음했다. 하지만 노래를 녹음하는 일도 쉬운 일이 아니었다.

노래를 듣고, 반주를 찾아 가사를 붙였다. 그리고 노래 부르는 것을 녹음하고, 녹음이 잘못된 부분을 편집까지 하니 한 곡을 완성하는 데 10시간이 넘게 걸렸다. 온종일 노래를 부르며 10시간의 작업을 마치고 나면 기운이 다 빠져 버렸다.

나는 아들에게 위로받고 싶어 아들이 책을 읽고 있는 방으로 들어갔다.

"엄마 유튜브 찍어야 하는데, 엄마는 왜 콘텐츠가 없을까? 엄마는 잘하는 게 뭘까?"

책을 보느라 엄마에게는 관심도 없는 아들 옆에서 혼자 하소연을 했다. 그때 갑자기 번뜩 아이디어가 떠올랐다.

'평소에 아이들과 함께 집에서 허튼 짓 하며 노는 것을 영상으로 담아 보자!'

나는 미친 사람처럼 노래를 부르고, 또 과장해서 연기를 가르치는데 아들은 옆에서 무표정으로 따라 했다. 이런 나의 모습을 사람들에게 보여 주면 "애 엄마가 너무 방정맞은 거 아니야?"라는 말을 들을까 봐 숨겨 둔 나의 일면이었다. 영상을 찍고 배웠던 편집 기술을 적용해 영상을 만들어 유튜브 단체 방에 공유했다.

[처음 만든 나의 유튜브 영상]

아들과 <발리에서 생긴 일>을 패러디하며 주먹을 손에 넣고 우는 연기를 했다. 사진만 봐도 재미있다.

이때까지만 해도 '이런 말도 안 되는 영상이 무슨 콘텐츠가 되겠어?'라고 생각했는데 내 생각과는 다르게 재미있다며 더 올려 달라는 요청이 쇄도했다. 그다음부터는 '이 구역의 미친X은 나야!'라는 생각으로 사람들에게 웃음을 주는 영상을 만들어 올렸다. 내 진짜 모습이 처음으로 인정받는 순간이었다. 그렇게 인정받고 나니, 영상을 찍고 편집하는 내내 즐겁고 행복했다.

[첫 유튜브 채널아트]

[두 번째 채널아트]

[최근 유튜브 채널아트]

나의 유튜브 채널아트(허지영 TV)에는 내 성장 과정이 담겨 있다.

동영상 편집 강의에 도전하다

유튜브 콘텐츠를 올리기 시작하자 블로그 이웃들로부터 동영상 편집을 알려 줄 수 있냐는 문의를 받았다. 처음에는 만나서 설명을 해 주거나 댓글로 설명을 하기도 했다. 어느 날 친한 블로그 이웃에게 "우리 아들이 유튜브 편집을 배우고 싶다는데 가르쳐 줄 수 있나요?"라는 요청을 받았다.

나도 키네마스터(Kinemaster) 편집을 배우기 전에는 동영상 편집이 어렵고 힘들 것 같아서 포기했었다. 하지만 '키네마스터'라는 애플리케이션을 사용해 쉽고 간단하게 동영상 편집을 하면서부터는 다른 사람에게도 쉽게 동영상 편집을 알려 줄 수 있겠다는 생각이 들었다. 게다가 나는 10년 차 전업주부이지 않은가! 아이들을 가르치는 건 전혀 두렵지 않았다. 먼저 아이들과 함께 하는 프로그램을 만들려면 프로그램명을 지어야 했는데 '엄마와 아이의 동영상 만들기', '엄마와 함께하는 키네마스터 편집' 등 여러 가지 이름을 생각해 봤다. 하지만 매력적인 프로그램 이름을 짓는 게 쉽지 않았다. 그때 블로그 이웃이었던 해피스완님으로부터 메시지가 도착했다.

"'맘 앤 키즈 크리에이터' 어때요?"

그렇게 '맘 앤 키즈 크리에이터'라는 멋진 프로그램명까지 정하니 더욱 설렜다. 그다음엔 멋진 프로그램 이름만큼이나 매력적인 프로그램 홍보 글을 작성해야 했다. 하지만 홍보 글을 작성해 본 적이 없어 어떻게 시작해야 하고 어떤 문구를 넣어야 할지 너무 막막했다. 그래서 찾은 방법은 이미 블로그로 강의 중인 강사님들의 자료를 참고하는 것이었고, 그렇게 내 블로그에 적용해야 할 부분을 찾아 적용했다. 처음으로 프로그램 대표 이미지도 만들었다. 지금 보면 정말 촌스럽지만, 그때는 '내가 이런 이미지를 만들었다니!'라며 굉장한 자부심을 가졌었다.

[처음 만든 강의 이미지]

[최근에 만든 강의 PPT]

▎첫 강의 도전

무식하면 용감하다고, 일단 시작하니 또 다른 길이 보였다. 수강료를 얼마나 받아야 할지 다른 강사 블로그에 가서 비교해 본 뒤 첫 강의 할인, 블로그 공유 할인 가격을 정했다. 글을 수십 번 확인하고 블로그 발행 버튼을 눌렀다. 발행 버튼을 누르고 나니 수많은 생각이 스쳐 지나갔다. 아무도 신청 안 하면 어떡하지? 정말 긴장되고 떨리는 순간이었다. 하지만 다행히 블로그 이웃들의 공유와 응원을 받아 첫 강의 수강인원 20명을 하루 만에 마감할 수 있었다. 첫 강의 전날은 알람을 잘못 맞춰 놔서 늦잠을 자는 바람에 강의장에 도착하지 못하는 악몽에 시달렸다. 그렇게 10년 동안 실패가 두려워 도전하지 못했던 전업주부가 첫 도전을 시작했다. 포기하고 싶은 순간도 많았지만 묵묵히 함께하고 응원하는 블로그 이웃들 덕분에 다시 시작하고 또다시 시작했다. 그렇게 2년이 지난 지금, 이 강의를 13기까지 운영하고 있다.

구독자 500명 유튜버의 수익화 노하우

유튜브 수익화를 하려면 1년 동안 구독자가 1,000명 이상, 시청 시간은 4,000시간이 넘어야 한다. 그리고 영상과 광고 시청 시간에 따라 매달 수익이 달라진다.

구독자 1,000명과 시청 시간 4,000시간은 쉽지 않은 미션이다. 물론, 콘텐츠가 풍부한 유튜버는 구독자가 쉽게 늘어난다. 하지만 나처럼 평범한 일반인은 구독자와 시청 시간을 늘리는 것이 쉬운 일은 아니다. 그렇다면 나는 어떻게 구독자 '500명'만으로도 수익화를 할 수 있었을까?

결론부터 말하자면, 나는 유튜브 구독자 수나 시청 시간, 즉 유튜브 콘텐츠 자체로 수익을 낸 것이 아니다. 동영상 편집 강의를 진행하며 강의료로 수익을 창출한다. 또한 《세상에서 가장 쉬운 영상 편집 2시간 만에 유튜브 크리에이터 되기》를 출간하여 책의 저작권료를 받고 있다. 책 출간 이후 외부 강의 요청도 눈에 띄게 많아졌고, 대기업, 공기업, 교육청, 학교 등에서 유튜브 제작과 편집에 관한 강의를 하고 있다.

나의 온라인 활동의 시작은 블로그였는데, 비슷한 관심사를 가진 이웃과 댓글로 소통하는 시간이 즐거웠다. 그렇게 블로그를 지속하면서 우연한 기회로 유튜브도 시작하게 되었다. 물론 처음부터 수익화나 어떤 거창한 목표가 있었던 것은 아니다. 나는 그저 내가 만든 영상이 재미있었다. 내 영상을 몇십 번 돌려 보고 깔깔거리며 웃었다. 그렇게 즐기면서 영상을 편집하다 보니 저절로 편집 스킬이 늘었다.

그러던 어느 날, 블로그 이웃 분이 영상 편집 프로그램인 '키네마스터'를 알려 줄 수 있냐고 물어보았다. 이 요청을 계기로 핸드폰으로 동영상 편집하는 방법을 알려 주는 온라인 프로그램을 진행하는 '작은 시작'을 할 수 있었다. 강의를 진행하다 보면 수강생들의 다양한 질문이 올라온다. 질문에 대한 답변을 블로그와 유튜브에 올렸다. 이런 자료가 쌓이다 보니 블로그, 인스타그램, 메일을 통한 강의 요청이 꾸준히 늘어 현재는 오프라인 강의도 진행하고 있다.

> **Tip 온라인 프로그램 운영 방법**
>
> '온라인 프로그램'이란 블로그를 통해 수강생을 모집하는 행위를 말한다. 블로그에 강의 모집글을 작성하면 참여하고 싶은 사람들이 댓글을 남긴다. 참여 댓글을 남긴 사람들을 단체 카톡방으로 초대한다. 이후 온라인 수업 진행에 관한 사항은 단체 카톡방을 통해 공지한다.

[네이버 블로그 강의 모집 글 예시]

'2시간 만에 유튜브 크리에이터 되기' 프로그램 예시

프로그램명	'맘앤키즈 크리에이터', '2시간 만에 유튜브 크리에이터 되기', '유튜브 인플루언서', '릴키유(인스타그램 릴스, 키네마스터, 유튜브 쇼츠)'
참여 자격	유튜브를 운영하고 싶은 분 또는 영상을 만들고 싶은 분
강의 운영 방법	화상 수업(강의 후 수강생들이 질문을 카톡방, 카페에 남기면 강사가 피드백을 준다.)
강의 시간	2~4주 동안 2시간 수업으로 진행(수강생이 프로그램을 충분히 숙지하는 시간을 고려해 강사가 시간을 정한다.)
미션	영상에 자막 넣기, 자막에 윤곽선 삽입, 사진 속 사진 삽입 등 몇 가지 미션을 수행하면 보증금 환급

[온라인 강의 모집 커리큘럼]

온라인 강의의 장점

❶ 무자본으로 시작할 수 있다.

대부분의 창업은 큰 자본이 필요하다. 작게 시작한다고 하더라도 사무실 보증금, 인테리어 등의 필수 비용이 발생할 수밖에 없다. 하지만 온라인 강의는 큰 자본 없이도 시작할 수 있다. 나의 경우 블로그 온라인 강의를 먼저 시작했다. 블로그의 공유 기능을 통해 이웃들이 내 글을 다른 곳에 공유해 주면 내 강의를 좀 더 많은 사람들에게 알릴 수 있다.

단, 블로그 이웃이 100명 이하라면 강의를 만들기보다 이웃을 늘리기 위해 소통하고 공감하는 시간, 블로그에 나의 이야기를 담아 내는 시간을 더 많이 확보하고 이것에 집중하는 것이 좋다. 블로그 이웃과 꾸준히 소통한다면 프로그램을 운영할 때도 큰 도움이 될 것이다.

[강의 모집 섬네일]

❷ 시간과 장소에 제약이 없다

지금은 키네마스터 강사와 작가라는 직업이 생겼지만 나는 13년 동안 전업주부였다. 지금도 우리 가족의 일상을 챙기는 것과 집안일은 나에게 가장 중요한 일이다. 아이들이 등원하고 나서 또는 아이들이 잠자는 시간을 활용해 업무할 수 있는 온라인 프로그램은 인터넷만 연결이 된다면 어디서든 가능하다. 사실 전업주부가 된 이유도 시간과 장소의 한계를 뛰어넘는 직장을 구하지 못해서였던 것 같다. 하지만 온라인 프로그램은 수업도 줌(ZOOM)으로 진행되고 수강생들의 질문에 대한 답변도 영상으로 만들어 보낼 수 있다. 사무실에 나가지 않아도 집에서 아이들과 활동하면서 이 모든 것이 가능하며, 아이들이 잠든 시간에 강의를 진행할 수 있다는 장점도 있다.

['2시간 만에 유튜브 크리에이터 되기' 화상 강의]

❸ 블로그 기록이 곧 나의 명함이다(채널 멀티유즈가 되자)

나는 2년째 '2시간 만에 유튜브 크리에이터 되기', '유튜브 인플루언서', 요즘 유행하는 숏폼 콘텐츠 마케팅 '릴키유(인스타그램 릴스, 키네마스터, 유튜브 쇼츠)'를 주제로 하는 온라인 강의를 운영 중이다. 프로그램 모집 공고가 나오면 블로그, 인스타그램, 유튜브에 업로드한다. 처음에는 단순히 온라인 수강생 모객 홍보를 위해 올렸었는데,

여러 기관에서도 이 정보를 보고 강의 요청이 들어왔다. 인스타그램 DM, 블로그, 책에 적어 둔 이메일을 통해 강의 의뢰가 들어온다. 온라인의 기록들이 나를 나타내는 빅데이터가 되었다. 누군가 나를 찾아왔을 때 블로그나 인스타그램에 쌓아 둔 기록은 나의 명함이자 나만의 포트폴리오가 된다. 처음에는 나를 드러내는 것이 어색하겠지만 블로그나 인스타그램의 기록이 가져다주는 다양한 기회를 꼭 잡기를 바란다.

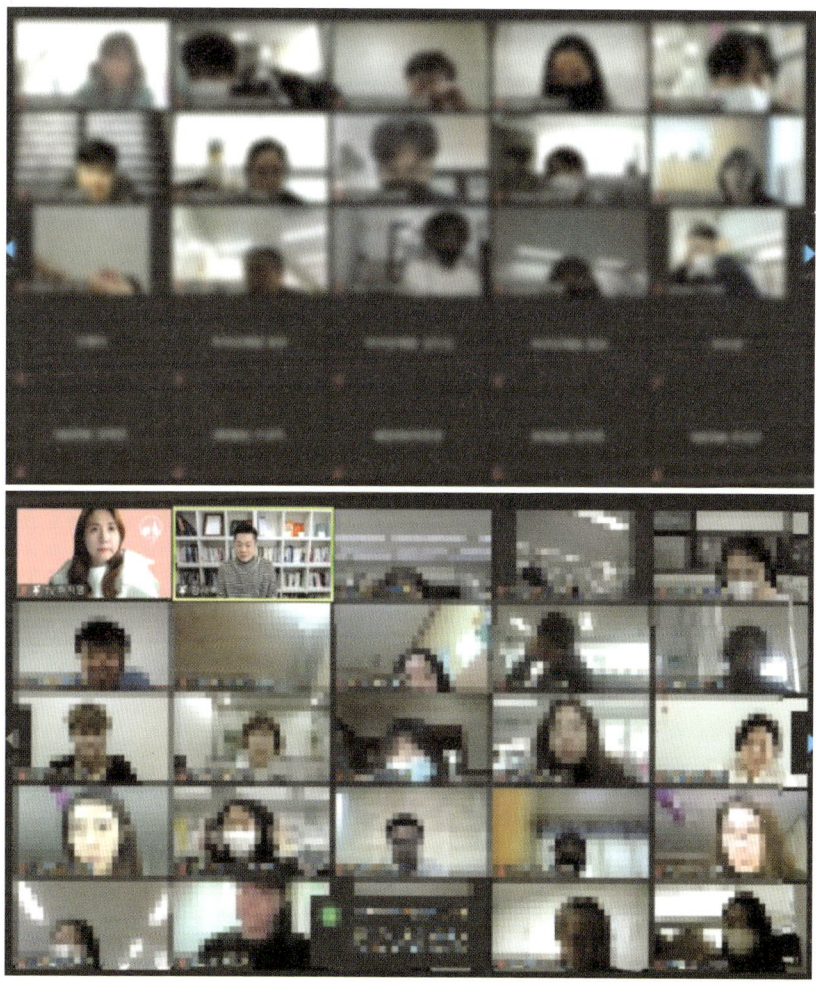

[현대해상 '비대면 시대 동영상으로 나를 마케팅 하는 방법' 강의]

[한국식공간학회 '푸드 스타일링 영상으로 만들기' 강의]

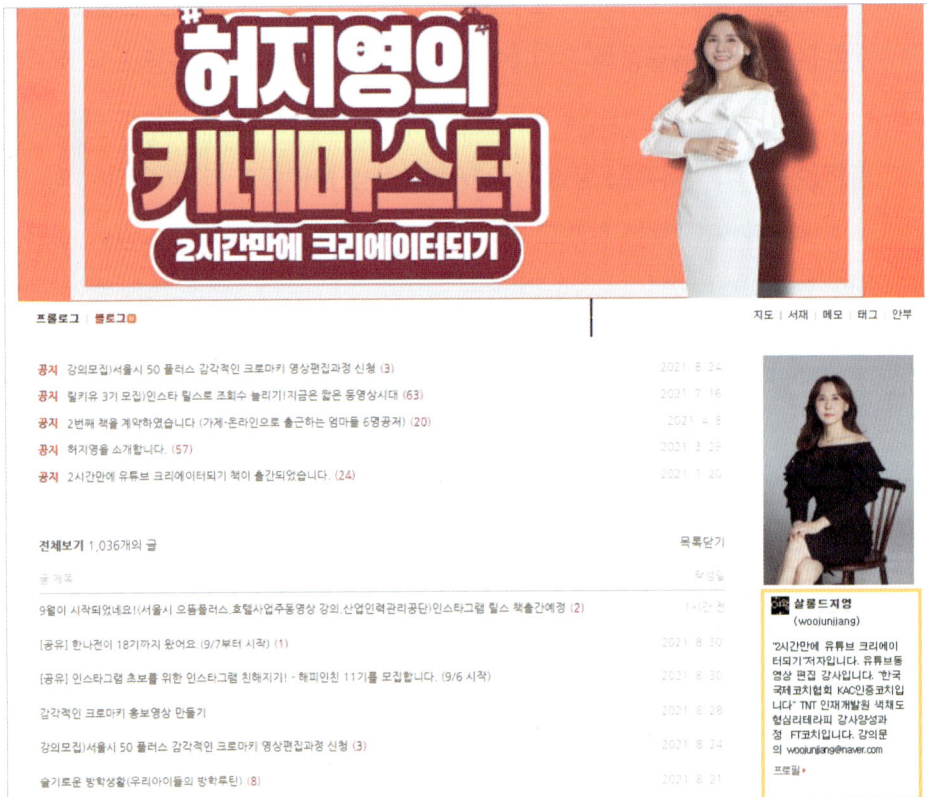

[나를 드러내는 블로그 소개글]

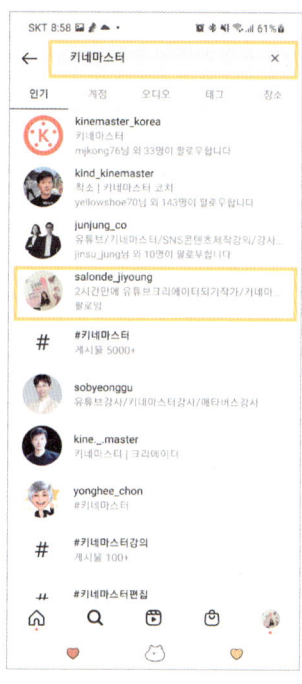

[인스타그램에서 '키네마스터' 또는 '키네마스터 강사'를 검색하면 내 인스타그램이 나타나도록 설정한 해시태그]

[인스타그램에서 '키네마스터 강사 허지영'을 검색하면 볼 수 있는 강의 후기]

[《세상에서 가장 쉬운 영상 편집 2시간 만에 유튜브 크리에이터 되기》 책 날개에 저자와 소통할 수 있는 채널 기재]

스마트폰으로 유튜브 시작하기

초보자는 유튜브 영상을 촬영할 때 스마트폰 하나면 충분하다. 최근 스마트폰은 과거에 비해 영상 기능이 대폭 강화되어 이제는 웬만한 카메라에 뒤지지 않는다. 심지어 스마트폰으로 영화와 광고까지 제작하기도 한다. 스마트폰에는 셀프 카메라와 내장 마이크 등의 기능이 기본적으로 포함되어 있어 추가 장비의 필요성을 줄여 준다. 게다가 사용법도 무척 쉽고 접근성이 좋아, 초보자에게 딱 맞는 장비다.

1. 영상 제작에 필요한 준비물 갖추기

❶ 스마트폰

영상이 길어지거나 편집 양이 많아지면 눈의 피로를 줄이기 위해 태블릿 PC나 컴퓨터에 미러링하여 편집할 수도 있지만, 영상 제작이 처음이라면 스마트폰 하나로도 충분하다. 단, 스마트폰 메모리의 저장 공간을 여유 있게 확보해야 한다. 스마트폰의 기본 저장 공간이 너무 작을 때는 별도의 메모리카드를 활용하거나 클라우드에 파일을 백업하는 것을 추천한다.

❷ 영상 편집 앱

　더욱 정교하고 폭넓은 영상 편집을 위해 다양한 앱을 활용하는 것을 추천한다. 이 책에서는 스마트폰으로 영상 편집을 처음 시작하는 사람을 위해 사용법이 쉽고 무료로 사용할 수 있는 키네마스터 앱과 멸치 앱으로 동영상을 편집할 계획이다. 이는 실제로 1인 미디어 유튜버들이 가장 많이 사용하는 스마트폰 영상 편집 프로그램이다. 아이폰 사용자는 '앱 스토어', 안드로이드폰 사용자는 '플레이 스토어'를 통해 앱을 다운로드하길 바란다.

[앱 스토어]

[플레이 스토어]

[키네마스터 앱]

[멸치 앱]

앱 아이콘	운영체제		앱 정보
	안드로이드	아이폰	
m	멸치 영상 제작, 영상 편집, 사진 편집, 기념일/행사 영상 만들기	멸치 동영상 제작&포토에디터	▪ 가격: 무료 ▪ 특징: 광고나 유튜브 오프닝 등 영상미 있는 영상을 사용할 수 있어서 사진과 문구만 변경하면 초보자도 멋진 영상 제작 가능
K	키네마스터 (KineMaster) 동영상 편집, 자막, 브이로그 편집기	키네마스터 (KineMaster) 동영상 편집	▪ 가격: 무료/유료(워터마크 제거, 다양한 효과의 프리미엄 콘텐츠 제공) ▪ 특징 - 키네마스터 프로젝트 기능이 추가되어 사진과 문구 변경만으로 쉽게영상 제작 가능 - 영상 편집이 처음인 사람도 쉽게 편집할 수 있는 직관적인 인터페이스, 안드로이드, 크롬 OS, 아이폰 및 아이패드에서 모두 이용 가능 - 사진, 영상, 음악, 자막, 녹음, 효과 등 다양한 편집 가능 - 무료 버전만으로도 충분히 활용 가능, 크로마키 세부 볼륨 조절 등 심화된 기능도 구현 가능 - 키네마스터에서 제공되는 음악은 저작권 상관없이 사용 가능 - 스마트폰으로 영상을 촬영한 다음 유튜브에 업로드하는 모든 과정을 원스톱으로 처리 가능

❸ **스마트폰 전용 삼각대**

흔들리는 영상은 시청하기 힘들다. 따라서 스마트폰으로 흔들림 없이 안정적으로 사진 및 영상 촬영을 하기 위해서는 삼각대(거치대)가 필요하다. 삼각대는 스마트폰을 안전하게 거치할 수만 있으면 어떤 제품이든 괜찮다. 입문자에게는 전문가용 삼각대가 아닌, 가볍고 저렴하며 각도와 높이까지 조절 가능한 스마트폰전용 삼각대를 추천한다.

[스마트폰 전용 삼각대 (약 8천원)]

❹ 마이크

　목소리를 녹음해야 하는 유튜브 영상에서는 마이크 성능이 중요하다. 스마트폰 내장 마이크도 좋지만 더욱 깔끔하고 선명한 목소리를 녹음하고 싶다면 외장 마이크를 준비하는 것이 좋다. 다양한 크기와 성능의 마이크가 있지만 처음부터 비싼 장비를 사는 것은 추천하지 않는다. 1만 원대 마이크도 충분하다.

[옷깃에 끼워서 쓰는 핀 마이크(boya by-m1), (약 1만 원)]

2. 영상 기획하기

유튜브 영상을 기획할 때 가장 고민되는 부분이 바로 '콘텐츠'다. 촬영 전 나의 콘텐츠를 정확하게 기획, 분석하고 시작한다면 유튜브 채널을 더욱 알차게 운영할 수 있다. 다음 표를 통해 자신이 운영할 콘텐츠 주제를 먼저 기획해 보길 바란다.

[동영상 콘텐츠 만들기 전 질문해 보기]

내가 잘 할 수 있는 것은?	
내가 관심 있게 보고 있는 채널은?	
내가 만들고 싶은 콘텐츠의 주제는?	
꾸준히 업로드할 수 있는 주제인가?	
이 콘텐츠의 타깃층은?	
내 영상만의 차별점이 있다면?	

명확한 유튜브 콘텐츠를 위한 4가지 질문

나만의 콘텐츠를 선정하는 것이 어렵다면 다음 질문으로 방향성을 정해 보기 바란다. 답을 생각하며 나의 브랜드를 만들 유튜브 콘텐츠를 기획해 보자.

1) 내가 전문 분야로 다룰 수 있는 주제인가?
2) 확실한 시청자층을 확보할 수 있는가?(타깃층이 명확한가?)
3) 1년 이상 꾸준히 업로드가 가능한 주제인가?
4) 시청자에게 정보를 줄 수 있는 주제인가?

3. 유튜브 채널명 만들기

❶ 콘텐츠나 주제가 잘 드러나야 한다

내 유튜브 채널명은 '허지영의 3분 키네마스터'로, 3분 안에 키네마스터의 기능을 설명하는 채널이다. 아무래도 키네마스터 영상 편집을 배우고 싶은 분들이 구독할 가능성이 높기 때문에 주제가 명확히 드러나게 채널명을 설정했다.

❷ **기억하기 쉬워야 한다**

사람들이 쉽게 기억하기 위해서는 짧거나 검색하기 쉬운 이름이 좋다.

❸ **중복되는 이름은 피한다**

나에게 적합한 채널명을 지었는데 이미 누군가 사용하고 있으면 시청자가 내 채널을 바로 찾기 힘들 수 있다.

예를 들어, 유튜브에 '부동산'이란 단어만 검색해 보아도 여러 이름의 채널이 나오는 것을 확인할 수 있다. 이미 인기 있는 채널들이 상위 목록에 뜨기 때문에 이제 막 시작하는 내 채널명은 보이기 쉽지 않다. 그러니 채널명을 만들기 전 중복된 이름이 있는지 꼭 확인하자.

4. 스마트폰으로 영상 촬영하기

모든 준비가 끝났다면 촬영을 시작해 보자. 원하는 장소와 위치, 각도를 맞춰 스마트폰과

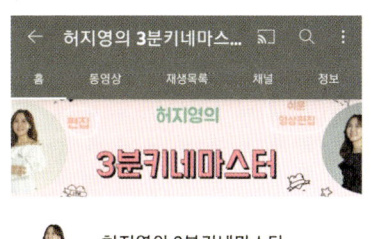

[허지영의 3분키네마스터 채널]

['부동산'이 포함된 채널명]

삼각대를 설치한다. 촬영 중 실수한 부분이 있어도 편집 기능을 사용하여 컷 편집을 할 수 있으니, 중간에 정지하지 않고 이어서 촬영한다.

[삼각대를 활용한 촬영]

만약 혼자서 촬영해야 한다면 셀카 모드로 설정한다. 그리고 스마트폰 화면에서 동영상 모드를 클릭하여 촬영을 시작한다. 촬영을 마치면 동영상 버튼을 한 번 더 눌러 촬영을 종료한다.

[스마트폰으로 영상 촬영하기]

5. 촬영 후 영상 편집하기

키네마스터 화면 및 레이어 기능 설명

[키네마스터 화면 설명]

[키네마스터 레이어 기능 설명]

> **Tip** 키네마스터로 영상 편집하기

키네마스터를 활용한 자세한 영상 편집 방법이 궁금하다면 《세상에서 가장 쉬운 영상 편집 2시간 만에 유튜브 크리에이터 되기》 책과 '허지영의 3분 키네마스터 유튜브'를 참고하기 바란다.

https://www.youtube.com/channel/UCFDxTKJUzgYVusL1srVSYeg

허지영, 《세상에서 가장 쉬운 영상 편집 2시간 만에 유튜브 크리에이터되기》, 아티오, 2021년

10분 만에 크리에이터 되기

`실습 준비물` 안드로이드 폰 + 키네마스터 앱

https://youtu.be/NFKGeAsH5ec

키네마스터 앱을 활용하면 누구나 쉽게 스마트폰으로 촬영하고 그 자리에서 바로 편집 가능하다. 예시 영상을 참고하여 영상을 함께 만들어 보자.

▍키네마스터로 10분만에 크리에이터 되기

① 플레이 스토어 또는 앱 스토어에 접속한 다음 검색창에 '키네마스터' 또는 'Kinemaster'를 검색해 앱을 다운로드한다.

[키네마스터 앱 다운로드]

② '새로 만들기'는 나의 동영상을 편집하는 기능이다. '새로 만들기'를 클릭하면 사진 불러오기, 자막 삽입, 컷 편집까지 일일이 해야 하지만 이번에 새로 업데이트된 '프로젝트 받기' 기능을 사용하면 앱에서 제공하는 템플릿에 사진만 교체해서 완성도 높은 영상을 만들 수 있다. 프로젝트 받기 기능을 클릭한다.

[키네마스터 프로젝트 다운받기]

③ '프로젝트 받기'를 선택하면 다양한 템플릿이 나오는데 하나씩 클릭해서 살펴보고 원하는 영상을 클릭해 다운로드한다. 여기서는 '우리의 첫눈 기록'을 선택하겠다.

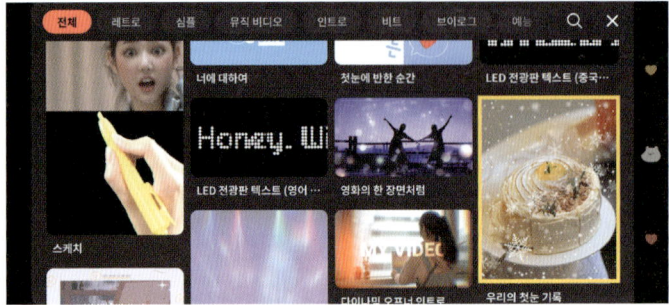

[우리의 첫눈 기록]

④ '우리의 첫눈 기록' 프로젝트를 선택한 후 오른쪽 아래에 '다운로드'를 눌러 준다.

[프로젝트 다운로드]

⑤ 다운로드가 완료되면 확인 버튼을 눌러 준다.

[다운로드 완료]

⑥ 키네마스터로 돌아오면 '우리의 첫눈 기록' 프로젝트가 다운로드된 것을 볼 수 있다. 내 프로젝트에서 '우리의 첫눈 기록'을 선택한다.

[내 프로젝트]

⑦ 아래의 '다운로드가 필요한 에셋' 창에서 '모두 다운로드'를 선택하면 키네마스터 편집 화면으로 이동한다.

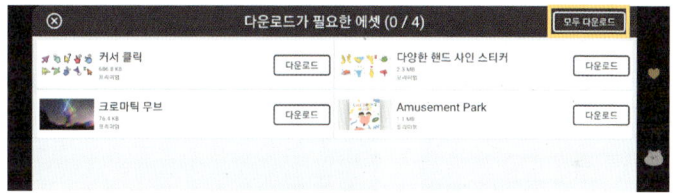

[필요한 에셋 모두 다운로드]

키네마스터 사진 교체하기

① 변경할 사진을 선택하면 사진의 레이어에 노란색 테두리가 생성된다.
② 폴더 모양 아이콘을 클릭해 '미디어 브라우저'로 이동한다.

[키네마스터 사진 교체]

③ '미디어 브라우저'에서 원하는 영상이나 사진을 선택한다.
④ 우측 상단의 창 닫기 버튼(×)을 클릭해 편집 화면으로 돌아간다.

[미디어 사진 교체]

편집 화면으로 다시 돌아오면 선택한 사진으로 변경된 모습을 확인할 수 있다.

[사진 교체 완성]

다른 사진도 변경해 보자.

⑤ 두 번째로 변경할 사진을 클릭하면 노란색 테두리가 생성된다.
⑥ 폴더 모양 아이콘을 클릭해 '미디어 브라우저'로 이동한다.

[두 번째 사진 변경]

⑦ '미디어 브라우저'에서 원하는 사진을 선택하면 레이어에서 변경된 사진 모습을 확인할 수 있다.

[두 번째 사진 변경 완료]

⑧ 사진 변경이 모두 끝나면 재생 버튼(▶)을 클릭해 나의 영상을 확인할 수 있다.
⑨ 영상을 완성한 후 내보내기 버튼(📤)을 클릭하면 갤러리(사진첩)에 저장이 된다.

[완성한 영상 저장하기]

⑩ '해상도'와 '프레임레이트'를 확인한다. 해상도는 FHD 1080p, 프레임레이트는 30으로 기본 설정되어 있는데 이 정도면 적절한 용량과 화질의 동영상을 만들 수 있다.

⑪ 하단의 '저장' 버튼을 클릭한다.

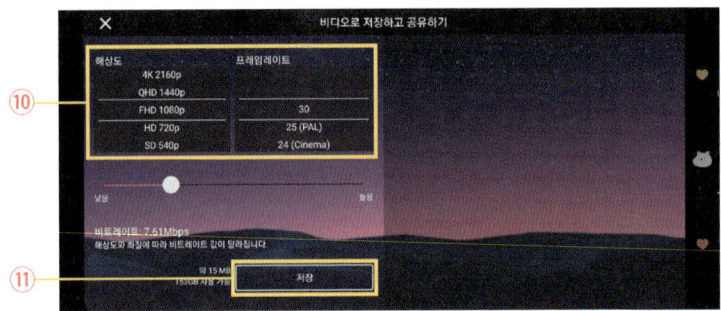

[동영상 저장]

⑫ '저장 중'이라고 나오면 동영상이 갤러리에 저장되고 있는 것이다. 동영상 길이가 길수록 시간이 소요된다.

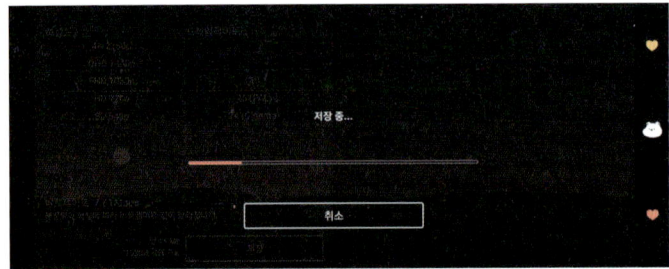

[동영상 저장 중]

⑬ '재생' 버튼을 눌러 영상이 제대로 만들어졌는지 확인할 수 있다.
⑭ 공유 버튼을 누르면 카카오톡이나 유튜브, 인스타그램 등에 공유할 수 있다.
⑮ 만약 영상이 잘못 만들어졌다면 삭제 버튼으로 영상을 삭제할 수 있다.

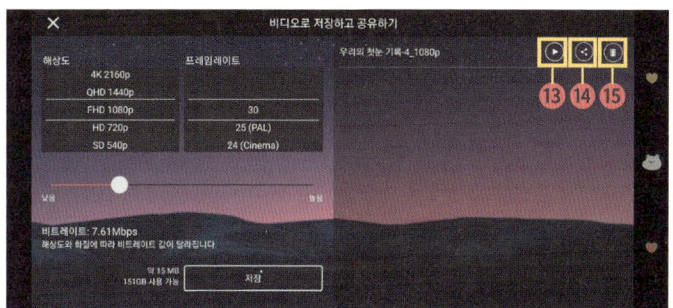

[동영상 공유]

영상을 만들었다면 나의 영상을 다른 사람들과 공유해 보는 것을 추천한다.

[동영상 공유 완료]

멸치 앱으로
유튜브 오프닝 영상 만들기

실습 준비물 안드로이드 폰 + 멸치 앱

https://youtu.be/QS-MLF-pRIQ

　키네마스터 말고도 여러 영상 편집 애플리케이션이 있다. 그중 '멸치'라는 애플리케이션을 소개해 보고자 한다. 이름은 코믹하지만, 기능은 돌고래만큼 스마트하며 무료로 사용할 수 있다. 원하는 이미지와 텍스트를 변경해 유튜브 섬네일이나 채널아트, 감각적인 영상을 쉽게 만들 수 있다. 멸치 앱을 이용해 유튜브 오프닝과 채널아트를 만들어 보자.

▌유튜브 오프닝 만들기 (안드로이드 버전)

① 앱 스토어 또는 플레이 스토어를 실행한 후 검색창에 '멸치'라고 입력해서 앱을 찾은 다음 설치한다.

[멸치 앱 설치]

② 설치된 멸치 앱을 실행한 뒤 '허용'을 선택한다.
③ 실행 화면을 오른쪽으로 밀어 영상 만들기 버튼을 누른다.

[멸치 앱 실행]

[권한 허용]

[영상 만들기]

[화면 넘기기]

[화면 넘기기]

[영상 만들기 선택]

> **Tip** 멸치 앱 iOS 버전

멸치 앱은 안드로이드 버전과 iOS 버전의 시작 화면이 다르므로 iOS 버전은 다음을 참고하자.
① 멸치 앱을 처음 실행하면 '초대장', '광고', 'SNS', '연애' 4개의 메뉴가 보인다.
② SNS→유튜브→오프닝을 선택하면 다양한 템플릿을 볼 수 있다. 여기서 원하는 템플릿을 선택한다.

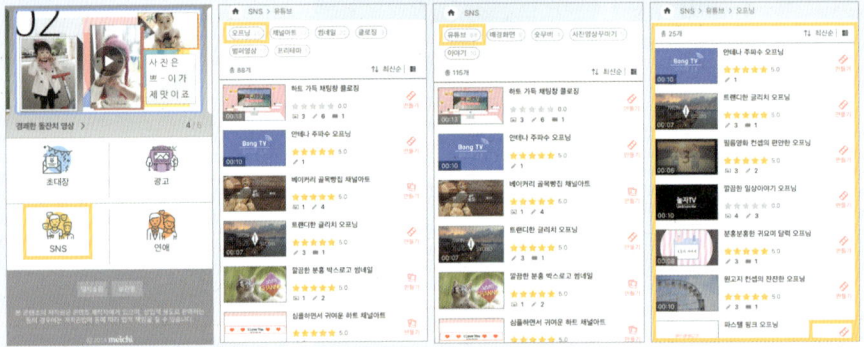

[멸치 앱 iOS 버전 1]   [멸치 앱 iOS 버전 2]   [멸치 앱 iOS 버전 3]   [멸치 앱 iOS 버전 4]

④ 메뉴를 오른쪽으로 밀어 '유튜브 오프닝'을 선택한다.
⑤ 다양한 템플릿 중 원하는 것을 선택한다. 여기서는 '분홍분홍한 귀요미 달력 오프닝'을 선택했다.

[유튜브 오프닝 선택 1]   [유튜브 오프닝 선택 2]

⑥ '분홍분홍 귀요미 달력 오프닝'을 선택한 후 하단에 '이 영상으로 만들어 볼까요?' 버튼을 누른다.
⑦ 첫 번째 슬라이드를 선택하고 연필 모양 아이콘을 선택하면 문구 수정이 가능하다.

[영상 만들기 버튼 누르기]   [연필 아이콘 누르기]

⑧ 원하는 문구를 입력한 후 완료 버튼을 누른다.
⑨ 입력한 문구로 바뀐 것을 볼 수 있다.
⑩ 두 번째 슬라이드를 선택한다.

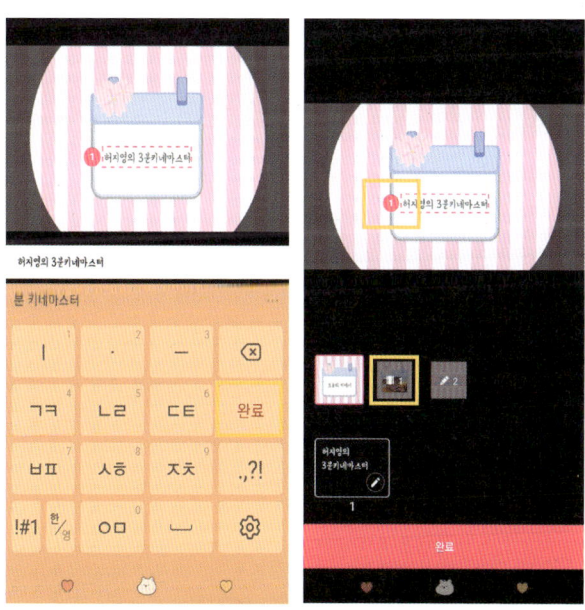

[첫 번째 슬라이드 문구 변경]   [문구 변경 완료]

⑪ 나의 영상으로 바꾸기 위해 '교체'를 선택한다.

[두 번째 슬라이드 이미지 교체]

⑫ 나의 갤러리(사진첩)에서 원하는 사진을 선택한 후 확인 버튼을 누른다.
⑬ 하단의 빨간 테두리 양쪽을 늘이거나 줄여서 원하는 길이의 영상을 만들 수 있다.

[이미지 교체 완료]

⑭ 세 번째 슬라이드를 선택하고 연필 모양 아이콘을 클릭한다.

⑮ 원하는 문구를 입력하고 하단의 완료 버튼을 누른다.

[세 번째 슬라이드 문구 변경]

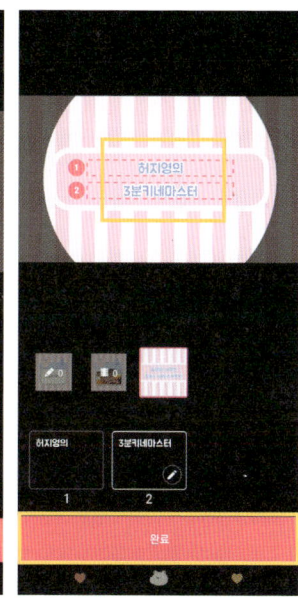
[문구 변경 완료]

⑯ 완료 버튼을 누르면 동영상 제작 중이라는 표시가 나온다.

⑰ 재생 버튼을 눌러 영상이 잘 만들어졌는지 확인한다. 영상 확인 후 수정도 가능하며 편집 기능으로 스티커나 음악 등을 추가할 수 있다.

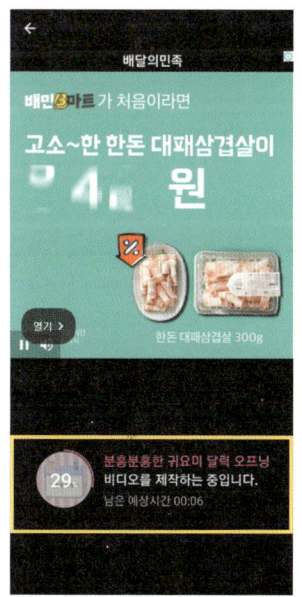
[동영상 제작]

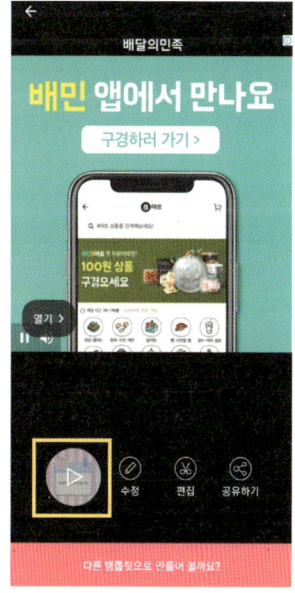
[동영상 재생해 보기]

⑱ 멸치 앱 첫 화면에서 '내 보관함'에 들어가면 방금 제작한 유튜브 오프닝을 볼 수 있다. 갤러리(사진첩)에서는 'MelchiEncoded'라는 폴더에서 나의 동영상을 확인할 수 있다.

[동영상 확인(멸치 앱 내 보관함)]

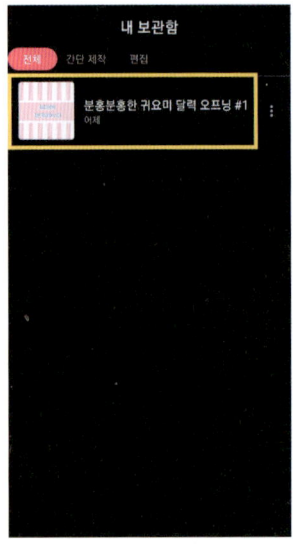
[동영상 확인(멸치 앱 내 보관함)]

[동영상 확인(사진첩)]

같은 방법으로 나만의 클로징 영상이나 범퍼 영상도 만들 수 있으며 만든 영상은 카카오톡이나 이메일로 공유할 수 있다.

[유튜브 클로징]

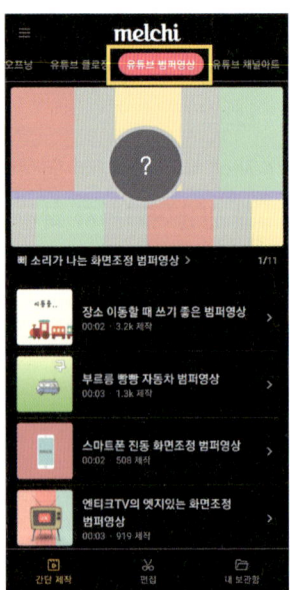
[유튜브 범퍼 영상]

▎멸치 앱으로 유튜브 채널아트 만들고 등록하기

유튜브 채널아트는 유튜브 채널 홈페이지에 접속했을 때 나타나는 커버 사진이다. 사람들에게 내 채널의 콘텐츠를 직관적으로 보여 주는 공간이니 눈에 띄게 만들어야 한다. 구독자들은 채널아트를 보며 더 많은 정보나 영상을 기대한다.

[허지영TV 채널아트]

[허지영의 3분 키네마스터 채널아트]

[재테크 읽어 주는 파일럿 채널아트]

[헬로쿠쌤 채널아트]

[코뻥TV 채널아트]

멸치 앱으로 유튜브 채널아트 만들기

실습 준비물 안드로이드 폰 + 멸치 앱

https://youtu.be/WP14FA8MJWg

채널아트는 유튜브에서 정한 사이즈에 맞춰 만들어야 한다. 멸치 앱의 채널아트 템플릿을 사용해 원하는 사진과 글자만 바꿔 만들 수도 있다. 멸치 앱으로 채널아트를 만들어 보자.

① 멸치 앱을 실행한 후 상단의 '유튜브 채널아트'를 선택한다.
② 원하는 템플릿을 선택한다. 여기서는 '상큼발랄한 채널아트 만들기'를 선택했다.

[유튜브 채널아트 선택]

[템플릿 선택]

③ 템플릿 하단을 보면 2개의 사진과 6개의 문구가 필요하다는 걸 알 수 있다.

[필요한 사진과 문구 개수 확인]

254 Part 5. 구독자 500명 유튜버의 수익화 노하우

④ '이 사진으로 만들어 볼까요?' 버튼을 누른다.

[채널아트 만들기 버튼 누르기]

⑤ 첫 번째 슬라이드에서는 사진 2개를 교체해야 한다. 1번 사진 교체 버튼을 누른다.
⑥ 나의 갤러리(사진첩)에서 원하는 사진을 선택한다.

[첫 번째 슬라이드 1번 사진 교체]

[원하는 사진 선택]

⑦ 빨간 테두리에 사진을 맞춘 후 완료 버튼을 누른다.

[사진 사이즈 조절]

⑧ 1번 사진이 교체된 것을 확인하고 2번 사진을 선택한 후 교체 버튼을 누른다.

[첫 번째 슬라이드 2번 사진 교체]

⑨ 원하는 사진을 선택한 후 '확인' 버튼을 누른다.

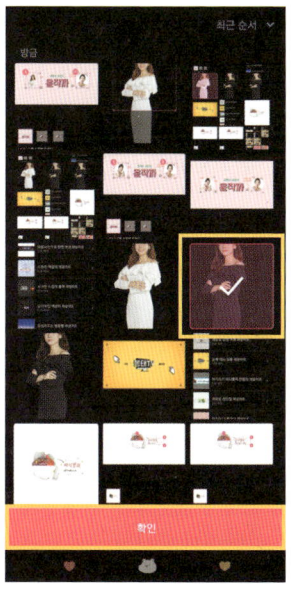

[원하는 사진 선택]

⑩ 두 번째 슬라이드를 클릭한다. 문구 2개를 변경해야 한다. 첫 번째 연필 모양 아이콘을 클릭해 문구를 변경한다.

[두 번째 슬라이드 1번 문구 변경]

⑪ 같은 방법으로 세 번째 슬라이드의 문구까지 변경한 후 완료 버튼을 누른다.

[두 번째 슬라이드 2번 문구 변경]　　[세 번째 슬라이드 문구 변경]

⑫ 화면 하단의 체크 모양 버튼을 클릭하면 완성된 채널아트를 바로 확인할 수 있다. 멸치 앱의 '내 보관함'과 핸드폰 갤러리(사진첩)에서도 확인할 수 있다.

[채널아트 확인 버튼]

　　완성된 채널아트에서 수정할 부분이 있으면 화면 하단의 수정 버튼을 눌러 수정할 수 있으며, 편집 버튼을 눌러 스티커와 음악을 삽입할 수 있다. 이어서 또 다른 채널아트를 만들려면 '다른 템플릿으로 만들어 볼까요?' 버튼을 누르면 된다. 최종적으로 완성된 채널아트는 공유하기 버튼을 눌러 카톡이나 이메일 등으로 공유할 수 있다.

[채널아트 완성 후 화면]　　　　[완성된 채널아트 확인]

　같은 방법으로 유튜브 섬네일도 만들 수 있으니 다른 디자인으로도 만들어 보자.

유튜브 채널아트 등록하기

실습 준비물   안드로이드 폰 + 멸치 앱

https://youtu.be/q-HZz8uL7iU

① 핸드폰에 저장된 채널아트 파일을 PC로 옮긴다. 카카오톡이나 이메일, USB 등 편한 방법으로 옮기면 된다.

② 유튜브 홈페이지에 접속한 뒤 오른쪽 상단에 있는 프로필을 클릭하고 '내 채널'로 들어간다.

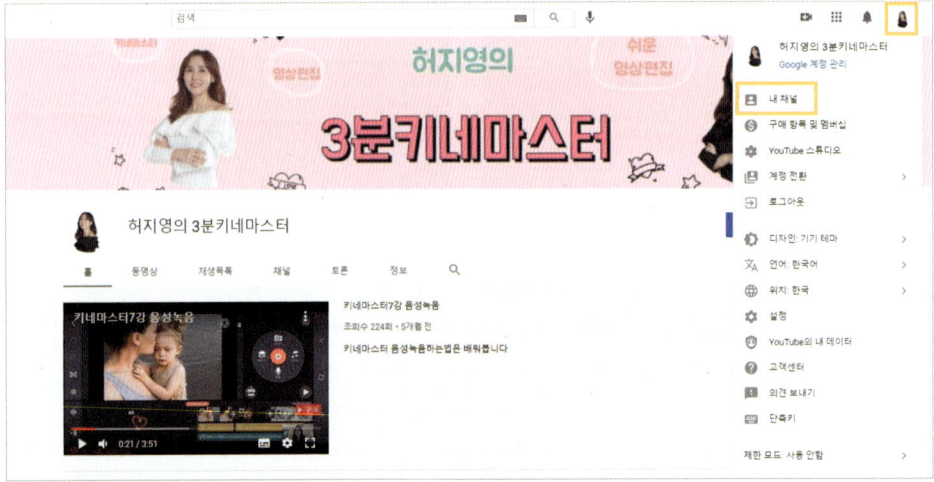

[유튜브 홈페이지]

③ '내 채널'을 클릭해 아래와 같은 화면이 나오면 '채널 맞춤설정'을 클릭한다.

[채널 맞춤설정]

④ '채널 맞춤설정' 화면에서 브랜딩 → 배너 이미지 → 변경을 클릭한다.

[배너 이미지 변경]

⑤ 변경할 채널아트를 선택한 후 '열기'를 클릭한다.

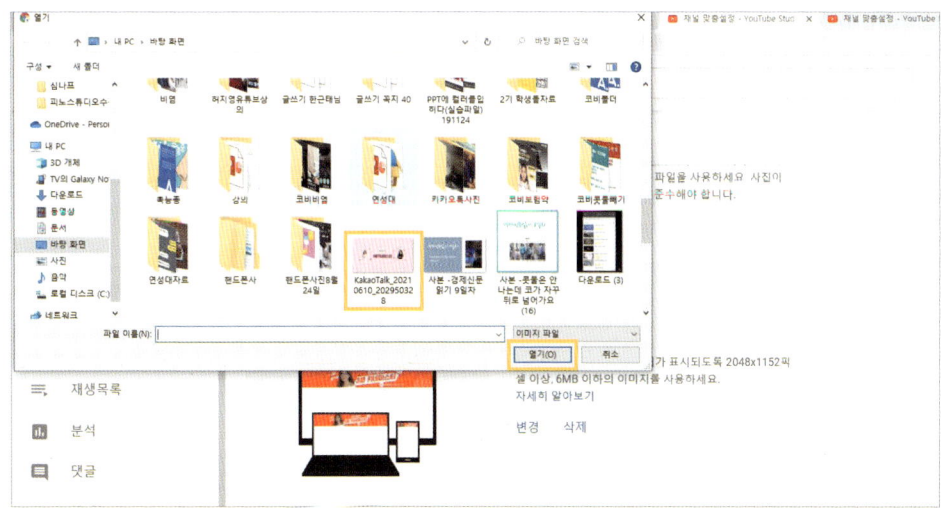

[변경할 채널아트 불러오기]

⑥ '배너 아트 맞춤설정' 화면에서 '데스크톱에 표시 가능' 영역을 확인하고 '완료' 버튼을 클릭한다.

[채널아트 변경]

⑦ 변경된 배너 이미지를 확인한 후 '게시' 버튼을 클릭한다.

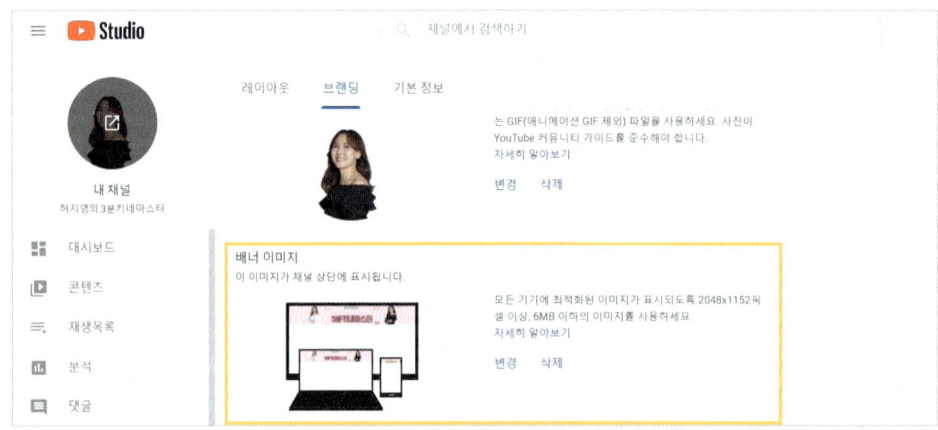

[변경된 채널아트 확인]

⑧ '채널 보기'를 클릭해 변경된 채널아트를 확인한다.

[채널아트 완성]

> **Tip** 채널아트는 PC 버전과 모바일 버전의 사이즈가 다르다.

채널아트를 만들 때 모든 기기에서 잘 보이는지 확인하는 것이 중요하다. 그러나 멸치 앱의 채널아트 템플릿으로 제작하는 경우에는 사이즈를 신경 쓰지 않아도 손쉽게 채널아트를 업로드할 수 있다.

요즘 대세 숏폼(Short-Form) 콘텐츠

틱톡, 인스타그램 릴스, 유튜브 쇼츠, 네이버 모먼트가 대표적인 숏폼 콘텐츠 플랫폼이다. 이러한 숏폼 플랫폼이 잇달아 출시되면서 숏폼 시장은 더욱 크고 다양해지고 있다. 최근 몇 년간 MZ 세대의 스낵 컬처(Snack Culture) 바람을 기점으로 성장해 온 숏폼 콘텐츠는 현재 다양한 연령의 트렌드로 자리 잡으며 인기를 끌고 있다.

최근 유튜브는 최대 60초까지 재생 시간을 지원하는 유튜브 쇼츠를 활성화하고 있다. 쇼츠는 동영상 제작 도구인 쇼츠 카메라를 통해 촬영이 가능하고 60초 미만의 동영상을 자유롭게 업로드할 수 있도록 지원한다.

[유튜브 쇼츠]

[인스타그램 릴스]

[틱톡]

> **Tip 숏폼 콘텐츠란?**
>
> 말 그대로 짧은 길이의 영상으로, 몇 초~10분 전후의 영상까지 그 종류가 다양하다. 넘쳐나는 콘텐츠 속에서 시청자의 이탈을 막기 위해 짧은 시간 내에 직접적인 스토리 구성을 이룬다는 특징이 있다.
> 숏폼 콘텐츠는 TV보다 모바일 기기가 익숙한 Z세대(1990년대 중반~2000년대 초반에 걸쳐 태어난 세대)가 콘텐츠의 주 소비자로 자리 잡으면서 활발하게 소비되고 있다. Z세대는 소비할 콘텐츠의 양이 방대해진 환경에서 짬이 날 때마다 보는 효율적인 소비를 중시한다. 이에 따라 짧은 길이의 숏폼 콘텐츠가 각광받고 있다.
>
> [네이버 지식백과] 숏폼 콘텐츠 (시사상식사전, pmg 지식엔진연구소)

▌숏폼 영상이 SNS 트렌드가 된 이유는?

영상 시청 시간은 길지만 한 영상에 체류하는 시간은 짧은 콘텐츠 시청 패턴이 정착되면서 숏폼 영상이 인기를 얻고 있다. 넘쳐나는 콘텐츠 속에서 효율적 소비를 원하는 사람들에게 짧은 형식의 콘텐츠가 각광받고 있는 것이다. 특히 최근에는 1분 이내의 숏폼 콘텐츠가 다양한 연령의 마음을 사로잡으며 전성시대를 맞이하고 있다.

❶ 접근성과 편리성

어려운 영상 제작이나 편집 기술을 익히지 않아도 앱으로 쉽게 영상을 제작하고 공유할 수 있다. 쇼츠 플랫폼은 영상의 세련미가 없으면 주목받기 힘들다. 하지만 요즘에는 영상미 있는 짧은 동영상을 쉽게 만들 수 있는 애플리케이션이 많이 나와 있다. 플레이 스토어나 앱 스토어에서 '멸치', '비타' 또는 'VITA'를 검색해서 다운로드 받으면 사진 변경만으로 쉽고 재미있는 영상으로 만들 수 있다.

[멸치 앱]

[비타 앱]

❷ 몰입감과 임팩트

　15~30초의 짧은 길이라 임팩트 있고 몰입감이 좋다. 유튜브 영상은 가로 화면으로 시청할 수 있는 반면 인스타그램 릴스, 틱톡, 유튜브 쇼츠는 세로로 제공되는 동영상이 특징이다. 세로 영상이 숏폼에 적합한 이유는 스마트폰을 세로 화면으로 보는 상태에서 다시 가로로 회전시키지 않고 위아래로 빠르게 피드를 넘기며 영상을 시청할 수 있기 때문이다. 한국 MZ 세대의 광고 효과 조사에서도 가로형보다 세로형 광고 콘텐츠 영상에 흥미를 느끼는 비율이 17.65% 더 높은 것으로 나타났다.

❸ 가볍게 즐기는 재미있는 콘텐츠

숏폼 플랫폼은 재미있다. 짧은 시간에 재미를 추구할 수 있다는 장점은 콘텐츠 소비자의 심리적 장벽을 낮춰 준다. 15초라는 짧은 시간은 콘텐츠 소비 시간에 대한 부담을 덜어 주기 때문에 이동 중에도 편하게 즐길 수 있다. 가볍게 즐길 수 있는 재미가 숏폼 콘텐츠의 핵심이다.

> **Tip MZ 세대란?**
>
> 1980년대 초~2000년대 초에 출생한 밀레니얼 세대와 1990년대 중반~2000년대 초에 출생한 Z세대를 통칭하는 말이다. 디지털 환경에 익숙하고 최신 트렌드와 이색적인 경험을 추구하는 경향이 있다. 최근 SNS를 기반으로 한 유통시장에서 영향력 있는 소비 주체로 부상하고 있다.

인스타그램 릴스로 영상 만들기

실습 준비물 안드로이드 폰 + 인스타그램

 https://youtu.be/q-HZz8uL7iU

세로 플랫폼인 인스타그램 릴스로 영상을 만들어 보자. 숏폼 콘텐츠는 보통 모바일로 시청하기 때문에 화면을 꽉 채우려면 가로 화면보다는 세로 화면으로 촬영하는 것을 추천한다. 앞에서 키네마스터로 만든 영상을 사용하면 더 영상미 있는 영상을 올릴 수 있다.

① 인스타그램 홈 화면에서 오른쪽 상단의 + 버튼을 클릭한다.
② '새로 만들기' 항목에서 '릴스'를 선택한다.

[인스타그램 홈 화면]　　[새로 만들기 항목]

③ 직접 촬영해서 바로 올리려면 촬영 버튼( )을 누른다.
④ 화면 왼쪽 하단의 사진 버튼( )을 클릭하면 사진첩(갤러리)에서 영상이나 이미지를 불러올 수 있다.

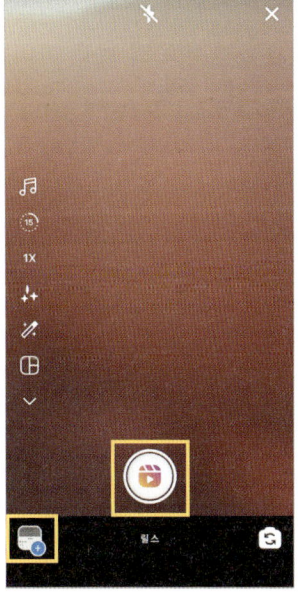

[릴스 동영상 선택]

⑤ 사진 버튼을 클릭하고 갤러리에서 업로드할 영상을 선택한다. (키네마스터로 만든 영상을 선택해도 좋다.)
⑥ 불러온 영상을 확인하고 사이즈, 영상 길이를 조절한다. 영상 길이는 하얀 테두리 양끝을 늘이거나 줄여서 조절할 수 있다.
⑦ 오른쪽 상단에 있는 추가 버튼을 클릭하면 영상을 업로드할 준비가 된다.

[릴스 동영상 업로드]

⑧ 화면 왼쪽 하단의 업로드된 영상을 확인한다.
⑨ 화면 왼쪽의 음표 아이콘을 눌러 음악 메뉴에 들어간다.

[릴스 음악 메뉴]

⑩ 음악 메뉴에서 원하는 음악을 선택한다. 여기서는 BTS의 <Butter>를 선택했다. 인스타그램에서는 저작권에 상관없이 음악을 업로드할 수 있다.

[릴스 음악 업로드 1]

⑪ 음악에서 내가 원하는 부분을 선택한 후 오른쪽 상단에 있는 완료 버튼을 누른다.

[릴스 음악 업로드 2]

⑫ 오른쪽 하단에 있는 '미리보기'를 누르면 음악이 삽입된 영상을 확인할 수 있다. 영상에 스티커나 문구를 넣어 더 꾸며 봐도 좋다. 완성한 영상은 나의 사진첩에 다운로드할 수 있다. (음악은 저작권 문제로 저장되지 않는다.)

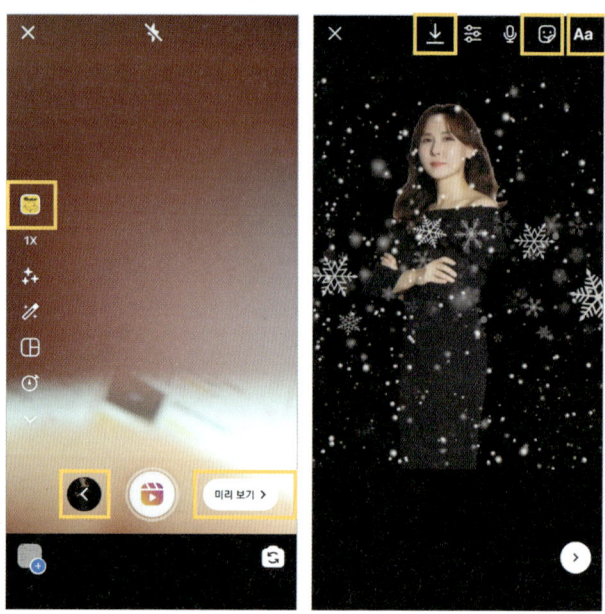

[음악이 삽입된 영상 미리보기]

⑬ 화면 하단의 아이콘을 클릭하면 릴스 업로드 화면으로 넘어간다. 영상에 대한 간단한 소개를 적고 해시태그를 달아 준 뒤 공유하기 버튼을 누르면 업로드된다.

[릴스 동영상 업로드 완성]

에 l 필 l 로 l 그

　원고를 한창 작성하고 있을 때 아이들의 새 학기가 시작되었다. 그동안은 코로나 19 때문에 아이들과 집에서 온라인으로 수업을 했다. 그런데 뜻하지도 않게 아이들은 일주일씩 번갈아 오프라인으로 학교 수업을 진행한다고 하였다. '이게 꿈이야, 생시야!' 기쁜 마음에 진짜로 학교에 가는지 아이들에게 몇 번이나 되물었다. 사실 일 년가량 온라인 수업을 지속했지만 크게 힘들다고 생각하진 않았다. 초등학교 고학년이 되어버린 아이들과 함께한 시간이 소중하게 느껴졌다. 그래서 오프라인으로 등원한다고 해도 '그래도 뭐 크게 달라지겠어?'라고 생각했었다.

　두 아이가 등교한 아침, 남편은 아이들 아침으로 삼계탕을 든든히 먹이고 올해 중학생이 된 큰 아이와 초등학생인 작은 아이를 학교에 데려다주고 출근했다. 집 안에는 고요한 침묵만이 흘렀다. 영화 속 풍경처럼 평화로웠고, 어제 잘 정리해 둔 덕에 집 안도 말끔했다. 내 책상에는 어젯밤에 사 온 커피까지 있었다. '여긴 천국인가?' 머릿속에 영화의 한 장면처럼 초원이 펼쳐지는 듯한 기분이었다. '그래, 이게 사람 사는 세상이지'라고 생각하며 혼자 배시시 웃었다.

　며칠 전 남편이 툭 던진 한마디가 미워서 마음속으로 끙끙 앓고 있었는데 아침에 아이들 밥 차려 주고 학교까지 데려다준 신랑이 너무 고마웠다. 진도가 안 나가던 원고도 술술 써졌다. 커피도 마시고, 책도 읽었다. 그러는 사이 시간이 흘러 오후 1시가 되자 초등학교 4학년 딸아이가 돌아왔다. 준비물이 적힌 가정통신문과 작성해야 할 서류 몇 가지를 내밀었다. 서류에는 가족 사항을 적는 칸이 있었는데, 가족의 직업을 적는 곳에 유난히 내 시선이 머물렀다. 그동안 아이들이 새 학기에 제출하는 서류에서 엄마의 직업은 항상 '주부'였다. 그런데 나는 책을 출간했고 기업과 교육청 강의도 하고 있으니 '작가, 강사'라고 적을 수 있게 되었다. 사실 직업을 쓰는 것은 선택사항이라 안 적어도 되지만 그래도 '작가, 강사'라고 적었다. 이젠 나에게도 직업이 생긴 것이다.

  이 책이 나오기까지 도움을 주신 고마운 분들이 많다. 글을 하나하나 읽어 주시고 글쓰기의 기본을 가르쳐 주신 김리하 작가님과 6명의 책을 위해 물심양면으로 도와주신 김나현 작가님, 기획과 총괄 책임 역할을 해 주신 윤소영 작가님, 그리고 함께 원고를 쓰며 응원해 주신 강민영 작가님, 박지숙 작가님, 안지희 작가님, 조여정 작가님께 깊은 감사의 마음을 전한다. 마지막으로 나를 늘 귀하게 바라봐 주시며 나의 성장과 가정의 조화를 알려 주시는 '미라클 베드타임' 김연수 작가님, 늘 나를 응원해 주는 남편과 우준이, 아림이에게 감사의 마음을 전하고 싶다.

  인생을 살아 보니 인생은 오르막과 내리막을 반복하는 롤러코스터 같다는 생각이 든다. 마흔이라는 나이에 도전을 시작하니, 처음에는 꿈을 생각하다가도 막상 시작하려고 하면 두려움이 먼저 앞섰다. 하지만 주변의 격려와 도움으로 그 두려움을 조금씩 없애며 한 걸음씩 내딛었고 나도 할 수 있다는 용기가 생겼다. 도전이 두려웠던 나는 이제 또 다른 도전도 할 수 있다는 자신감이 생겼다. 내 나이 마흔, 제2의 인생이 시작되었다.

"He can do, She can do, Why not me?"

Part 6

워킹맘이
셰어하우스를
시작하면서
얻은 것들

안지희
진심으로클레오

#셰어하우스

워킹맘이
셰어하우스를 시작하면서
얻은 것들

사용 툴 ✿ 셰어하우스

안지희(진심으로클레오)

알바생부터 점주까지

대학교 2학년 2학기 겨울방학 때 패밀리 레스토랑에서 서버 아르바이트를 시작했다. 대학 시절 함께 놀던 친구들은 대부분 휴학하거나 군대에 갔다. 친하게 어울리던 친구들이 없으니 이젠 공부만 해야 하나 생각하던 차였다. 내 전공은 호텔관광경영학이다. 이론 공부만큼 현장 실습도 중요했기 때문에 학점도 따고 용돈도 벌 겸 아르바이트를 하기로 했다. 면접을 보러 갔던 1999년 12월 어느 날, 위치가 강남역이라는 것만 알고 패밀리 레스토랑이 정확히 무엇을 하는 곳인지도 모른 채 찾아갔다. '스테이크 하우스라고 하니, 스테이크를 파는 곳이겠지?', '아니면 고기를 손질하는 곳일까?' 인천 우리 집에서 버스와 전철을 갈아타고 강남역에 도착했다. 건물 외관이 으리으리한 그곳에서 면접을 보고, 다시 2시간 걸려 인천의 우리 집으로 돌아오던 길. 인천에서 강남까지 가서 면접 본 것만으로도 꽤 큰일을 한 것 같았다. 당시 나는 인천에서 고등학교까지 졸업하고, 대학교는 수원으로 통학했다. 돈은 없고 시간은 많았던, 건강한 대학생이었다. 그때 생각엔 어떻게든 인천보다는 강남에서 일해야 성공할 것 같았다.

그래서 길도 잘 모르면서 무작정 강남으로만 찾아다녔다. 시급도 강남이 인천보다 약 500원 정도 많았다. 강남으로 출퇴근하는 시간과 교통비를 생각하면 많이 버는 것도 아니었지만, 내 단순한 계산 방식이 나를 강남으로 이끌었다. 나는 그저 강남의 화려하고 세련된 이미지가 좋았다.

면접 다음 날, 매니저님으로부터 전화가 왔다. 면접에 합격했다며 축하한다고 이야기해 주셨다. 매니저님의 연락은 대학 합격 소식보다 더 반갑고 감사했다. 몇 월 며칠, 몇 시까지 매장으로 출근하라는 이야기에 들떠서 가슴이 터질 것 같았다. 패밀리 레스토랑에서는 호칭을 닉네임으로 불렀다. 써니, 앨리스, 타라…. 거기서 나는 클레오(CLEO)였다. 서버 업무를 하기 전에 초반 1~2개월 동안은 꼬박 사이드 업무(포크, 스푼, 나이프 닦기, 쓰레기 정리 등)를 수행했다. 기본기를 충분히 익힌 직원만 실전에 투입하는 시스템이었기 때문이다. 일정 기간이 지나, 드디어 홀로 나가 테이블을 담당할 수 있었다. 내 테이블에 오신 손님을 응대하고, 주문을 받고, 매니저님이 프로모션하는 스테이크와 와인을 추천하며 판매도 했다. 손님들이 메뉴를 잘 아는 나를 믿고 주문하면 성취감을 느꼈다. 경험이 쌓이자 일에 자신감도 생겼고, 재미는 덤으로 따라왔다. 그렇게 2년 정도 학업과 아르바이트를 병행했다. 재밌게 일하면서 돈도 벌고, 또래 친구들과 놀 듯이 일했다.

내가 근무했던 패밀리 레스토랑의 꽃은 '점주'다. 매장을 관리하고 책임지는 사람을 점장 대신 점주라고 부르는데, '점포의 주인'이라는 의미다. 그곳은 자본금 한 푼 내지 않았어도 회사에서 일해 온 시간으로 평가받아 진급하는 시스템이었는데, 나는 이렇게 직원을 파트너로 대우하는 미국 회사의 운영방식이 마음에 들었다. 무엇보다 학연이나 지연에 얽매이지 않고 개인의 능력으로만 평가하는 시스템이 공정하다고 생각했다. 그래서 그 당시 돈도 없고 백도 없던 나는 이런 회사라면 내 성실함으로 도전해 볼만하다는 생각이 들어, '점주'가 되겠다는 목표로 그 모진 고통과 구박(?)을 감내했다. 지금 생각하면 내가 한 경험들이 배움이고, 성장 과정이었다. 근데 그 당시에는 그런 생각이 들지 않았다. 회사에서 내가 통제할 수 없는 일들로 스트레스를 받았고, 그러다 회사에서 혼나면 자존심이 상했다. 그러면서도 일을 더 잘하고 싶다는 마음은 더욱 커졌다. 내가 솔선수범해서 잘하면 된다는 생각으로 '점주'라는 꿈을 가지고 힘든 순간들을 버텨냈다.

2008년 5월, 본부장님과의 첫 통화. 나는 당시 회사 전체 매출 top 5 안에 들었던 홍대 매장으로 발령이 났다. 게다가 점주로 진급까지 했다. 아르바이트생으로 입사해 점주라는 꿈을 이루기까지 8년 6개월이 걸렸다. 그때는 '점주'라는 타이틀이 순전히 나의 성실함과 능력의 산물이라고 자만했다. 그러나 시간이 지나 돌이켜 보니, 운이 90%였다는 사실을 깨달았다. 그 시기에 나는 내 능력 이상으로 가장 좋은 대우를 받았고, 가장 많은 돈을 벌었다. 스스로의 그릇을 키우는 게 왜 중요한지, 여러 번 깨지고 다시 일어난 사회생활 15년차가 된 지금에서야 알 것 같다. '운'을 거꾸로 하면 '공'이 된다. 그만큼 공을 들이고 노력하면, 운도 따라 준다는 뜻으로 해석하고 싶다. 점주가 된 시점을 전후로 내 업무의 깊이와 난이도는 하늘과 땅 차이였다. 그 시기에 만났던 선후배 동료들, 매니저 후배들, 내 매장 직원들, 이모님들, 업체 직원분들 덕분에 나이 어린 점주가 맡은 매장이 잘 굴러갈 수 있었다.

점주를 준비하던 시기에 결혼과 출산을 연이어 했다. 점주로 진급한 이후에는 첫 아이 육아까지 병행했다. 육아의 개념이라도 미리 배웠다면 실전이 그렇게 힘들진 않았을 테지만, 그 당시 생전 경험해 보지 못한 '육아'의 무게에 적잖이 당황했다. 내 인생 빅 3 이벤트의 연속이었다. 결혼은 안정감을 주었지만 동시에 힘든 문제도 안겨 주었다. 아이가 태어나면서 자연스럽게 시댁과 합가했고, 남편은 시부모님의 경제적 도움을 받아 결혼 전에 근무하던 회사에서 매출이 좋은 가맹점을 인수했다. 그리고 또래보다 일찍 결혼한 나는 늘 마음과 다르게 일이 잘 안 되는 친정아빠 때문에, 친정 생활비 일부를 책임져야 했다. 그렇게 남편과 나는 서로 다른 이유로 양가 부모님을 책임지게 되었다.

시부모님과 합가하니 일 욕심 많은 내가 회사에 올인하기 딱 좋은 환경이 되었다. 시부모님은 첫째 아이를 지극 정성으로 키워 주셨다. 첫째가 한창 재롱 피우는 귀여운 5살이었을 때, 아버님이 위암 판정을 받으셨다. 아버님은 가족들이 신경 쓰지 않게 하려고 혼자 항암치료를 받으러 다니셨고, 병원 왕래와 투병 생활을 병행하면서도 늘 가족을 먼저 챙기셨다. 그렇게 3년간의 투병 생활 끝에 아버님은 돌아가셨다. 그리고 같은 해에 둘째가 태어났다. 시어머니 혼자 두 아이를 돌보기 힘들어, 주변의 여러 사람에게 도움을 받았다. 첫째는 초등학교에 입학했고, 둘째는 100일부터 어린이집 생활을 시작했다. 특히 갓난아기였던 둘째는 어린이집 종일반이 끝나면 원장님의 댁에서 우리 부부의 퇴근 시간인 밤 10시까지 돌봄을 받았다.

난 요즘에도 가끔 그때가 생각난다. 퇴근하고 남편과 만나서 함께 달려가면 밤 10시 20분. 깨끗하게 목욕해서 로션 향기가 나는 아기를 밤마다 선물처럼 받아 데려왔다. 주말에는 친정 엄마가 우리 집으로 출근했다. 그리고 든든한 첫째는 바쁜 남편과 나를 대신해 어린 동생에게 형이자 친구이자 보호자 역할을 했다. 친정 엄마가 아이들을 데리고 찜질방에 자주 갔었는데, 거기 식당 사장님이 첫째가 둘째에게 밥 먹이는 뒷모습을 보고 아빠가 애를 참 잘 본다고 칭찬하더라는 웃픈 에피소드도 있다. 첫째가 또래 초등학생보다 덩치가 크고, 시부모님의 영향을 받아서인지 가만히 있으면 듬직해 보였기 때문일 것이다. 시어머니와 친정 엄마의 콜라보 육아가 시아버지의 빈자리를 채워 주었다. 사돈끼리 사이좋게 지내기 어렵다고들 하는데, 우리 부모님들은 그 어려움을 손자 육아로 극복하신 것 같다. 친정 엄마가 운전해서 시어머니와 마트도 다녀오고, 가끔 아이들 픽업도 해 주셨다. 내가 쉬는 날이면 친정 엄마와 시어머님이 함께 근교로 드라이브를 다녀오기도 했다.

외식업의 트렌드가 뷔페로 바뀌면서, 나는 다른 큰 회사로 이직했다. 그리고 거기서도 열심히 일했다. 조직 생활이 생리에 잘 맞았고 그 혜택을 계속해서 누리고 싶었다. 무엇보다 조직에서 높은 자리까지 올라가고 싶었다. 결혼해서 가정을 꾸리고 사랑의 결정체인 아이들도 낳았으니 우리 부부에겐 책임져야 할 가족들이 완전체로 만들어졌다. 그래서 회사에서 더 인정받고 싶었고, 돈도 더 많이 벌고 싶었다.

이직한 회사는 이전의 회사와 조직 문화가 조금 달랐다. 내가 맡은 일만 하면 되는 분위기라, 이전 회사와는 달리 스스로 나서서 뭔가를 시도하는 것이 오히려 부담되는 회사였다. 내가 일을 배우고 익힌 방식과 달라 처음엔 조금 당황스러웠지만, 곧 기업 문화가 다르다는 걸 인정하고 다른 것이 나쁜 것은 아니라는 생각으로 내 좁은 사고를 바꿔 나갔다. 당시 나는 워킹맘으로, 그런 분위기가 고마울 때도 있었다. 그런데 아무리 타협하고 합리화하려고 해도 잘 안 되는 결정적인 부분이 있었다.

나에게는 업계에서 관리자로 10년 넘게 일하면서 세운 업무 기준이 있었다. 직원 교육에 대한 것이다. 직원들은 늘 고맙고, 존중해야 하는 존재인 동시에 직급에 상관없이 각자 본인의 책임을 가진 존재다. 아무리 나이가 어리더라도, 아르바이트가 본업이 아니어도 회사와 근로 계약을 하고 일해서 급여를 받는 것이니 주어진 일을 정확히 하도록 늘 강조했다. 그걸 전달하는 과정에서 요즘 직원들과 꼰대인 나의 괴리가 있었다. 나는 여러 업무 중에서도 직원 교육을 가장 강조했고, 그 업무를 가장 잘 했다. 그리고 여전히 현업에 있으면서 앞으로도 그 부분을 계속 잘하고 싶다.

직원들에게 조직에서 일하는 법, 서로 맡은 부분에 대한 책임을 완수하는 법, 서로 존중하는 법, 고객을 사이에 두고 일하는 법, 여러 상황에서 커뮤니케이션을 잘하는 법 등을 직원들에게 가르쳐 주고, 더불어 나도 공부하면서 일하는 방식이 좋았다. 그래서 이 회사에서 매장 관리와 직원 교육에 대한 강의 자료를 만들었다. 외식업과 관련된 책을 읽고 현장 사례를 넣어 자료를 만들었다. 그렇게 공부하면서 일하는 게 좋았다. 그런데 열심히 만든 그 강의 자료들을 회사의 단발성 교육에만 사용하는 것이 아쉬웠다. 때마침 전 직장 선배의 권유로 한 지방 대학의 시간 강사 기회를 얻었다. 주5일 근무였기 때문에 평일 중 하루를 쉬는 날로 정해서 출강했다. 회사 일과 외식업 관련학과 학생들을 가르치는 일을 병행하면서 몸은 고됐지만 회사로 충족되지 못하는 업에 대한 자부심을 채울 수 있었다.

 새로운 경험과 분위기는 대체로 나와 잘 맞았고 좋은 사람들도 많이 만났다. 그러나 결정적으로 일 욕심 많은 내가 대기업에서 소모품처럼 일하는 방식이 맞지 않았다. 그래서 4년간의 회사 생활을 알차게 마무리했다. 모든 대기업이 다 그렇다는 것이 아니다. 다만, 내가 수년간 소속되어 근무했던 외식사업부는 일하는 방식에 시스템이란 게 없었다. 5천여 명의 인력을 여기저기 돌리면서 인력이 비면 채우고, 이동시켰다. 단기적인 문제를 해결하는 방식이 마치 병정놀이를 하는 것 같았다. 지금 생각해 보면 나는 뱀의 머리라도 되고 싶었던 것이다. 누군가에게 종속되어 시키는 일만 하기엔, 그때의 나는 열정이 차고 넘쳤다.

 열정이 차고 넘쳤다는 건 내가 책임져야 할 것들이 많고 욕심도 많았다는 뜻이다. 회사에서는 업무적으로 더 인정받고 승진하고 싶은 마음이었다. 경제적으로도 더 풍요로워지고 싶었다. 돈 때문에 고민하고 싶지 않았다. 내가 하는 일에 대해서만 생각하고, 그 일을 잘하기 위해 고민하는 멋있는 커리어 우먼이 되고 싶었다. 그렇게 하기 위해서는 직급이 올라가야 하고, 그에 따른 급여가 올라가야 했다. 그리고 그것이 월급쟁이 부자가 되는 방법이라고 생각했다.

 그런데 그렇게 큰 회사에서 오래 일해 봤자 부자가 될 수 없다는 걸 알았다. (누구나 다 그렇다는 일반화가 아니다. 오직 내 경험, 내 관점에서만 내린 결론이다) 진급은 조직에서 능력을 인정받은 결과이고 성취감이 생기는 좋은 일이다. 그러나 그만큼 회사에 헌신해야 한다. 밤낮없이, 주말도 없이 회사에 헌신한다는 건 다른 소중한 것에 할애해야 하는 시간을 희생해야 한다는 의미다. 나에게는 아직 엄마 손이 필요한 어린아이들이 있었고, 그래서 평상시에는 시부모님을 비롯한 주변 사람들의 도움을 받으며 생활했다. 쉬는 날에는 항상 집과 아이들이 우선이었기 때문에, 회사의 진급을 위해 희생해야 할 대상이 내 아이들인 것이 정말 싫었다. 그리고 회사에 헌신한다고 해서 무조건 진급이 보장되는 것도 아니었고, 연봉이 오르는 건 더욱 아니었다. 회사일을 잘하고 싶지만 회사보다 내 가정이 우선이었으면 좋겠고, 연봉도 올랐으면 좋겠다고 생각하는 것은 사실 앞뒤가 안 맞는 모순이자 욕심이었다.

여기서 내가 이야기하는 부자란, 자산이 많은 사람만을 의미하지 않는다. 부자가 되고 싶어서 관련 책과 글을 찾아 읽으면서 책장을 부자에 관한 책으로 채우던 시절이 있었다. 시어머님께서 매일 집으로 배송되는 책과 책장에 쌓이는 책들을 보며 "너 부자 되는 공부하니?"라고 말씀하실 정도였다. 그 많은 책을 읽으면서 내가 정의한 부자는 경제적, 시간적, 정서적 자유를 가진 사람이다.

나에게 '곳간에서 인심 난다'는 말은 진리다. 경제적으로 여유가 있으면 내 시간을 자유롭게 디자인할 수 있다. 내가 원할 때 좋아하는 일이나 하고 싶은 일에 온전히 집중할 수 있다. 또, 누군가의 중요한 일에 선뜻 내 시간과 에너지를 할애할 수 있다. 나는 극단적으로 먹고살기 위해 일하는 것을 정말 피하고 싶었다. 내 몸이 아파서 오늘 하루는 정말 쉬고 싶은데 오늘 일하지 않으면 돈을 벌 수 없는 상황을 만들고 싶지 않았다. 그리고 내가 하고 싶지 않은 일을 돈을 벌어야 한다는 이유만으로 억지로 하고 싶지 않았다. 일하는 시간, 가족들과 함께 보내는 시간, 나를 위해 온전히 쉬는 시간, 하고 싶은 공부를 하는 시간을 내 의지로 구분하고 싶었다.

사람들 대부분이 그렇겠지만, 특히 나는 주도적인 마음가짐으로 일해야 능률이 오르는 사람이다. 누가 시켜서 하는 일은 우선 재미가 없고, 자존심이 상한다. 나는 나 자신을 대단한 사람으로 생각하는 경향이 있어서, 별 것 아닌 말도 내게 지시하는 것으로 받아들인다. 그래서 썩 기분이 유쾌하지 않다. 유쾌하지 않은 기분으로 일하면 당연히 능률이 안 오르는데, 그것 역시 마음에 들지 않는다. 그렇다 보니 당연히 결과는 썩 마음에 들지 않거나 잘 한다 해도 나쁘지 않은 정도다. 하지만, 반대로 내가 하고 싶어서 찾아서 하는 일은 꼭 내 명분과 의지가 들어간다. 그리고 그

명분을 합리화시키기 위해 더 잘하려고 노력하고, 과정을 기록하고, 결과물에 의미를 부여한다. 이런 결과물은 좋게 나올 수밖에 없다. 내가 나를 사랑하기 때문에 하는 일들이다. 한마디로 나는 내가 만족해야 일하는 피곤한 스타일이다.

미국 아카데미 시상식에서 여우조연상을 받은 영화배우 윤여정 씨가 어느 인터뷰에서 이런 이야기를 했다. "나이 먹고 늙으니까 사치스럽게 일하고 있어요. 내가 좋아하는 사람들하고, 내가 하고 싶은 일만 골라서 하는 게 얼마나 사치스러워요." 지금의 나보다도 어린 나이에 싱글 맘이 되어 아들 둘을 키우기 위해 고군분투하며 치열하게 살아온 여성이 이제 연륜과 자산을 쌓은 여유 있는 어른이 되었다. 함께 일하고 싶은 사람들과 하고 싶은 일을 한다는 건, 경제적인 여유뿐만 아니라 정서적으로 마음의 여유가 있기에 가능한 것이다. 마음의 여유가 있다는 건, 내 주변 사람들을 챙길 여유가 있다는 뜻이다. 주변에 내 도움이 필요한 사람들이 있고 내가 도와줄 경제적 능력이 충분해도 나누고자 하는 마음이 없으면 누군가를 도와주는 일은 성사될 수 없다. 누군가를 돕는다는 것은 꼭 경제적 도움만을 의미하지 않는다. 주변을 둘러보면 돈이 아니라, 마음 씀씀이와 챙김이 필요한 사람들을 얼마든지 찾을 수 있다.

내가 20대였을 때는 40대가 되면 좀 더 안정적인 부자 아줌마가 되어 있을 줄 알았다. 그러나 막상 40대가 되어 보니, 한 달에 들어가는 생활비와 대출이자, 아이들 진로, 더불어 욕심 많고 피곤한 스타일이 나의 진로, 연로하신 부모님이 노후를 고민하느라 바쁘다. 더 많은 돈이 필요하고, 내 시간을 따로 만드는 건 사치일 정도로 시간이 부족하다. 내 가족을 챙겨야 한다는 이유로 주변 사람들에게는 정서적으로 더 인색하게 된다. 그래서 다시 정신 차리고 인생계획을 세웠다. 참고로 나는 계획충이다. 어려서부터 뭔가를 계획하고 그 계획대로 실행하는 데 재미를 느꼈다. 지금도 개인적인 일이나 업무에 늘 계획을 세운다.

내가 세운 부자 되기 계획에서 1차적으로 이루어야 할 것은 경제적 자유였다.

지금 당장, 매월 받는 월급에만 의존하는 생활을 벗어나고 싶었다. 늘어나는 월급만큼 지출도 늘어 결국 모아 놓은 자산이 없는 상황을 바꾸고 싶었다. 회사 월급 말고도 사이드 잡으로 부수입을 벌겠다는 계획을 세웠다. 그래서 쉬는 날을 이용해서 사이드 잡으로 할 수 있는 일을 찾기 시작했다.

우리 부부는 양가 도움으로 아이들을 키우면서 맞벌이 생활을 이어 갔다. 나는 회사에서 최고 자리까지 진급하겠다는 목표가 있었다. 남편도 매장 운영을 계속할수록 이익이 나는 상황이었다. 그래서 우리는 워커홀릭처럼 각자의 일에 집중했다. 회사와 매장에서 경제적으로 원하는 만큼의 수입을 벌어야 가족이 행복하다고 생각했던 시절이었다.

우리는 결혼과 동시에 지금까지 16년간 친정에 매달 생활비를 보태 드리고 있다. 동의해 준 남편에게 늘 고마운 부분이다. 첫째 출산 후, 남편이 독립할 수 있게 지원해 주신 시부모님께도 생활비를 드린다. 그래서, 어느 가정이나 마찬가지겠지만, 우리 집도 월급이 끊기면 안 된다. 꾸역꾸역 돌아가던 가정 경제가 어느 날 갑자기 멈추면 어떻게 될까? 그것도 한 가족이 아니라 시댁과 친정을 포함한 우리 세 가족이 말이다.

시아버님의 암 투병 시기에, 나는 경제관념이 하나도 없던 철없는 애 엄마였다. 회사에서 스트레스를 받는 날에는 백화점으로 향해 충동 소비로 스트레스를 푸는 게 습관이었다. 이 문장으로 그때의 내 상태가 설명될까? 그 당시 집안의 모든 수입과 지출관리는 남편이 맡았다. 막연하게 집안에 누군가 아프면 큰돈이 나간다는 건 알고 있었다. 아마 시아버님이 암 투병하던 시기도 그런 상황이었을 것이다. 그런 상황에서 남편은 혼자 고민하고 해결했을 것이다. 이러다 우리 가족 중 또 누가 큰 병이라도 걸린다면? 게다가 그 대상이 나나 남편이라면? 이런 생각이 꼬리에 꼬리를 물었을 때, 나는 이미 핸드폰으로 알바몬을 검색하고 있었다. 쉬는 날 아르바이트를 해서라도 부수입을 벌겠다는 생각이었다. 나는 아직 젊으니까, 젊을 때

한 푼이라도 더 벌어서 돈을 모으려 했다.

나는 아르바이트를 구하기 위해 내 직업과 관련된 내가 잘할 수 있는 일(서빙, 주방 보조, 매장관리 등)을 검색했다. 그리고 출퇴근 거리와 업무 내용만 맞으면 지원했다. 그러나 나를 채용하겠다고 연락 오는 곳은 단 한 곳도 없었다. 외식업 근무 특성상 주말 근무는 필수다. 특별한 개인사가 있는 경우에는 순환으로 주말에도 쉴 수 있지만, 고정적인 주말 휴무는 어렵다. 특히 나는 매장의 리더, 점장이지 않은가! 주 2회 휴무이기는 하지만 고정 휴무가 아니라 평일 또는 주말에 유동적으로 휴무를 정하게 된다. 휴무 날만이라도 시간과 체력을 써서 아르바이트하고 싶었지만 내 유동적인 근무 조건을 맞춰 주는 곳은 없었다.

내가 아르바이트를 구하지 못한 이유를 3가지로 정리해봤다. 첫째, 근무 시간이 일정하지 않다. 둘째, 사업주 입장에서 내 경력이 부담된다. 셋째, 나이 많은 아줌마다. 이 조건들 때문에 나를 아르바이트생으로 채용해 주는 곳은 없었던 것 같다. 내가 사업주 입장이었어도 그랬을 것이다. 난 몸을 움직여서 하는 일이 가장 자신 있는데…. 주변에서는 네가 언제까지 이렇게 젊을 것 같냐며 젊었을 때 일을 너무 많이 하면 나이 들어서 몸이 고생한다는 걱정을 많이 해 주었다. 그래도 나는 월급 외에 단 몇십만 원이라도 부수입을 벌고 싶었다. 회사에 오래 다니고 열심히 일해도 월급만으로는 내가 만족하는 금액을 만들 수 없을 것 같았다.

'어떻게 하면 수입을 늘릴 수 있을까?' 하는 생각이 내 머릿속의 90%를 차지하던 시기에 나는 연달아 이직도 했다. 내 경력을 살려 연봉을 높일 수 있는 곳이 이식의 조건이었다. 1년에 한 번씩 새로운 직장을 구했다. 대기업에서 근무했던 경력을 인정받았지만, 나는 근무 조건이나 급여를 그 이상으로 더 원했다. 난 어떤 프로젝트든 잘 해낼 자신이 있었다. 그리고 그 결과로 더 큰 인정을 받고 싶었다. 그런데 내 의지만큼 일다운 일을 할 기회는 좀처럼 생기지 않았다. 나는 사업부의 리더가 아니라 리더를 서포트하는 역할이었기 때문이다.

그래서 내 목표는 서포터가 아니라 리더가 되는 것이었다. 그래야 내가 바라는 대우, 조건, 근무환경이 갖춰질 것으로 생각했다. 회사 일이 생각만큼 잘 안 풀리자 나는 직장을 매년 바꿨다. 지금 생각하면 회사가 이상한 곳이 아니라, 그때의 내가 이상했다. 지인들은 매년 소속이 바뀌는 나를 보고 '프로 이직러'라는 별명을 붙여 주었다. 새로운 회사를 잘도 구해서 이직한다고 이야기하는 것이 "어찌 한 군데 오래 진득하니 버티지 않고 여기저기 옮겨 다니니?"라고 비꼬는 것처럼 들렸다. 사춘기를 무난하게 지낸 편인 나는 삼십 춘기를 심하게 겪었던 것 같다. 첫 직장 생활은 15년이나 할 만큼 끈기가 있었는데 어째서 더 열심히 살아야 할 30대에는 여기저기 메뚜기처럼 옮겨 다니는 프로 이직러가 되었을까? 그만큼 자존감도, 자신감도 잃어 가던 시기였다.

지금 와서 생각하면 나는 경제적 자유와 시간적 자유가 없는 상태에서 정서적 자유를 쫓았다. 그때의 나는 어렸고, 나이는 먹었지만 미성숙했다. 나를 인정해 주는 분위기에서 내가 좋아하는 사람들과 일하려고만 했다. 처음 만나는 사람들과 친근하게 협업하는 분위기를 만들기는 쉬웠다. 그런데 시작하는 분위기와 일하는 과정의 분위기는 얼마든지 달라질 수 있고 문제도 생길 수 있다. 나는 문제와 갈등을 해결하는 것에 서툴렀다. 그리고 문제가 생겼을 때 내가 주도적으로 책임지려고 하기보다 환경 탓, 남 탓을 먼저 했다. 매년 새로운 회사로 이직하면서 시작할 때의 의지는 창대했지만, 결국은 루저가 된 기분으로 퇴사했다.

셰어하우스,
왠지 내가 찾던 사이드 잡인 것 같아

부수입을 벌겠다는 생각에 골몰하던 시기에 우연히 '셰어하우스'를 알게 되었다. 특히 '내 집 없이 셰어하우스로 월세 받기'라는 제목에 매료되었다. 내 집이 없는데 월세를 받는 게 가능할까? 네이버를 뒤지고 뒤져 셰어하우스의 개념과 수익 방법을 찾아보았다. '내 집이 아니어도 셰어하우스를 운영해 월세를 받을 수 있다고? 그럼 어디 가서 아르바이트를 하지 않아도 부수입이 생기는 거네?'라는 생각이 꼬리에 꼬리를 물었다.

셰어하우스란?

셰어하우스는 여러 사람이 주거 공간을 공유한다. 개인 공간인 침실은 따로 사용하되 거실, 주방, 화장실, 다용도실 등은 공유하는 생활방식이다. 고시원, 원룸보다 개인 활용 공간이나 생활 반경이 넓은데 보증금은 2개월 치(1~5개월, 다양함) 월세 정도라서 입주자의 가격 부담이 적다. 관리비도 개인 공간과 공용 공간을 사용하는 사람들이 나눠서 내기 때문에 원룸이나 오피스텔에 사는 것보다 주거비 부담이 덜한 장점도 있다.

본격적으로 셰어하우스를 공부하기 위해 셰어하우스 창업 강의를 검색했다. 그리고 가장 가까운 날짜로 신청해 4주 동안 열심히 공부하러 다녔다. 40만 원이나 되는 비싼 강의료를 내고 신청했으니 그 비용 이상의 가치 있는 결과가 필요했다. 강의를 수강하는 4주 동안 나는 내가 선별했던 후보 지역으로 임장(부동산 현장 답사)을 다녔다. 그리고 심사숙고하긴 했지만 약간 충동적으로 마음에 드는 아파트를 골라 월세 계약까지 했다. 강의를 함께 수강하는 동기들이 나에게 실행력이 최고라고 이야기했다. 회사에서 떨어진 자존감을 다른 곳에서 얻었다. 중요한 고비마다 강사에게 구체적으로 질문하고, 내가 궁금한 것들에 대한 정보를 얻었다. 네이버만 검색해서는 얻을 수 없는 정보와 강사의 생생한 경험담은 중요한 공부 거리였다. 강의 시간에 공부한 내용은 내가 셰어하우스를 운영하면서 미리 겪을 문제들이었고, 그에 대한 대안까지 생각하게 되었다.

나는 실제 운영하는 셰어하우스를 보고 싶었다. 블로그나 책에 나온 사진만으로는 2% 부족했다. 그래서 주변 경쟁사에 전화해서 입주자인 척, 고객인 척 연락한 다음 구경을 하기로 하고 친정 엄마와 대본도 짰었다. 막상 그렇게 하지는 않았지만, 나중에 셰어하우스 운영자 모임에서 입주자도 아닌 사람들이 셰어하우스 창업 전에 벤치마킹하려고 온 적이 있었다는 얘기를 들었다. 역시 사람들은 생각하고 고민하는 게 비슷하다는 걸 느꼈다.

내가 들은 셰어하우스 강의의 강사는 경기도 대학가에서 셰어하우스를 여러 개 운영하고 있었다. 그리고 때마침 네 번째 셰어하우스 오픈을 준비 중이어서 그 새 집의 셰어들이(집들이와 같은 개념)에 초대받을 수 있었다. 입주자들이 오기 전에 새 집을 구경하는 것이었다. 강사의 셰어하우스에 가서 가구, 가전 등을 구경하고 방의 구조와 가구 배치 등을 직접 확인했다. 실제로 운영하는 셰어하우스 현장을 직접 보고 운영 노하우를 배우는 좋은 기회였다. 실제로 내가 셰어하우스를 창업할 때 집을 꾸미는 데 중요한 공부가 되었다.

그렇게 나의 첫 창업이 시작되었다. 이때도 이직하면서 개인적인 휴가 시간을 확보했다. 일주일 정도 가구와 집기류를 사고, 집 정리하고, 셰어하우스 홍보에 매진했다. 이직도 두세 번 해보니 이직하는 사이에 일주일~한 달 정도의 휴식기를 갖는 요령도 생겼다. 정말 나는 프로 이직러가 맞았다.

셰어하우스 창업 전 미리 준비하면 좋은 것들

❶ 셰어하우스 창업 관련 강의 듣기

책과 포털사이트 검색, 카페 활동으로는 부족한 부분이 있다. 강의료가 싸지는 않지만, 실제 경험담을 들을 수 있어 이 정도의 비용은 투자할 만하다. 그리고 강의를 듣는 모든 수강생이 셰어하우스를 창업하는 것은 아니다. 그렇기 때문에 만약 창업할 생각으로 강의를 수강한다면, 다른 수강생들에 비해 질문 거리가 많아질 것이다. 그렇게 되면 더 많은 것을 얻어갈 수 있다. 더불어 강사도 본인 강의를 듣고 아웃풋을 만들어 내는 수강생에게 애착이 가기 마련이다. 강의와 관련된 추가 질문, 조언을 구하면 수강생과 강사 관계에 신뢰가 쌓이고 더 많은 도움을 받을 수 있다.

❷ 인터넷으로 내가 예상하는 지역 주변의 셰어하우스 벤치마킹하기

인터넷으로 손품 파는 작업이다. 내 홍보 방향과 잘 어울리고 내가 봐도 좋은 것들을 내 셰어하우스에 이용한다. 마음먹고 1~2개월 꾸준히 검색하면, 경쟁사의 운영 방식과 인테리어, 장점 등을 파악할 수 있다.

❸ SNS 홍보: 네이버 블로그, 인스타그램에 정기적으로 노출하기

❶번과 ❷번을 준비하면서 SNS 홍보를 시작했다. 그때까지 블로그는 한 번도 해 보지 않았기 때문에 어떻게 시작해야 할지 감이 잘 안 왔다. 그러나 마이너스 통장을 대출받아서 창업을 시작하니 이유 불문하고 무작정 덤비게 됐다.

나는 셰어하우스 창업을 위해 아파트를 계약하는 과정, 이사 전에 집 청소하는 과정, 가구와 집기를 준비하는 과정 등을 블로그에 상세히 기록했다. 인터넷으로 다른 셰어하우스의 블로그를 벤치마킹하면서 블로그 포스팅하는 방식도 눈에 들어왔다. 이 부분은 가독성이 좋거나 오랜 시간 머물게 되는 블로그를 고르면 된다.

그리고 그 블로그의 포스팅 방식을 따라 해 보자. 무조건 베끼라는 것이 아니다. 잘 운영하는 셰어하우스를 보면서 따라 하되, 거기에 내 글과 내 사진, 내 콘텐츠를 넣어서 나만의 방식으로 업그레이드 하는 것이다. 나도 이런 방식을 블로그 강의에서 배웠다. 그리고 직접 해 보니 결과적으로 이런 게 노하우라는 걸 알았다. 처음에 아무런 정보 없이 시작하려면 강의를 듣고 과제를 하면서 직접 실행하는 것이 시행착오를 줄이는 방법이다.

나처럼 대학가에서 셰어하우스를 시작하는 경우라면, 네이버 블로그와 인스타그램 둘 다 운영하길 권장한다. 네이버 블로그는 학부모가 검색하고, 인스타그램은 학생이 검색하기 때문에 유입되는 경로가 다르다. 학생과 학부모의 연령층에 따라 애용하는 플랫폼이 다르므로 이 부분을 염두에 두고 기본적으로 2개의 SNS를 운영하는 것이 좋다. 뒷부분에서 더 자세하게 언급하겠지만, 위 3가지를 먼저 해 놓고 기록을 남겨 놓으면 셰어하우스를 창업했을 때 데이터나 방문자 수, 팔로워 수를 늘리는 데 도움이 된다.

쉬는 날에도 돈을 벌고 싶다는 생각이 나를 셰어하우스 창업으로 이끌었다. 생각하는 대로 하나씩 이뤄갔고, 실제로 이뤄지는 게 너무 신기했다. 내가 생각한 대로 만들어 놓으니 스스로가 꽤 능력 있는 사람이 된 것 같았다. 회사에서 인정받으려고 애쓰기보다 간절한 마음으로 내가 하고 싶은 일에 도전해 결과물을 만들어 내는 나 자신이 대견했다. 이렇게 자신감이 회복되었다.

전에는 막연히 내 업무 경력을 갖고 시작할 수 있는 요식업 창업만 생각했었다. 그런데 내 경험과 노하우를 발휘할 수 있는 콘텐츠가 생기면 또 다른 동기 부여가 된다는 걸 알았다. 분야는 다르지만, 회사에서 월급받고 해 오던 일을 내 사업에 적용해 보니 진행이 빠르고 어설프지만 결과물도 나온다는 게 재밌었다. 그리고 확장된 생각을 실행으로 옮겨 만들어 낸 결과물에 대한 성취감은 액수에 상관없이 온전히 내가 만든 수익으로 느끼게 되었다.

아르바이트 같은 예전의 방식으로는 부수입을 만들 수 없었다. 나이가 들고 내 상황이 바뀌니 생각대로 잘 구해지지 않았다. 그래서 '이젠 나 스스로 내가 할 수 있는 일을 새롭게 만들어야 하나?'하는 생각을 하다 우연히 알게 된 것이 셰어하우스였다. 물론 아직은 1채뿐이지만, 그래도 3년 동안 직접 운영해 본 소감을 말하자면 셰어하우스는 정말 괜찮은 사이드 잡이라는 것이다.

셰어하우스 운영을 추천하는 이유

첫 번째, 회사나 상사에게 종속되어 일하지 않는다. 물론 수익에 대한 책임은 내 몫이지만, 나는 누구의 결재나 승인을 받을 필요가 없다는 게 좋았다. 즉, 내가 주인이 되어 내 가치관으로 창업해서 운영할 수 있는 것이다. 운영 방침을 정하고 입주자와 계약을 맺는 등 대표가 되어 사회생활을 한다는 것은 성취감을 느끼는 기회가 된다.

두 번째, 일반 자영업보다 적은 자본으로 시작할 수 있다. 나도 자본이 부족해서 마이너스 통장 대출로 시작했다. 대출을 받은 이후로 잠이 안 올 정도로 불안했고 절대 실패하고 싶지 않아서 더 바짝 신경 써서 일을 진행했다. 그러다 보니 월급 외 부수입을 안정적으로 만들 수 있었다.

세 번째, 문제가 일어나도 내가 해결할 수 있다. 셰어하우스는 고객을 상대해야 하는 일이기 때문에 고객과의 문제는 피할 수 없지만, 누군가의 눈치를 보거나 이해관계를 생각하지 않고 내가 직접 해결해 가면 된다. 특히나 문제를 해결하는 과정에서 '대안은 분명히 있다'라는 마인드로 접근하면, 내가 해결할 수 없는 문제는 거의 없다. 그리고 문제가 재발하지 않도록 시스템을 만들게 된다. 이런 경험들이 쌓이면 또 다른 수익의 기회를 만들 수 있다. 나 역시 그간의 경험을 토대로 전자책을 집필했다. 나만의 콘텐츠가 생긴 것이다.

[나만의 콘텐츠 -전자책]

셰어하우스 대표,
진심으로 클레오입니다

셰어하우스를 시작하게 된 계기

　셰어하우스 창업을 마음먹었을 때는 다섯 번째로 이직한 회사에 다니던 중이었다. 새로운 회사에서 업무 능력을 발휘하고 싶었지만, 그 목표에 비해 현실은 계획대로 이뤄지는 것이 없었다. 프로젝트부터 직원 관리, 매출 관리까지 내가 계획하고 실행한 것들이 하나도 그럴듯한 결과물로 나오지 않았다.

　다섯 번째로 이직한 회사는 전 직장에서 믿고 따르던 선배의 권유로 간 회사였다. 그런데 개인적으로 알고 동경했던 선배의 모습과 회사 상사로서의 모습이 꽤 달랐다. 그 다른 모습이 잘못된 것은 아니었다. 하지만 선배의 이중적인 모습에 당황했고, 세상에는 여러 부류의 사람이 있다는 것을 다시 느끼게 되었다.

그런데 그 회사에는 나 혼자만 이직한 게 아니라, 내가 아끼는 동료들까지 소개해서 모인 것이었다. 의기투합해서 일해 보자는 뜻으로 같은 부서에서 함께 좋은 성과를 냈던 동료와 아끼는 후배도 있었다. 그런데 선배의 일하는 방식이 같이 일하는 사람을 혼란스럽게 했다. 하지만 그 당시 나의 능력 부족으로 사람들을 잘 챙기지 못했고, 덩달아 내 의지도 많이 꺾였다. 나는 원래 목소리도 크고 자기주장이 강한 성향인데 직전 연도까지 네 번의 이직을 했던 시행착오를 다시 겪고 싶지 않아서, 예전에는 하지 않던 선배(상사)의 비위를 맞추기까지 했다. 나와 오랫동안 팀워크를 맞춰 일했던 동료와 후배까지 끌어들여 이직한 회사에서 나는 그들과 함께 살아남고 싶었다.

게다가 우리는 맞벌이 부부고, 나는 남편과 함께 우리 가정의 가장이다. 내 가족의 생활비를 벌어야 한다는 생각으로 버텼다. 월급을 받으려면 회사에 다녀야만 했다. 그러면서도 월급만큼의 수익을 만들 방법이 있는지 검색하는 게 습관이 될 정도로, 회사에 마음을 붙이지 못했다. 결국, 내 소개로 입사했던 동료와 후배는 나보다 먼저 퇴사의 수순을 밟았다.

유치하게 친구가 퇴사했다고 따라서 퇴사한 것은 아니었다. 내 가족의 생계가 달려 있는데 유치할 여유는 없었다. 그사이 회사의 중요한 조직원들이 줄줄이 자기 살 길을 찾아 떠났고, 나도 퇴사를 앞두고 있었다. 그렇기 때문에 회사에서 받는 월급만큼의 수익을 만들 수 있는 부업거리를 틈틈이 찾았다. 더불어 당시에는 둘째가 어렸기 때문에 육아에서도 자유롭지 못했다. 그래서 회사와 부업 장소, 집의 이동거리 역시 매우 중요했다. 더군다나 대중교통을 이용하는 나로서는, 시간 관리와도 직결되는 중요한 문제였다.

통계청에 따르면 1인 가구의 폭발적인 증가로 셰어하우스에 대한 수요도 증가 추세라고 한다. 여성 전용으로 운영하는 셰어하우스가 전체 비중의 80% 정도다.

셰어하우스가 대중화되면서 입주자들에게는 장점이 더 늘었다. 가구, 가전, 주방기구, 생활용품이 다 준비된 셰어하우스가 늘어나고 있기 때문이다. 여성을 타깃으로 하기 때문에 감각적이고, 트랜디한 인테리어의 셰어하우스라면 입주자들의 선택을 받을 확률이 높다. 그래서 아기자기하고 귀여운 소품을 이용한 세련된 인테리어의 셰어하우스가 많아졌다.

셰어하우스의 장점은 오피스텔이나 원룸보다 낮은 보증금과 월세, 가성비 좋은 주거 환경, 여러 사람과의 소통을 꼽는다. 단점은 공유 공간 사용의 불편함, 하우스메이트와의 갈등, 사생활 침해, 운영자의 관리 미숙으로 인한 갈등이다. 갈등의 원인을 포괄적으로 사람 사이의 관계, 임대차 계약의 문제 정도로 볼 수 있다. 즉, 기본적인 사회생활, 친구 관계, 연인 관계를 경험해 본 성인이라면 셰어하우스를 큰 어려움 없이 운영할 수 있을 거라 생각한다. 사람 사이의 커뮤니케이션이 문제고, 계약에 대한 충분한 사전 검토가 있으면 문제가 생길 일이 적다. 그리고 셰어하우스를 1년간 직접 운영해 본 결과, 경험이 쌓이면 확장도 충분히 가능하다.

▎셰어하우스, 어디서 시작할까?

셰어하우스 위치는 내가 잘 아는 곳이어야 유리하다고 배웠다. 부동산 투자와 경매에서 배운 것과 비슷했다. 우리 집 근처에는 '내가 잘 아는 지역'이 없어서 모교인 수원대학교 근처로 가서 원룸과 아파트의 임대 시세를 조사하기로 했다. 뚜벅이인 나에게 편도 2시간 이내 거리가 적당했다. 내가 대학교 다니던 시절에 비하면 지금은 교통도 좋아졌고, 스마트폰도 있어서 더 빠르게 이동할 수 있었다.

수원대학교 근처의 원룸 시세가 궁금했다. 원룸 임대료는 얼마이며 내부 시설은 어떤지 조사하기 위해 부동산에 미리 연락하고 찾아갔다. 마침 임장을 갔던 시기가 1월이어서, 수시 합격생이 부모님과 함께 부동산에서 계약하는 모습을 볼 수 있었다. 바로 눈앞에서 원룸을 계약하는 학생을 보니 나도 셰어하우스를 시작하면 저렇게 계약을 받을 수 있겠다는 생각에 가슴이 설레기까지 했다.

그 지역의 여러 아파트를 비교해서 마음에 드는 매물을 발견했다. 그런데 집주인이 기숙사 용도라면 임대하지 않겠다고 해서 계약을 하지 못했다. 집주인은 60대 어르신이었는데, 셰어하우스를 민간 기숙사 정도로 이해했다. 셰어하우스라는 개념이 지금보다도 익숙하지 않을 때, 집주인이 셰어하우스를 민간 기숙사로 이해하는 것도 무리는 아니었다. 내가 운영할 셰어하우스는 기숙사가 아니라 여학생 전용 셰어하우스였다. 부동산 사장님들도 셰어하우스에 대한 이해 정도에 따라 중개 과정과 결과가 각각 달랐다. 결국은 집주인의 전대차 동의도 못 얻고, 거리도 가까운 건 아니니 자연스럽게 다른 지역으로 눈을 돌렸다.

다음 지역은 친정 엄마의 도움을 받을 수 있는 인천으로 선택했다. 내가 초등학교 때부터 대학교 때까지 살았던 곳이고 현재 친정 부모님이 인천에서 생활하신다. 인천에서 가장 규모가 큰 인하대학교 근처로 위치를 정했다. 내가 그곳에서 유년시절을 보냈기 때문에 인근 교통편이나 지역의 랜드마크도 잘 알았다. 그래서 타 지역에서 온 학생에게 이것저것 편의시설을 소개해 주기에도 무리가 없었다. 또, 그 사이 지역이 더 발전했다는 이야기와 함께 변천사를 소개하는 것도 학생 부모님과 처음 대면했을 때 알찬 대화 거리가 될 것 같았다. 우리 집에서 시외버스를 타는 분당 야탑까지, 그리고 야탑 터미널에서 인천까지 이동하는 거리와 시간은 다른 지역보다 짧게 느껴졌다. 인천에 친정이 있어서 심리적 거리가 비교적 가까웠던 것 같다.

셰어하우스에 고정적으로 월 2회 방문하기로 스스로 약속했다. 친정 부모님도 뵙고 내가 직접 집을 청소하고 관리할 계획이었다. 그리고 혹여라도 내가 회사 일과 육아 때문에 인천에 올 틈이 안 생기면, 친정 엄마에게 부탁할 심산이었다.

[셰어하우스로 정한 아파트 단지 전경]

▎셰어하우스 운영 마인드

　내 셰어하우스의 타깃은 인하대학교와 인하공업전문대학의 여학생이다. 셰어하우스는 아파트로 구했다. 이때, 초기 목돈을 적게 하려면 월세로 구하는 것이 좋다. 셰어하우스는 개인 공간은 독립적으로 사용하고 주방과 화장실, 거실 같은 공용 공간을 함께 사용하는 주거 형태다. 내가 월세로 임대한 아파트의 각 방에 침대를 놓고, 1인실 또는 2인실로 방을 임대하는 사업이다. 입주자에게 월세를 받는 시스템이지만, 하숙과는 다르다. 운영자인 내가 직접 빨래와 밥을 해 주지는 않는다. 운영자는 입주자에게 공간을 대여하고, 입주자는 개인 공간과 공용 공간을 임대해서 사용한다. 기본적인 생활 청소는 입주자들이 직접 한다. (이 내용은 운영과 관련된 부분인데, 운영자가 규칙을 정하면 된다.)

　일반 원룸보다 셰어하우스의 임대수익률이 높은 편이다. 입주자가 많을수록, 침대를 여러 개 배치할수록 운영자의 수익이 커진다. 만약 방이 3개라면 모두 2인실로 정하거나 방 2개는 2인실, 1개는 1인실로 정할 수도 있을 것이다. 이건 순전히 운영자의 마음이고 운영 방향성의 문제다. 나는 입주자의 입장으로 생각해서 25평 아파트에서 5명 이상의 여학생이 부대끼며 생활하는 건 갑갑할 거라고 판단했다. 간혹 셰어하우스를 소개하는 TV 프로그램을 보면 월세를 싸게 받는 대신 여러 인원을 받는 방식으로 운영하는 곳도 있었다. 나도 운영자 입장이지만, 내가 보기엔 마치 닭장 같았다. 그런 곳에서 세입자의 '삶의 질'이 좋아질 것 같지는 않았다.

"화장실이 2개지만 5명보다 4명이 사용하는 게 더 편하겠지."

"작은방에 이층 침대를 놓고 2명이 생활하려면 좁고 불편하겠지."

"3명 이상만 돼도 의견이 갈리고 싸울 일이 생기는데, 5명까지 받으면 갈등이 생기거나 패가 갈리거나 싸울 확률이 더 높아지겠지."

내가 싫으면 남도 싫고, 내가 좋으면 남이 보기에도 좋은 것이다. 운영자의 수익이 조금 줄어들더라도, 입주자의 편의를 우선으로 생각하기로 했다. 그래서 우리 셰어하우스의 정원은 4명으로 정했다. 집 구조는 방 3개, 화장실 2개였다. 화장실 딸린 안방을 2인실로 정하고, 작은방 2개를 각각 1인실로 정했다. 2인이 화장실 1개를 사용하는 건 여학생들에게 꽤 매력적인 요소였다. 게다가 내가 선택한 아파트는 분양한 지 3년된 대단지 아파트다. 여러모로 봤을 때, 진정 내가 살고 싶은 곳이었다. 입주할 여학생 고객을 위해 생활하기 좋은 기준을 마련하고, 깔끔한 분위기로 인테리어를 꾸몄다.

여기서 중요한 것이 하나 더 있다. 바로 '운영자의 마인드'다. 셰어하우스 운영은 실제로 부동산이 있어야 가능한 일이다. 공간을 임대하기 때문에 부동산 임대업에 속한다. 나는 여기에 '생활서비스업'이라는 타이틀을 하나 더 추가했다. 우리 셰어하우스의 주요 고객은 집을 떠나 타지에서 생활하는 학생들이다. 그래서 일반 원룸이나 오피스텔에서 생활하는 것과는 달라야 한다는 것이 내 운영 전략이다. 우리 셰어하우스는 부모님 품처럼 안락하고 안전하며 깨끗하고 쾌적한 환경을 제공하는 것이 목표다. 이런 것들을 운영자인 내가 직접 다 보살펴 주지 못하면, 다른 셰어하우스와는 차별화된 주거 조건을 만들어 줘야 한다. 그런 조건은 내가 정하는 대로 적용할 수 있는 것들이니까 내가 방향을 정하고 시작하면 된다.

한 식구끼리 살아도 티격태격 마찰이 있는데, 하물며 20년 넘게 각자 다른 환경에서 생활하던 학생들이 만나서 생활하면 어떻겠는가? TV에서 보던 것처럼 늘 즐거울 수만은 없다. 또래들끼리 모여 있어서 재밌고 친하게 지낼 수도 있지만, 반대로 개인주의가 심하거나 커뮤니케이션이 미숙해서 갈등이 생길 수도 있다. 그럴 때 최소한의 운영 기준은 공동 생활하는 입주자들을 위해서라도 꼭 필요하다. 나는 공동 공간의 사용 기준과 청소 순번을 정해 주었다. 쓰레기 분리수거도 자체적으로 순번을 정해서 버리도록 했다. 내가 학생들의 부모는 아니지만, 운영자이자 관리자로서 입주자들 사이에 생길 수 있는 갈등 요소를 예방하는 환경을 만들어 줘야 한다. 문제가 생겨서 마음이 불편하거나 스트레스가 된다면 나의 셰어하우스를 선택할 이유가 없기 때문이다.

셰어하우스의 이름은 내 닉네임을 붙여서 '클레오 셰어하우스'로 정했다. 제대로 운영해 보겠다는 각오로 운영 전략과 방침을 세웠다. 오픈 일정은 인하대학교 개강 일정에 맞춰 잡았다. 12월에 강의를 듣고, 1월에 셰어하우스로 운영할 아파트를 월세로 임대 계약했다. 2월 초에 가구와 집기류들을 사면서 셰어하우스 창업 과정과 진행 사항을 블로그에 기록했다. 그 자체가 셰어하우스를 홍보하는 것이었다. 2월 중순부터 블로그를 보고 빈방이 있냐는 문의 전화가 오기 시작했다. "와, 이렇게도 돈을 벌 수 있구나!"라고 감탄하며 흥분했다. 입주계약서를 작성한 것도 아니고 블로그를 통해 단순 문의만 받았을 뿐이었지만, 강의 때 말로만 듣던 걸 직접 경험해 보니 신기했다.

원래 살던 지역을 떠나 다른 지역의 대학교를 오는 것인 만큼, 처음으로 독립해 살 공간을 찾는 것은 학부모와 학생에게 매우 중요한 일이다. 기숙사에 지원했다가 떨어졌거나 기숙사의 단체 생활이 싫어 방을 구하기도 한다. 부모는 어린 자식이 혼자 자취하는 것이 당연히 불안하다. 그래서 혼자 사는 것보다 공동생활이 상대적으로 안전할 거라고 생각해 셰어하우스를 찾기도 한다.

　우리 집에 온 학생들은 대부분 첫눈에 마음에 들어 했다. 그리고 다른 집을 보고 와서도 우리 집이 제일 마음에 든다고 계약하고 싶다고 연락을 해 왔다. 다만, 한 가지 걸리는 건 '다른 셰어하우스보다 월세가 비싸다'는 것이었다. 우리 셰어하우스는 주거 환경이 좋고, 운영자인 내가 직접 청소 및 관리를 했다. 그리고 일정량의 생활 소모품도 내가 비용을 부담해서 학생들에게 제공한다. 인터넷 비용이나 정수기, 비데 비용도 내가 부담한다. 물론 큰 비용은 아니지만, 내가 부담할 수 있는 수준에서 학생들에게 혜택을 주고 싶었다. 또 운영 원칙에 있어 내가 직접 조정하지 않아도 학생들이 서로 의견을 조율하고 배려하면서 맞춰 가는 공동생활을 할 수 있는 시스템을 만들었다. 입주자가 처음 만난 메이트들과 생활할 때 예상치 못한 스트레스를 받지 않게 하기 위함이었다. 이런 차별화 전략 때문에 다른 셰어하우스보다 월세를 3만 원 정도 더 비싸게 책정했다. 그리고 입주자가 내는 비용은 월세와 관리비가 전부였다. 그 외에 셰어하우스를 운영하면서 따로 받는 운영 관리비는 없었다. 내가 모든 인하대 여학생을 받을 것도 아닌데 우리 집에 올 4명이 없겠나! 하는 자신감이 있었다.

　내가 오로지 수익만 생각하고 운영을 시작했다면 우리 셰어하우스에 6명쯤은 들어와야 했다. 그 정도는 되어야 운영자인 나도 아파트 월세와 각종 지급수수료를 내면서 수익을 쏠쏠하게 만들 수 있다. 게다가 나는 장거리 운영자 아닌가! 그런데 그 생각은 온전히 내 입장만 생각하는 것이다. 역지사지로, 내가 학생이라면 그렇게 많은 사람이 모여 사는 곳은 싫을 것이다. 아무리 대단지에 있는 신축 아파트라 하더라도 말이다. 본가 식구보다 많은 수의 입주자가 24평 아파트에서 부대끼면서 생활하는 것은 입주자들에게 매력이 떨어지는 조건이다. 입주자가 만족해야 운영자의 수익이 따라오는 법이다. 운영상의 명목으로 수익을 우선 생각하면 그 수익을 감당하기 위한 문제들이 곳곳에서 생긴다. 고객 입장으로 생각하고 결정하면 고민할 것들이 줄어든다. 그리고 억지 부릴 일도 줄어든다.

사이드 잡에 대한 내 기준을 정한 뒤 입주 시, 셰어하우스 투어 시 공지사항을 블로그에 포스팅하고 단톡방을 만드는 등의 시스템을 만들었다. 입주자들에게도 운영 기준을 전달했다. 그러고 나니 매달 정기적인 부수입이 생겼다. 큰 문제가 없으면 자동으로 부수입이 들어오는 파이프라인이 생긴 것이다. 1년에 한 번씩 예상치 못한 문제가 생겼지만, 대부분 해결 가능했던 것들이었다. 예상하지 못했던 문제들을 해결하면서 셰어하우스 운영에 유연성과 노하우가 생겼다. 경험치가 쌓이고, 내가 정하는 시스템이 더 견고해졌다.

직장 일을 하면서 틈새 시간을 이용해 부수입을 만드는 묘미를 맛보았다. 회사가 아닌 다른 곳에서 부수입을 만들어 내는 것이 마음을 조금 단단히 먹고 실행하면 별로 어려운 일이 아니라는 걸 알았다. 이렇게 하나씩 일을 벌이고 결과를 내는 게 힘들 때도 있었지만, 수입을 만들어 내는 성취감은 삶의 원동력이 된다.

코로나19로 인해 일상이 타격 받고 많은 사람이 힘들어할 때 대학가도 당연히 타격을 받았다. 학생들은 신학기 개강이 늦춰지고 온라인 강의로 바뀌면서 학교 갈 일이 줄어드니 셰어하우스 월세가 아깝다는 생각이 들었을 것이다. 혹은 그런 고정 비용을 쓸 필요가 없을 것이다. 그래서 셰어하우스를 여러 개 확장해서 운영하던 분들 중 일부는 수익률이 줄어들거나, 적자가 나 폐업하기도 했다. 그런 시기에도 클레오 셰어하우스는 공실 없이 운영되었고, 나에게 작지만 단단한 현금 흐름을 만들어 주었다. 정확한 타깃팅과 견고한 운영 시스템, 본업과 병행하며 운영하는 내 노하우들이 집약된 결과물이었다.

셰어하우스 집을 구하기 전에 꼭 알아야 할 3가지

앞으로 다룰 내용은 나와 직접적인 관계가 없으면 모르고 넘어갈 만한 내용이다. 나도 부동산 계약을 하기 전에는 전혀 몰랐던 내용이다. 그러나 셰어하우스 집의 소중한 보증금을 언제라도 안전하게 지키려면 반드시 알고 있어야 한다. 내 돈을 누가 대신해서 지켜 주지 않기 때문이다. 왜 학교에서는 이런 걸 알려 주지 않을까? 고등학교, 대학교에서 부동산 계약을 교양 과목으로 정해서 교육하면 소중한 보증금을 날리고 몰랐다고 억울해할 일은 줄어들 것이다.

❶ 전대차

전대차란 빌린 것을 다시 또 남에게 빌려주는 행위를 말한다. 주로 부동산 관련 거래 시에 많이 사용되는 용어로 이를 위해 전대차계약서, 전대차동의서 등의 문서를 작성하기도 한다.

> **민법 제629조**(임차권의 양도, 전대의 제한)
> 1. 임차인은 임대인의 동의 없이 그 권리를 양도하거나 임차물을 전대하지 못한다.
> 2. 임차인이 전항의 규정을 위반한 때에는 임대인은 계약을 해지할 수 있다.
>
> (출처: 국가법령정보센터)

전대차를 놓으려면 반드시 집주인의 동의를 얻어야 한다. 이것을 전대차 동의라고 한다. 집주인의 동의 없이 다른 사람에게 임대를 놓으면 집주인은 임대차 계약을 해지할 수 있다. 다만 임차인이 건물의 일부분만 다른 사람에게 임대를 놓으면 집주인의 동의를 받지 않아도 된다. 예를 들어, 임차인이 전셋집의 방 3칸 중 1칸만 다른 사람에게 임대하는 건 집주인 동의가 없어도 가능하다.

집주인에게 전대차 동의를 받지 않고 셰어하우스를 운영하다가 집주인에게 발각되면, 집주인은 셰어하우스 입주자들을 쫓아낼 수 있다. 이것이 전대차 동의를 꼭 받아야 하는 이유다. 반대로 셰어하우스 입주자는 셰어하우스를 선택할 때 부동산 중개인을 통해 선택하고 결정하는 것이 아니므로 스스로 이런 사항을 확인해야 한다. 셰어하우스 집이 어떻게 계약되었는지, 계약서와 운영자의 신분증을 보여 달라고 요청하면 된다. 이를 보여주지 않거나 투명하게 오픈하지 않는다면 후보에서 제외하는 것을 추천한다. 또, 투어나 계약 전에 관할 구청에서 그 집의 등기부등본을 먼저 떼어 확인하는 것도 가능하다. 등기부등본에 기록된 세대주가 운영자와 어떤 관계인지 확인하면 계약 관계까지 확실하게 확인할 수 있다.

나는 계약이 확정되면 셰어하우스 임대차계약서와 나의 신분증을 함께 보여 드린다. 사실 학부모들을 만날 기회는 투어 혹은 계약 때 말고는 없다. 투어할 때 부모와 함께 오면 계약은 학생에게 맡기거나 투어를 와서 바로 선택하고 계약하기도 한다. 학부모들을 자주 만날 수 있는 것이 아니기 때문에 집 계약 상태부터 투명하게 공개하고, 신뢰할 수 있는 이미지를 만드는 게 중요하다.

❷ 확정일자

전입신고와 함께 신청하며 신청일 다음 날부터 효력이 발생한다. 확정일자를 받으면 우선 변제권이 생기는데, 이는 주택의 경매 진행 시 세입자를 보호해 주는 역할을 한다. (단, 보증금반환청구소송을 한 후에 진행 가능) 우선 변제권은 경매 대금에서 우선적으로 세입자의 보증금을 변제 받는 권리를 말한다. 보증금을 모두 돌려받을 수 있는 것은 아니고, 말소기준권리인 근저당이 있으면 보증금 반환이 어려워진다. 나는 만일에 대비해 전입신고와 확정일자를 받았다. 그리고 그 집에 세대주로 등록되어 있다. (3년 이내 사업자등록 후, 비용 처리 가능)

❸ 전세권 설정

세입자로 계약한 집에 전세권을 설정하면 집주인의 전대차 동의를 받지 않고도 셰어하우스를 운영할 수 있다. 전세권 설정은 등기부에 전세권 설정 금액이 표기되며 신청 당일부터 효력이 발생한다. 집의 전세금(보증금)을 돌려받지 못했을 때 소송

없이 경매가 가능하다. 전세권 설정은 집주인의 동의가 있어야만 가능한데, 임대인이 꼭 전세권 설정에 동의할 의무가 없어 합의가 필요하고 일반적으로 비용도 임차인이 부담한다. 전세권 설정은 확정일자 받는 것보다 비용이 비싸다. 24평 아파트 기준으로 60만 원이 든다. 현재 1호점은 전입신고를 해서 내가 1호점의 세대주다. 2호점을 오픈한다면 전입신고로 위치만 이동하는 건 무의미하므로 전세권 설정을 할 계획이다. 오픈 계획 시 이 비용도 미리 고려해야 한다.

전세권 설정과 확정일자 비교하기

구분	확정일자	전세권 설정
권리 종류	채권의 물건화	물권
공시 여부	공시 여부 등기부등본에 기재 안 됨	등기부등본에 기재
비용	600원	수십만 원 대
효력 발생	주택 인도+전입신고+확정일자 (주소 이전 시 효력 상실)	등기부 설정일
보증금을 받지 못할 경우	보증금반환청구소송 진행 후 경매 가능	전세권 설정자가 직접 경매 신청 가능

인하대 대표 클레오 셰어하우스

클레오 셰어하우스의 운영 노하우

"인하대 대표 클레오 셰어하우스입니다."

내가 셰어하우스 홍보 포스팅을 할 때 가장 먼저 쓰는 첫 문장이다. '인하대 대표'라는 수식어는 타칭이 아니라 자칭이다. 지금 이 글을 쓰면서 생각해도 뻔뻔스러움이 하늘을 찌른다. 누가 먼저 그렇게 불러 주기 시작했는지, 언제부터 우리 셰어하우스가 인하대 대표 셰어하우스가 된 건지는 중요하지 않다. 현재도 내가 이 책에 '인하대 대표 클레오 셰어하우스'라고 쓰고 있다는 것이 중요하다. 실제로 우리 셰어하우스는 이 지역에서 가장 먼저 만실이 되는 셰어하우스가 되었다. 정말 말하는 대로 된 것 아닌가!

내가 셰어하우스를 알게 되고, 검색했을 때는 이미 셰어하우스로 돈을 버는 사람들의 사례가 생각보다 많았다. 내가 처음으로 셰어하우스 운영을 시작하던 시기가 2019년이었다. 이미 2016~2018년부터 셰어하우스를 시작한 사람들의 사례였다. 그래서 처음에는 내가 볼 수 있는 자료가 많았다. 신이 나서 인터넷과 각종 자료 서적들을 검색하고, 책도 빌려 보면서 셰어하우스에 대한 개념을 익혔다. 그리고 어떻게 셰어하우스를 운영하는지, 일반 월세보다 셰어하우스 월세의 수익률이 높은지, 초기에 어떻게 시작하면 좋을지 등의 초보가 궁금한 내용들을 공부했다.

그렇게 2주 정도 검색하니 이미 다 읽어 본 자료들뿐이었다. 셰어하우스와 관련된 책을 몇 권 읽었더니 더 이상 볼 게 없는 상황이 되었다. 이렇게 많은 사람이 이렇게 알려진 방법으로 이미 노른자 지역에서 셰어하우스를 하고 있다니…. 내가 시작해도 이렇게 돈을 벌 수 있을까? 이미 늦은 건 아닐까? 하는 생각이 들었다. 그래도 그 상황에서 내가 할 수 있는 일은 우선 '공부'였다.

'만약 셰어하우스를 시작하면 어떻게 홍보하고 어떻게 입주자들을 구하지?', '셰어하우스는 아파트로 할까, 빌라로 할까?', '타깃 고객은 누구로 할까?', '입주자는 몇 명을 받지?', '그럼 월세 수입은 얼마일까?'와 같은 구체적인 생각을 하니 자연스럽게 네이버에서 부동산을 검색하게 되고, 예상 지역의 아파트, 빌라 월세를 검색하게 되었다. 그리고 생각을 더 구체화해서 '만일 내가 이 지역에서 셰어하우스를 시작한다면 우리 셰어하우스의 장점은 무엇인가?'를 스스로 질문했다.

우리 셰어하우스의 장점은 내가 직접 운영한다는 것이다. 물론 내 자신감만으로 이렇게 말할 수는 있지만, 이 장점을 고객들이 직접 느끼기위해선 시간이 필요했다. 그렇다면 우리 셰어하우스의 장점은 또 뭐가 있을까? 고객들이 후발 주자인 우리 셰어하우스를 꼭 선택해야만 하는 특별한 이유가 필요했다. 인하대학교는 인천에서 가장 오래된 대학교다. 이미 내가 중학생이던 시절(지금으로부터 30년 전)부터 주변에 하숙이나 원룸이 즐비하던 곳이다. 이미 시장이 만들어져 있다면, 거기서 주워 먹더라도 남들이 먹다 남긴 걸 주워 먹고 싶진 않았다. 그만큼 기존의 인프라가 만들어진 곳에서 시작하는 신규 셰어하우스라면 우리 셰어하우스에 꼭 와야 하는 특별한 이유, 즉 '코어'가 있어야 했다.

❶ 주요 타깃 고객인 학생이 살고 싶은 셰어하우스가 되자

대학에 입학하는 자녀를 둔 부모님들은 먼저 네이버로 '인하대 셰어하우스'를 검색한다. 그리고 검색된 수십여 개의 셰어하우스를 하나씩 클릭해 본다. 대부분의 셰어하우스 포스팅에는 운영자 연락처나 안심번호가 있다. 부모님들은 마음에 드는 인근 지역의 셰어하우스에 전화를 돌려 대략적인 위치, 입주 조건, 월세, 관리비 등을 조사한다. 셰어하우스 선택 시 가장 많이 고려하는 항목들은 다음과 같다.

- **위치**: 보통 도보로 통학이 가능한 위치, 큰 길가에 있고 가로등 시설이 밝은 위치를 선호한다. 후미진 도로나 먹자골목에 위치하면 안전상 우려가 있어 좋지 않다. 단과대학별로 후문과 가까운 학부가 있고, 정문과 가까운 학부가 있다.
- **시설**: 대부분의 원룸이나 셰어하우스가 풀옵션으로 되어 있다. 가전 기구들이 위생적으

로 관리되는 집이나 여학생들이 좋아할 만한 인테리어를 선호한다.
- **월세**: 월세, 관리비, 용돈, 교통비 등의 생활비를 고려했을 때 중요한 요소다.

이런 조건으로 비교할 때, 선택은 두 갈래로 나뉜다. 첫째, 인원이 많거나 공간이 좁더라도 비용이 저렴한 곳을 선택한다. 둘째, 비용이 조금 들더라도 적은 인원이 쾌적한 개인 공간과 공용 공간을 사용할 수 있는 곳을 선택한다.

학부모가 마음에 든다고 사전 조사 겸 먼저 연락해 오는 경우가 있다. 이때는 학생 본인과 함께 홍보 내용과 이미지 등을 확인해서 상의한 후에 연락을 달라고 한다. 실제 생활할 학생의 의사를 가장 먼저 확인해야 계약이 성사될 확률이 높기 때문이다. 그리고 입주 계약이 성사된 후에도 실제로 생활하는 학생의 적극성에 따라 좋은 입주자가 될 수 있기 때문이다.

종종 학부모가 먼저 연락해서 빈방의 유무나 투어, 비용 등의 상세한 문의를 하면 나는 성심성의를 다해 응대한다. 그리고 현장 투어 일정까지 미리 약속한다. 그런데 당일에 갑자기 연락이 와서는 "애가 친구랑 살고 싶다고 해서 다른 원룸으로 알아봐야겠어요.", "자기가 먼저 다른 곳을 보고 왔다고 그곳으로 결정한다고 하네요."라고 말하면, 단기간이지만 공실 상태가 계속되는 상황이 당황스러워진다.

또는 학생 본인도 원하지만 성격이 워낙 소극적이어서 부모가 대신 검색해서 알아보고 문의하는 경우도 있다. 이제 갓 대학에 입학한 신입생이고, 어느 집안에서는 장녀인 자녀가 처음으로 집을 떠나야 하는 상황이니 입장은 충분히 이해한다. 하지만 그런 성격이라면 자녀의 사회성을 위해서라도 직접 문의하도록 해 볼 것을 권한다. 미성년 기간을 지나 본격적인 사회생활을 해야 하는 자녀를 생각한다면, 기본적인 생존을 위한 자기 살 길을 찾는 방법을 터득할 기회를 줘야 한다. 소극적인 성향이 걱정되어 셰어하우스에서 공동생활을 할 거라면, 스스로 문의하고 궁금한 사항들을 확인해야 한다. 그런 과정에서 모르는 사람과 필요에 의한 커뮤니케이션하는 방법을 훈련하고 경험할 수 있다. 말하는 게 뭐 대단한 거라고 훈련을 하느냐고 생각할 수도 있다. 그러나 요즘 20대 학생들과 대화하는 40대 성인으로서, 이해관계에 따라 해야 하는 커뮤니케이션이 다르며, 커뮤니케이션은 모든 관계에서 중요하다는 것을 알려 주고 싶다. 커뮤니케이션을 중요하게 생각하지 않아 잘못 알아듣고, 잘못 말해서 문제가 생기면 그것을 해결하고 풀어 가는 과정도 그만큼의 시간과 에너지가 든다는 것을 말이다.

이런 적극성이나 주도적인 커뮤니케이션이 개인의 자취 라이프나 공동생활의 만족도를 결정한다. 어디에 짐을 풀 것인지도 중요하지만 어느 공간이든 필요한 것, 협의해야 하는 것, 부탁하고 부탁을 들어 주는 것을 원활하게 커뮤니케이션하는 것도 중요하다.

학생 본인이 살고 싶은 곳은 자기 생각을 정확하게 전달할 수 있고 상대방과의 커뮤니케이션이 잘 되는 곳이다. 요즘 유행하는 감성의 인테리어를 한 집이라고 살기 좋은 곳이 아니다. 함께 생활하게 될 친구들, 기존에 운영해 온 운영자와의 커뮤니케이션이 상식선에서 정확하게 되어야 살기 좋은 쉐어하우스가 된다. 나는 자주는 아니지만 한 학기에 한 번씩 중간고사나 기말고사, 실습 등의 이벤트가 있을 때 입주자에게 간식을 사 주거나 명절이나 크리스마스 같은 때에 작은 기프티콘을 보내 좋은 관계를 쌓기도 한다.

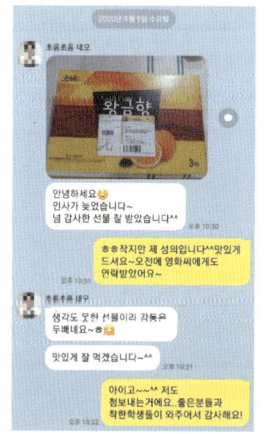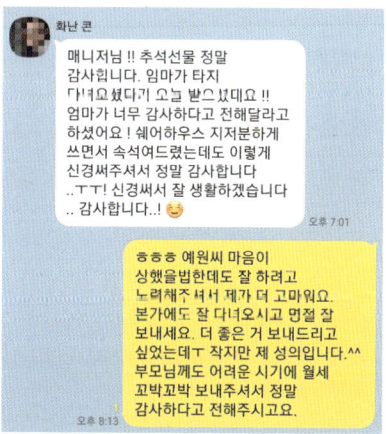

[추석 선물 감사 카톡]

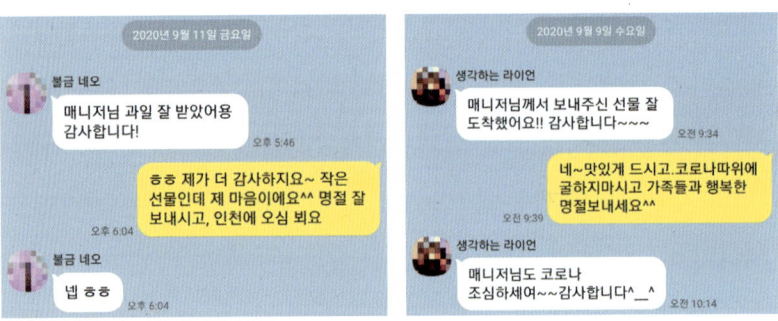

[추석 선물 감사 카톡]

❷ **자녀를 타지로 유학 보내는 부모님이 안심할 수 있는 셰어하우스가 되자**

앞서 말한 것처럼, 전체 셰어하우스의 80%는 여성 전용이라고 한다. 우리 셰어하우스도 여학생 전용이다. 여학생 혼자 원룸에 자취하기에는 세상이 흉흉하고, 무서운 뉴스가 심심치 않게 들려온다. 셰어하우스라고 해서 무조건 안전하다는 보장은 없다. 그래도 일반 오피스텔이나 주택가 원룸보다 환경적으로 안전하고 공동출입구와 현관문 도어락, 집에서 외부인을 확인하고 문을 열어 주는 인터폰이 있다. 또, 동서남북으로 뚫려 있는 아파트 출입구에 상가도 즐비하다. 해가 져서 캄캄한 저녁에도 가로등이 환해 다른 지역보다는 안전하다.

나는 셰어하우스에 월 2회 정기적으로 방문한다. 운영자가 직접 관리하는 것이다. 미리 양해를 구한 외부인이 아니라면, 셰어하우스에 절대 외부인이 들어오면 안 된다. 그런 흔적이 남아서 사실 확인이 되면, 중도 퇴실의 사유가 된다. 미리 협의한 상황이라면 문제되지 않는다. 예를 들어 새로 입주할 때 개인 짐을 들여와야 해서 부모님이 동행하는 경우다. 가족 중에 아빠나 남자 형제가 셰어하우스에 들어와야 하는 경우도 있으니, 여학생 전용 셰어하우스에서는 꼭 사전에 커뮤니케이션 되어야 하는 사항이다. 반대로, 절대로 외부인이 들어오면 안 되는 상황인데 들어오는 일도 있다. 학생마다 강의 스케줄이 달라서 셰어하우스에 혼자 있는 정기적인 시간이 생겼다고 치자. 그럴 때 아무에게도 동의를 얻지 않고(동의를 얻기 위해 이야기를 꺼내는 것 자체가 규칙에 어긋나지만) 외부인을 출입시킬 경우 꼭 흔적이 남기 마련이다. 그래서 그런 이유로 중도 퇴실시킨 경우도 있다. 그런 흔적은 청소 관리할 때 발견하게 된다. 내가 꼭 그런 걸 감시하듯 흔적을 잡아내려고 청소하는 게 아닌데도 말이다.

이런 규칙은 입주계약서에 명시해 두고 입주 계약 시 입주자에게 계약서 항목들을 일일이 읽어 주고 계약한다. 10개가 넘는 항목 중에서 특히 계약 해지 사유와 중도 퇴실 사유를 강조해서 소개한다. 이런 규칙과 계약사항을 철저하게 지키는 것도 정서상의 안전을 위한 것이다.

학업이나 취업을 위해 타지에 와서 우리 셰어하우스에 들어왔는데 상식적이고 기본적인 사항부터 지켜지지 않는다면 받지 않아도 될 스트레스를 받게 되고, 이것이 문제의 발단이 된다. 정작 소위의 목적을 잃은 채, 시간을 낭비하는 상황이 생기는 것이다.

❸ 시기별로 셰어하우스가 관리되고 있다는 것을 기록으로 남기자

내가 셰어하우스에 정기적으로 방문해서 청소 및 관리하는 것을 'QSC(Quality, Service, Cleanliness)'라고 이름 붙였다. 이 QSC는 내가 근무하는 직장에서 사용하는 용어다. 이걸 셰어하우스 관리에 적용해도 되겠다고 생각해서 이름 붙였다. 셰어하우스의 생활 시설 상태를 유지하고(Quality), 학생들에게 서비스한다는 마음으로 관리하고(Service), 구석구석 정기적으로 청소하는(Cleanliness) 것이다.

나는 한 달에 2회 방문 일정을 정한다. 주로 2주 차, 4주 차에 한 번씩 가는데, 회사에 일이 생기면 앞뒤로 조정하기도 한다. 그리고 일정을 정하면 단톡방에 '이번 주 O요일 오후 7시경에 도착합니다' 또는 '주말 오전 10시경에 도착해서 1시간 정도 청소하고 갈게요'라는 식의 메시지를 남겨서 학생들에게 방문 일정을 알린다. 운영자라고 해서 내 집 드나들 듯이 시간 날 때 갑자기 찾아가서 관리하는 건 말이 안 되기 때문이다.

셰어하우스 관리도 운영자 마음대로 정하면 된다. 비용을 내면서 가사도우미를 부르기도 하는데 이때 가사도우미에게 지급하는 비용을 운영자가 내기도 하고, 입주자들이 고정비용으로 부담하기도 한다. 어떻게 하든지 운영자의 선택이다. 나는 시간과 육체적 노동이 들어가더라도 가사 도우미를 쓰지 않고 내가 직접 청소하며 관리한다. 그래야 셰어하우스 관리 능력을 키울 수 있기 때문이다.

셰어하우스 청소는 친정 엄마와 가서 구역을 정해 분담한다. 친정 엄마는 주로 주방 청소를 맡아 주신다. 연세가 있으셔서 무거운 것을 들거나 허리를 숙여서 청소하는 일은 고되고 힘들어하신다. 친정 엄마가 주방 청소만 해 주셔도 시간을 절약하는 데 큰 도움이 된다.

- 욕실 바닥, 변기, 세면대 등 청소할 구역에 세제를 뿌려 둔다.
- 바닥의 머리카락, 휴지통의 쓰레기를 종량제 봉투에 모아 담는다.
- 거실 쓰레기통을 비운다. 쓰레기통 세척이 필요하면 다용도실에서 물받이로 사용한다.
- 청소기로 거실 청소와 현관 청소를 한다. (현관에 신발 먼지보다 머리카락이 유난히 많다)
- 욕실 전용 청소 도구로 세제 뿌린 곳을 닦는다. 이때, 물이 흐르는 배수구에 쌓여 있는 머리카락과 찌꺼기를 닦아 낸다.
- 찬물로 거품을 닦아 낸다.
- 스퀴저(물기 제거하는 도구)로 바닥의 물기를 제거한다.
- 유리 세정제를 이용해 욕실 거울과 현관 신발장 거울의 얼룩을 닦는다.
- 재활용 쓰레기가 많으면 가끔 분리수거 해 준다.
- 걸레를 빨아서 건조대에 말린다.

이런 루틴으로 청소하면 1시간 전후의 시간이 소요된다. 중간에 청소 전과 후 기록을 남기기 위해서 사진 촬영을 하는 시간도 틈틈이 소요된다. 그리고 이 과정을 꼭 블로그에 포스팅한다. 이 포스팅은 셰어하우스의 청소 관리 기록을 남기는 용도이기도 하지만 셰어하우스가 이렇게 관리되고 있다는 것을 홍보하는 목적이 더 크다. 이 기록들이 쌓이면 매년 신학기에 학생들의 입주 문의가 들어오게 되는

데, 정원이 많지 않기 때문에 평소에 잘 관리하고 그 기록을 포스팅하는 것만으로도 공실 걱정을 하지 않는다.

❹ 셰어하우스 공용 물품은 정기적으로 관리하자

월 2회 고정적으로 방문해서 관리할 때 찍은 사진이다. 입주자들에게 관리 내용을 공유하고, 블로그와 인스타에 홍보할 이미지를 확보하기 위해 사진으로 기록을 남긴다. 화장실, 주방, 거실, 다용도실을 돌아가며 청소하고 여름방학과 겨울방학에는 정기적으로 냉장고 청소와 식기류 소독을 한다. 공용으로 사용하는 물품들은 정기적인 위생관리가 필요하다.

[셰어하우스 정기 관리]

방학 기간에 학생들이 집을 비울 때는 식기 소독을 하고, 냉장고 내부 청소를 한다. 유통기한이 지난 음식은 정기적으로 폐기한다. 각 방마다 가구를 들어내고 대청소를 한다.

[셰어하우스 방학 기간 정기 관리]

침대보와 커튼을 세탁한다. 입주자가 계약 만료로 퇴소하면 사용하던 방을 대청소 한다.

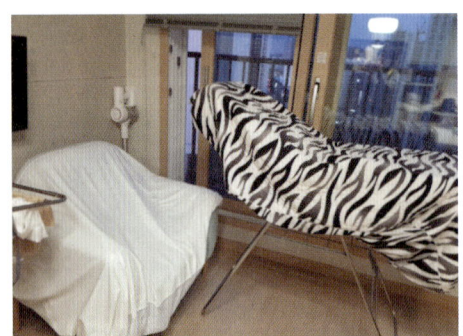 

[새로운 입주자 받을 때 청소 모습]

나도 셰어하우스 창업해 볼까?

셰어하우스 오픈 스케줄 정하기

나는 2019년 2월 25일을 디데이로 정하고 오픈 준비를 시작했다. 내가 임대한 아파트의 이전 세입자의 계약 만기일은 2019년 2월 19일이었다. 그해 2월에는 첫째 주에 구정 연휴도 끼어 있었다. 시기적으로 2월은 신학기 대학생들을 대상으로 시작하기에 촉박한 시기다. 처음에는 오픈 시점에 대한 정보가 없어서 몰랐다가, 내가 직접 오픈하면서 알게 된 사실이다. 이 책을 읽는 독자들은 사소하지만 운영과 수익률에 치명적인 영향을 줄 수 있는 이런 시행착오를 줄여 나가길 바란다. 내가 셰어하우스를 오픈한 2월은 12~1월에 비해 신학기를 준비하는 신입생, 재학생, 복학생들의 선택을 받는 기회의 폭이 좁아진다. 그 당시에는 나도 시기에 따른 차이를 몰랐다가 1년이 지나 2020년 신학기를 맞이하면서 알았다. 미리 합격한 신입생이나 신학기를 준비하는 재학생 대부분은 12월 연말 혹은 1월 초, 중순부터 학교 근처의 집을 미리 알아본다는 것을 말이다.

참고로 2학기에는 입주 문의가 1학기의 50% 미만으로 떨어진다. 시험 삼아 2학기에 운영을 시작해보겠다는 의지라면 좋지만, 수익률이 기대만큼 나오지 않을 수도 있다. 경우에 따라 문의가 몰릴 때도 있지만, 내 경험상 1학기에 비해서는 절반 수준이었다. 2학기에 오픈했을 때의 장점은 다음 해 신학기 문의가 오는 12월과 1월에 응대를 빠르게 할 수 있다는 점이다.

❶ 물건 배송, 가구 설치 요령

내가 셰어하우스 창업을 준비하던 2019년 1월과 2월에는 개인적으로나 업무적으로 일이 많았다. 업무적으로는 여섯 번째 이직을 한 시기였고, 개인적으로는 6살 터울 아이들의 초등학교와 중학교 입학, 구정 연휴, 셰어하우스 강의 수강 등으로 바빴다. 구정 연휴는 2월 4~6일(월요일~수요일)이었는데, 내가 가구나 물건을 주문한 업체 중에는 1일(전주 금요일)부터 10일(다음주 일요일)까지 통으로 10일을 연달아 쉬는 곳도 있었다. 이런 걸 미리 알 수는 없었다. 다만, 나는 성격이 급하고 계획한 대로 일이 안 되면 스트레스를 받는 성향이었기에 스트레스 받지 않으려고 미리 구매할 것들(옷장, 침대, 수납장, 의자, 책상 등)을 검색해서 1월에 다 장바구니에 담아 두었다. 이때 미리 서둘러서 장바구니에 담아 놓지 않았다면 내가 원하는 일정대로 물건을 받지 못할 뻔했다. 배송 일자는 연휴가 끝난 후, 내가 연차를 내서 온전히 셰어하우스 집 꾸미기에 집중할 수 있는 한 날로 몰았다. 택배는 받을 수 있는 한 날에 몰아서 받는 것이 좋다. 쉬기 전날 오후부터 쉬는 날 당일로 몰아서 받으면 일 처리가 한결 쉬워지기 때문이다. 물건 택배는 전날 저녁이나 당일 새벽 배송으로 받고, 사람이 직접 와야 하는 가구(가구 배송, 냉장고 설치 등)는 당일 오전 시간에 몰아서 스케줄을 잡는다. 그리고 오후 시간에 청소와 정리를 끝내면 된다. 물론 이 과정을 모두 사진으로 남기는 것은 필수다. 블로그에 셰어하우스 준비 과정을 기록하기 위해서다. 그리고 그런 기록들이 자연스럽게 셰어하우스 홍보가 된다.

　셰어하우스를 준비하며 시장조사 겸 가격 비교를 위해 광명 이케아 쇼룸과 용산 마켓비 쇼룸에 직접 다녀온 것이 도움이 되었다. 하루 일정을 빼야 했을 정도로 시간이 오래 걸렸지만, 요즘 유행하는 것이 무엇인지 보고 20대 여학생들이 좋아할 만한 인테리어 감각을 키울 수 있었다. 쇼룸의 배치를 그대로 따라 하면 정말 예쁜 집을 만들 수 있었을 텐데 비용이 어마무시하게 들었다. 내 예산에 맞게 합리적 비용 내에서 시작해야 했기 때문에 다 따라 할 수는 없었고, 이미지만 참고했다.

❷ 셰어하우스 오픈 준비 5단계
1단계, 블로그에 셰어하우스 준비 과정 포스팅하기
　셰어하우스 집을 고르는 과정, 최신 아파트로 결정한 이유, 정원을 4명으로 정한 이유, 원룸과 오피스텔, 셰어하우스의 주거 환경과 월세 비교, 셰어하우스 입주 시 준비물, 방과 가구 배치 등의 내용을 글감으로 포스팅한다.

2단계, 셰어하우스 이름 & 로고 정하기

이름을 정한 과정, 이름의 의미, 이름에 담긴 운영자의 마인드, 브랜드 로고를 만드는 과정 등도 포스팅하면 좋다.

[클레오 셰어하우스 로고]

3단계, 온라인 사이트 가입하기

- 셰어하우스 입주자 구하는 사이트
  - 셰어킴: https://sharekim.com/
  - 컴앤스테이: https://www.thecomenstay.com/
  - 고방: https://www.gobang.kr/view/main
- 셰어하우스 운영자 커뮤니티
  - 아이러브셰어하우스 카페: https://cafe.naver.com/ilovesharehouse

4단계, 가구와 집기 예산에 맞게 검색하기

내 셰어하우에 배치할 가구, 집기, 주방기기 리스트를 작성한다. 방별로 구조와 인원수에 따라 미미하게 달라질 수 있지만, 대체로 리스트는 비슷하니 나의 리스트를 참고하면 된다.(322쪽 구매리스트 표 참고) 내 셰어하우스의 인테리어와 어울리면서 실용적인 물품을 구매하는 것을 추천한다. 당근마켓이나 중고나라 같은 앱에서 미개봉 상품(사용감이 전혀 없는 새제품)이 등록되면 나에게 알려주도록 알람 설정을 해 두는 것도 방법이다.

5단계, 셰어하우스 운영에 필요한 각종 서류 준비

입주계약서, 자치 운영 규칙, 시설물 체크리스트, 네이버 폼 입주신청서, 셀프 체크인 프로세스, 신입 입주자 오리엔테이션 등 입주 계약과 동시에 필요한 서류들을 차례대로 준비한다.

오픈 시 필요한 사항을 미리 알고 시작하면 준비 기간을 단축할 수 있다. 임대차 계약과 동시에 셰어하우스의 초기 월세는 내가 부담해야 하는 비용이다. 내가 본격적으로 월세를 부담하고 들어간 날은 2019년 2월 20일이었다. 그날에 맞춰 가구 배송을 받았고, 하루 만에 모두 세팅하고 셰어하우스를 완성했다. 실제로 계약까지 달성한 입주자 견학은 24일이었고, 견학 대상은 지방에서 올라온 신입생이었다. 그리고 그 신입생이 첫 계약자가 되어 주었다.

❸ **2호점을 준비한다면 오픈하기 좋은 시기는 언제일까?**

나라면 10~11월에 매물을 보러 다니고, 셰어하우스 물품 준비를 할 것이다. 그리고 12월 초에 셰어하우스 임대차 계약을 한 다음 단기 문의자들을 받아서 계약할 것이다. 집을 구하는 대학 수시 합격자들은 두 가지 경우로 나뉜다. 첫 번째는 기숙사를 신청해서 들어가거나, 기숙사에 떨어져서 개별적으로 숙소를 찾는 경우다. 두 번째는 기숙사는 제쳐 두고, 미리 시설이나 조건이 좋은 셰어하우스를 선점하려는 경우다. 셰어하우스를 미리 세팅해서 홍보하면 다음 해 신학기의 초기 고객을 먼저 확보할 수 있다. 이렇게 남들보다 미리 계약을 받는 경우는 계약금을 꼭 받아 두어야 한다. 보증금은 통상 2~3개월 월세와 관리비가 합해진 금액으로, 대략

100만 원 전후다. 1인실이냐 2인실이냐에 따라 월세가 다르기 때문에 입주자가 계약한 방에 따라 보증금도 달라진다.

나는 계약금을 보증금으로 받는다. 10만 원 수준의 소액만 받고 진행했다가 3개월 후의 변수로 인해 손해를 그대로 책임져야 하는 경우를 예방하기 위해서다. 계약금이 커지면, 운영자 입장에서는 책임감을 더 갖게 되고 고객 역시 셰어하우스가 엄연한 부동산 임대 계약이라는 것을 제대로 인지하게 된다. 2020년 갑작스러운 코로나19로 모두가 힘들 때, 계약금을 소액으로 받았던 셰어하우스에서 줄줄이 계약이 취소되었다는 소식을 들었다. 만약 계약금이 100만 원 이상이었더라도 사람들이 그렇게 쉽게 계약을 취소했을지 의문이 들었다.

❹ **계약 기간은 몇 개월이 좋을까?**

대학가에서 셰어하우스를 구하는 입주자는 딱 3개월만 단기 계약하고 싶어 하는 경우가 많다. 그도 그럴 것이, 1학기는 3~6월이고, 2학기는 9~12월 초다. 3개월만 단기 계약하고 초과되는 기간은 통학하면 되는 학생들 입장에서는 충분히 그럴 수 있다. 학기가 아닌 기간에 나가는 월세 비용이 부담스러울 것이다. 그러나 단기 계약은 수익이 나기 어렵다. 방학 기간의 공실 부담을 고스란히 운영자가 떠안아야 하기 때문이다. 그래서 내가 정한 셰어하우스 최소 계약 기간은 6개월이다.

계약기간은 1학기는 3월 1일~8월 31일, 2학기는 9월 1일~2월 28일로 6개월씩 산정한다. 이렇게 딱 날짜가 맞지 않으면 앞뒤로 조금씩 조정해서 6개월을 맞춘다. 멀리서 오는 학생들은 비용의 부담이 있더라도 선택할 수밖에 없는 상황이다. 그래서 최초 6개월 계약 이후 재계약하는 경우에는 월세를 인상하지 않고 처음 계약한 금액으로 재계약한다(내가 집주인에게 내는 월세가 오르더라도 인상하지 않는다).

그런데 항상 변수가 생긴다. 만약 1년 장기 계약한 학생이 중도 퇴실하면 어떨까? 학기 중에 장기 계약자의 방이 공실이 되면 결국 월세 수입은 마이너스가 된다. 적자 운영을 하게 되면 운영자의 동기 부여도 약해지기 마련이다. 공실이 나도 괜찮다면 그냥 버텨도 된다. 하지만 셰어하우스는 매월 월세와 관리 비용을 지출해야 한다. 만약 공실이 생긴 상황에서 인턴이나 시험 준비 등으로 1~3개월 단기 계약을 원하는 신청자가 있다면 계약을 받아야 한다고 생각한다. 안정적인 운영을 위해서라면 공실이 없는 것이 좋기 때문에 가능하다면 단기 입주자라도 받는 것이 운영자의 수익 면에서 낫기 때문이다. 입주자들도 비용의 부담을 덜 수 있는 장점이 있으므로 이 부분에 대해서는 양해를 구하고 입주자를 받는 것을 추천한다.

❺ 계약률 높이는 꿀팁

셰어하우스 투어 시 집이 비어 있을 때보다 누군가 생활하고 있을 때 계약률이 높다. 예비 입주자가 집을 보러 와서 누군가 이미 원만하게 생활하고 있는 것을 확인하면 더 마음에 들어 하기 때문이다. 셰어하우스가 생소한 예비 입주자에게 대학가의 원룸이나 오피스텔보다 셰어하우스가 더 합리적인 주거 형태라는 것을 자연스럽게 검증해 주는 셈이다.

투어 시즌인 1~2월은 방학 기간이라 집이 비어 있는 상태일 확률이 높다. 이때는 우선 모델 하우스 수준으로 집을 청결하게 청소하고 정리 정돈한다. 새집에 온 것 같은 느낌이 들도록 깔끔함에 만전을 기해야 한다. 거실 슬리퍼도 준비한다. 여러 사람이 다녀가지만, 기본 생활하는 사람들의 공간과 분리해서 관리한다는 인상을 준다.

예비 입주자의 방문 일정도 타이트하게 잡는다. 내가 방을 보고 있는데 바로 이어서 다른 학생이 방을 보러 오면 '이 셰어하우스가 인기가 많은 곳이구나'라는 인상을 줄 수 있다. 바로 눈앞에 예비 계약자가 있으면 먼저 방문한 학생과 학부모가 계약하게 될 확률도 높아진다.

❻ 1년 장기 계약, 반갑기만 할까?

　먼 지역에서 오는 신입생의 경우, 학부모가 "장기 계약하면 혜택이 있나요?"라고 물을 때가 있다. 진짜 혜택을 바라서 하는 질문이라기보다 자녀가 여기저기 옮겨 다니지 않고 한 곳에서 안정된 생활을 하길 바라는 마음에서 하는 말일 것이다. 나도 처음에 계약한 학생들이 1년 장기 계약을 했었다. 1년간 월세 수입이 보장된다는 생각에 반갑고 감사한 마음으로 계약했다. 그러나 장기 계약한 3명 모두 중도 퇴실했다. 사유는 가지각색이었다. 그 학생들이 중도 퇴실한 후에 공실 기간이 1~2개월씩 있었다. 중도 퇴실하는 경우에는 보증금을 환불해 주지 않는다는 계약 조항이 있어서 금전적인 손해가 발생한 것은 아니었다. 다만 보증금을 환불해 주지 않는다는 계약 조건을 적용하는 건 초보 운영자로서 대단한 내공이 필요했다. 그래서 결론적으로 나는 장기 계약이 반갑지 않다. 계약서에 분명히 적어 놓고 도장까지 찍었는데도 중도 퇴실자들은 보증금을 환불해 주지 않는 것에 대해 불만을 표했다. 엄연한 계약인데 부동산을 통해서 계약하지 않았다는 것을 강조했다. 하지만 부동산보다 더 중요한 셰어하우스 주인(운영자)과의 계약이다. 그래서 나는 이것에 휩쓸리지 않았다.

　나는 입주자에게 6개월 단기 계약 후 계약 기간이 종료되기 전에 재계약하는 것을 추천한다. 재계약은 입주자와 운영자 사이에 서로 신뢰가 쌓여서 관계를 이어간다는 의미다. 재계약할 때 보증금과 월세를 올리지 않는 등 비용적인 면에서 혜택을 줄 수도 있다. 나는 초기에 시행착오를 겪었지만, 이후에는 1년 6개월씩 장기 계약하는 고마운 입주자를 만날 수 있었다.

❼ 입주 문의는 오는 대로 받으면 될까?

　지방에서 오는 학생과 학부모일 경우, 미리 인근의 몇몇 셰어하우스에 연락하고 오는 경우가 많다. 자녀 혼자만 보내지 않고 보호자인 학부모가 동행해서 함께 셰어하우스를 둘러보고 제일 적합한 곳으로 결정하려는 이유다. 미리 포털 사이트에서 검색하고, 여러 셰어하우스에 전화하여 사전 조사를 한 후에 방문하는 것이다. 그중 마음에 드는 곳이 있으면 먼저 계약하기도 하고, 연락했던 곳을 다 둘러본 후에 최종적으로 계약하기도 한다. 어떤 변수에서도 운영자는 내 셰어하우스를 노출해야 하고, 내 셰어하우스에 투어 신청한 고객은 약속을 지켜 줘야 한다. 간혹 일정을 정해서 약속하고 나도 시간을 비워서 인천까지 가서 기다리고 있는데 도중에 취소 연락을 해 오는 경우가 있다. 심지어는 시간이 지나도 약속 장소에 도착하지 않아 학생이나 학부모에게 연락하면 전화 연락을 안 받을 때도 있다. 이럴 때는 그들을 탓할 게 아니라, 내 시스템에 부족한 부분이 있다는 것을 반성해야 한다.

나는 이런 경험을 하고 난 뒤 '셰어하우스 투어 계약비'를 받고 있다. 셰어하우스 투어 계약비는 3만 원으로, 투어 일정을 정하면 3만 원을 입금해야 한다. 투어 계약비를 입금해야 약속한 날짜와 시간에 우리 셰어하우스를 보여 준다. 약속을 제대로 지키고 셰어하우스 투어를 하면 계약 여부에 상관없이 3만 원을 돌려주는데, 만약 입주 계약을 할 경우에는 월세에서 3만 원을 공제한다. 철저히 셰어하우스 투어 일정 약속을 지키는 비용이다. 당일에 갑자기 약속을 변경하거나 노쇼(No Show)가 되면 돌려주지 않는다. 최소한의 비용으로 약속과 내 시간과 기존 입주자들을 보호하는 장치다. 이렇게 투어 계약비로 받은 돈을 돌려주지 않은 적이 2번 있었는데 그 돈으로 셰어하우스 학생들에게 간식을 사 주거나 기프티콘을 선물하기도 했다.

❽ **셰어하우스 오픈 비용**(구매 리스트 첨부)

[클레오 셰어하우스 거실 전경]

셰어하우스 운영에 필요한 구매리스트는 최소한으로 정리했다. 물론 모든 가구와 가전, 집기를 새로 구매하는 것이 좋겠지만, 현재 집에서 사용하지 않는 물건 중에 갖고 올 만한 것이 있는지 확인해 보자. 사용하지 않고 멀쩡히 보관만 하는 물건들이 생각보다 집에 꽤 있다. 예를 들면 락앤락 용기, 쟁반, 접시, 물컵, 행주와 같은 소모품 말이다.

1호점의 총 오픈 비용 내역은 다음과 같다.

	구분	업체	상세내역	배송비	잔금	합계	결제수단	비고
1	부동산 중개비	똑순이 부동산			750,000	750,000	계좌이체	
2	가구, 가전	이케아 소모품	그릇, 옷걸이, 후라이팬 등		95,600	95,600	우리카드	
		중고나라	냉장고, 세탁기	50,000	800,000	850,000	계좌이체	
			1인용 쇼파 2개	55,000	150,000	205,000	계좌이체	
			이동식 화장대		15,000	15,000	계좌이체	
		한샘몰	싱글침대 4개		819,000	819,000	우리카드	6개월 할부
			책상의자 4개		338,000	338,000	우리카드	6개월 할부
		마켓비	책상 4개 (가로100/세로60)		340,000	340,000	우리카드	6개월 할부
			철제옷장, 스탠드, 서랍장		348,200	348,200	카카오페이	
		이케아	거실 테이블		650,000	650,000	우리카드	6개월 할부
			책상의자 3개 & 거실밴치		409,600	409,600	계좌이체	
		당근마켓	청소기		89,000	89,000	계좌이체	
			토스터, 락앤락 세트		50,000	50,000	계좌이체	
			냄비		40,000	40,000	계좌이체	
			주방도구 스툴		25,000	25,000	계좌이체	
			밥솥		30,000	30,000	계좌이체	
			욕실세제		13,000	13,000	계좌이체	
		지마켓	전자레인지		59,900	59,900	우리카드	일시불
			머그컵,수저세트, 도마, 칼		27,100	27,100	우리카드	일시불
			주방세제, 세탁세제, 다우니, 화장지		121,010	121,010	계좌이체	
			행주, 수세미, 고무장갑			0		
		쿠팡	식기건조대, 빨래건조대, 분리형 빨래바구니		62,120	62,120	계좌이체	
			실내화, 수납바구니, 세수대야, 방수용 침대커버 4개					
		하우스앱	거실스탠드		24,900	24,900	계좌이체	
			분리수거함		46,900	46,900	계좌이체	
			욕실화 2개		8,500	8,500	계좌이체	
			변기 클리너		39,000	39,000	계좌이체	
		인스타그램	화장실 청소키트		56,000	56,000	계좌이체	
		인테리어	거실 블라인드		250,000	250,000	계좌이체	
		쿠팡	암막커튼, 커튼봉		170,060	170,060	계좌이체	
			책상스탠드, 전구 구입		100,210	100,210	계좌이체	
		애니맨 어플	커튼달기		40,000	40,000	계좌이체	
						6,073,100		
3	마케팅 홍보비	디자인비	로고 디자인		30,000	30,000	계좌이체	미리 하길 잘함
		쉐하강의비	쉐어하우스 강의 수강료		390,000	390,000	계좌이체	마케팅 도움됨
		입주청소	숨고		250,000	250,000	계좌이체	만족하지 못함
		로고 스티커발주	지인부탁		20,000	20,000	계좌이체	쓸일이 없음
4	고정관리비	KT	인터넷		31,580	31,580	우리카드	3년 약정
		교원웰스	정수기		390,000	11,900	하나카드	5년 약정
		교원웰스	비데		250,000	21,900	하나카드	
5	집에서 가져온 물건	친정 기증품	커피머신, 쟁반, 벽걸이 TV					
6	임대차 계약시 할 일		관리비 중간정산, 도시가스 명의 변경, 전입신고 및 확정일자					

[클레오 셰어하우스 구매리스트]

    나의 첫 셰어하우스 오픈에 들어간 비용은 총 607만 원(2019년 기준)이다. 가구, 가전, 집기, 비품 물품 구매 비용과 부동산 중개 비용 등이다. 실제 현금으로 지출한 비용은 부동산 중개비 75만 원이다. 셰어하우스 강의료와 홍보비, 로고 작업비는 69만 원이다. 인터넷과 비데, 정수기 비용은 약정 계약이고, 월 65,380원씩 들어

간다. 그 외 항목들의 구매는 카드 결제도 가능하다. 현금으로 지불한 것과 카드로 지불한 것을 분류했다. 카드 값은 3개월 할부로 결제해서 오픈 첫해 상반기에 모두 결제했다. 인테리어, 공사 비용은 별도로 지출하지 않았다.

한달에 2시간 일하고 월 50만원 버는 시스템

　초보 운영자라도 입주 신청자에게 체계적으로 셰어하우스를 관리하고 있다는 인상을 주어야 한다. 입주 계약 초반의 이미지가 생활하는 기간 내내 이어진다. 그래서 생활 중에 발생하는 예기치 못한 문제를 해결하는 데 결정적인 영향을 준다.
　본격적으로 셰어하우스에 들어올 입주자를 구하는 방법과 셰어하우스 운영 사례를 소개해 보려고 한다.

▍셰어하우스 입주자 구하기
❶ 입주신청서 받기
　입주신청서는 네이버 폼 양식으로 만들면 편하다. 입주신청서를 블로그에 포스팅하고 URL을 올려 둔다. 전화나 문자로 입주 문의가 들어오면 입주신청서 URL을 문자 메시지로 보내 준다. 블로그에 입주신청서를 받는 이유 등을 상세하게 써 둔다. 셰어하우스의 운영 의지와 계획을 알리고 입주자를 선별해서 받는 것이 목적이다. 입주신청자가 네이버 폼 설문을 작성해서 보내 주면 확인할 수 있다. 이런 절차가 번거롭더라도 이렇게 입주신청서로 신청 받는 것이 훨씬 체계적으로 관리하는 인상을 준다. 만약 선착순처럼 입주 신청을 한다고 해서 아무나 받게 되면, 이

후에 예상하지 못한 문제에 당면했을 때 원론적으로 '내가 왜 이런 입주자를 받았지?' 하고 자책하게 된다. 입주신청서에는 개인 연락처, 소속, 우리 셰어하우스에 입주 신청하는 이유 등의 질문을 추가한다. 입주신청서는 일종의 서류 심사라고 생각하면 된다. 우리 셰어하우스에 꼭 들어오고 싶은 이유를 입주자가 스스로 생각하게 할 수 있다.

❷ **투어 일정 정하기**

운영 초반에는 당일에 갑자기 인근에서 연락한 사람들에게도 무리해서 빈방을 보여 주게 된다. 하루라도 빨리 공실을 없애고 싶고, 조건만 맞으면 계약을 하고 싶은 마음이 앞서기 때문이다. 그런데 경험상, 그렇게 즉흥적으로 보여 주더라도 계약까지 성사되는 확률이 낮았다. 그리고 그 당시 나는 회사에서 근무 중이어서 그 지역으로 갈 수 없었기 때문에 근처에 계신 친정 엄마에게 투어를 부탁하는 일이 잦았는데, 이 방법이 효과적이지 않다는 걸 결과로 확인하고 방법을 달리했다. 나는 입주신청서를 성의 있게 작성한 입주 신청자에게 연락해 투어 일정 약속을 잡는다. 그리고, 반드시 입주 투어 계약금을 받는다.

❸ **투어 계약금 받기**

입주 신청자에게 집을 보여 주는 것을 투어 또는 견학이라고 표현한다. 초기에는 투어 신청만 받아도 마치 계약을 하는 것 같은 기분이었다. 투어만 잘하면 계약을 할 수 있겠다 싶었다. 그렇지만, 이내 그 기대감은 실망감 또는 배신감으로 바뀌었다. 투어 신청자가 약속 시간에 안 나타나거나, 갑자기 잠수를 타 버리는 경우가 있었기 때문이다. 사전 연락도 없이 30분 이상 늦는 일도 있었다. 초반에는 이런 경우 때문에 하루 중 반나절이 날아간 적이 몇 번 있었다. 시간은 시간대로 아깝고, 만나지도 못한 그 누군가에게 배신감까지 느꼈다. 게다가 회사 일까지 미뤄 가며 연차를 사용해서 뺀 개인 시간이 그렇게 허무할 수가 없었다. 그래서 이런 일을 예방하기 위해 '투어 계약금'이라는 것을 받는다. 투어 계약금의 취지와 환불 기준도 블로그에 작성해 둔다. 입주 신청자에게 블로그 URL을 전달하고, 계약금 취지에 동의할 때만 투어 계약금을 보내라고 한다. 그리고 투어 계약금을 미리 계좌이체로 보낸 입주 신청자에게만 약속을 정하고, 셰어하우스를 보여 준다.

클레오 셰어하우스의 입주 투어 계약금 규정 사항
- 투어 계약금 입금 후 약속 펑크 시 환불해 드리지 않습니다.
- 운영자의 실수로 투어가 불가할 경우, 2배로 환불해 드립니다.
- 예정대로 투어가 진행될 경우, 투어 계약금 30,000원을 환불해 드립니다.

우리 셰어하우스에 꾸준히 관심을 갖고 있는 입주 신청자들은 흔쾌히 이 시스템에 따라와 준다. 정말 숙소를 정하는 게 절박한 사람, 우리 셰어하우스에 오려고 블로그에 업데이트되는 글을 꼼꼼하게 읽은 입주 신청자는 꼭 투어 계약금을 보낸다. 이런 시스템이 입주 신청자에게 체계적으로 관리 운영하는 인상을 준다. 사소하지만 이런 약속을 지키는 이미지는 끝까지 간다. 그동안 이 투어 계약금 시스템을 따른 입주자들은 다른 약속도, 공동생활 규칙도 잘 지켰다. 더불어, 월세와 관리비를 연체하지 않고 꼬박꼬박 잘 냈다. 1년 6개월째 잘 생활해 주는 현재 입주자들도 마찬가지다. 일일이 컨트롤하지 않아도 초기에 몇 가지 틀만 잡아 놓으면 그 안에서 상식적이고 합리적인 셰어하우스 생활이 가능하다. 그리고 입주자들이 공동 생활 매너규칙을 잘 지키고 잘 생활한다는 건 그만큼 운영자가 운영을 잘한다는 뜻이기도 하다.

❹ 셰어하우스 투어 진행하기

입주 신청자는 투어를 하며 실제로 생활하게 될 공간을 눈으로 확인한다. 운영자는 입주 신청자와 직접 만나서 얘기함으로써 신청자가 어떤 사람인지 파악한다. 입주 신청자가 집을 보는 건 5분도 안 걸린다. 개인 공간, 주방과 거실, 욕실, 다용도실과 수납장 등 비어 있는 공간을 보여 주는 것이기 때문에 간단하다. 그러나 셰어하우스 투어는 입주 신청자가 집을 보는 것만이 전부가 아니다. 집을 보기 위해 약속을 정하고, 투어 계약금을 받고, 직접 만나서 서로 궁금한 사항들을 질문하는 과정이다. 투어는 짧게는 10분, 계약까지 이루어지면 평균 30분 전후로 끝난다. 이 길지 않은 시간 동안 나는 운영자로서 입주 신청자가 우리 셰어하우스에서 다른 입주자들과 공동생활을 잘 할지 판단해야 한다. 점쟁이가 아닌 이상 첫 만남에 판단하기란 쉽지 않다. 그래도 그동안 10명 이상의 입주 신청자를 만난 경험과 다른 셰어하우스 운영자들의 경험을 통해 내 나름대로의 개인적인 통계를 가지게 되었다.

성공한 계약 사례

부모와 학생이 함께 투어하는 경우, 계약률은 95%다. 일부는 내가 거절한 적도 있다. 무리하게 월세를 깎거나 집은 마음에 드는데 학생이 친구와 함께 살고 싶어 하거나(그 당시 1인실만 공실이었다), 계약 기간을 3개월(학기 중)로 요구하는 경우였다. 명확한 이유가 있었음에도 입주를 거절하는 데는 꽤 큰 용기가 필요했다.

부모들은 깨끗한 집안 환경을 직접 눈으로 확인하면 신뢰한다. 그리고 내가 운영 규칙을 간단히 브리핑하면 긍정적인 눈빛과 표정을 보여 준다. 브리핑 내용은 대략 이렇다.

- 우리 셰어하우스는 여학생 전용이고, 외부인은 들어올 수 없다.
- 운영자가 월 2회 정기적으로 방문해 공용 공간을 청소한다. (다른 셰어하우스는 대부분 월 1회 방문하거나 청소 도우미를 고용한다.)
- 입주자들은 절대 금연이고, 개인 위생 상태도 청결해야 한다.
- 음식쓰레기를 방치해 벌레가 생기는 경우 그것을 해결하는 비용을 청구한다.
- 입주자가 위 항목을 지키지 않을 경우, 또는 월세를 2개월 이상 연체할 경우 계약이 중도 해지된다. (학기 중이라도 중도에 퇴실해야 한다.)
- 비상 연락처가 변경되면 일주일 이내에 운영자에게 알려야 한다.

실패한 계약 사례

부모님의 동행 없이 혼자 오는 신입생의 경우다. 운영 초기엔 부모님이 맞벌이라면 그럴 수도 있다고 생각했다. (되도록 계약을 받기 위해 좋게 생각하게 된다.) 자립심이 강하다고 생각하고 계약까지 완료했다. 그러나 이후 생활에 문제가 생겨서 개인적으로 연락해 문제 내용을 전달해도 개선되지 않았다. 결국 부모님과 통화하려고 비상 연락처로 연락했는데 전혀 다른 번호였다. 자세한 내막도 알고 싶지 않을 정도로 자기 마음대로였던 그 학생은 결국 월세가 연체되어 중도 퇴실했다.

여성 전용 셰어하우스의 운영 기준은 대부분 비슷하다. 그렇더라도 학부모들이 모든 셰어하우스를 다 투어 하는 건 아니다. 이런 내용을 온라인으로 확인하는 것과 오프라인에서 직접 운영자에게 듣는 것은 하늘과 땅 차이다. 따라서 셰어하우스의 운영 기준을 입주자와 학부모에게 명확하게 안내한다. 그러면 학부모는 내 딸이 학교 다니는 동안 여기에서 생활했으면 하는 마음이 생긴다. (이것은 나의 개인 생각이 아니라 우리 셰어하우스에 계약한 학부모들의 공통된 이야기다.)

졸업반인 경우, 혼자 투어하러 오는 입주 신청자도 계약률이 높다. 운영자가 블로그에 공지한 내용을 꼼꼼히 읽어 본 경우다. 재학생이거나 고학년인 경우 혼자 오더라도 신입생보다 말이 잘 통하고 사회성도 높은 편이다.

개인적으로 기숙사 생활을 해 본 입주자는 환영하는 편이다. 기숙사 생활 경험이 있는 학생은 기본적인 공동생활을 해 봤기 때문에 학생들 간의 마찰이 적다. 마찰이 생기더라도 해결하고, 서로 배려하는 태도를 보여 준다. 또 기숙사에 비해 자유롭고 개인 공간이 확보되기 때문에 입주자의 셰어하우스에 대한 만족도도 높은 편이다.

당일에 급하게 투어 신청하고 계약까지 하는 경우

운영자에게 공실은 피하고 싶은 상황이다. 이 또한 계약을 우선으로 생각해 전혀 예상하지 못한 경우다. 한 번은 지방에서 올라오는 입주자의 입장을 고려해 입주자의 일정대로 투어와 입주 계약, 입실을 진행했다. 그리고 3개월 정도 지났을 때 그 입주자가 본인 입장과 스케줄 위주로 일을 처리하는 타입임을 알았다. 이런 경우에는 보통 운영자도 운영자지만 함께 생활하는 학생과의 소통도 원활하지 않다. 역시나 그 입주자는 다른 학생들과 좋은 관계를 맺지 못했고, 공실 문제와 수익을 해결하기 위해 받은 입주자로만 느껴져서 나는 다른 학생들에게 미안했다.

지나치게 질문이 많은 경우

셰어하우스에서 생활하는 동안 질문과 요구 사항이 과하게 많았던 입주자가 있었다. 운영 초기엔 우리 셰어하우스의 안정적인 정착을 위해 적극적으로 얘기해 주는 거라고 최대한 좋게 생각했다. 그러나 그 입주자의 생활과 메시지 기록, 퇴실 과정을 생각해 보니 즉흥적인 질문이나 요구는 그냥 습관이었던 것으로 결론을 내렸다. 그리고 함께 생활하면서 친해진 입주자들과 의견을 모아 더 강력하게 요구했다. 하지만 그런 요구들은 결코 운영자의 입장을 고려하거나 셰어하우스의 안정적인 정착 따위를 걱정한 것이 아니었다.

❺ 입주계약서 작성하기

셰어하우스 투어를 진행하고 상호 간에 조건이 맞을 경우 바로 계약을 진행한다. 더 알아보고 다시 연락하겠다고 하고 돌아간 뒤 계약하고 싶다고 연락을 해 오기도 한다. 이런 경우에는 계약서를 작성하기 전까지 입주 신청을 보호하기 위해 소정의 계약금을 받는다. 계약금은 보증금으로 받는다. 보증금을 미리 보내면, 계약서는 입주 전 혹은 입주일에 다시 만나서 작성한다.

계약금을 5~10만 원 정도의 소액으로 받으면 계약을 취소하는 경우가 빈번하다. 투어에서 서로의 조건과 성향 파악이 잘 되었고, 운영자도 이 입주 신청자와 꼭 계약하길 바란다면 계약을 확정하기 위해서라도 계약금은 꼭 받아 두는 것이 좋다. 나는 3개월치 월세, 즉 보증금을 계약금으로 받는다. 보증금이 100만 원이 넘는 목돈이기 때문에 쉽게 계약을 취소하지 않는다.

계약서 작성 시에는 부동산 임대차 계약과 같이 계약 내용을 모두 읽어 가며 진행한다. 이때 계약자는 부모님이 아닌 학생이다. 따라서 생활 수칙, 월세, 보증금 등 중요 사항을 입주자가 모두 인지하도록 정확히 전달하는 게 중요하다. 그 외에 생활하면서 문제가 발생할 소지가 있는 내용을 입주 계약 시에 언급하고, 상호 협의하는 것이 효과적이다. 또 미리 언급하지 않은 부분에서 갈등이 생길 것에 대비해 서로 절충안을 만들어 간다는 문구를 계약서에 넣는 것도 좋다.

그리고 입주자 본인의 신분증과 주민등록등본(주소 확인용)을 받아 두는 것을 추천한다. 임대차 계약 시 부동산을 거치지 않고 운영자와 입주자가 직접 계약을 하는 경우가 대부분이다. 이때 신분 확인을 하지 않아서 추후 계약상의 문제가 생기는 경우, 학생과 해결이 안 되면 학부모와 연락해야 할 일이 생긴다. 문제가 생겼을 때 학생이 연락을 의도적으로 피하는 경우가 있기 때문이다. 이에 대비해 보호자의 연락처와 본가 주소를 확인해 놓는 것이 문제 해결에 도움이 된다.

> **Tip 입주자 입실 시 안내해야 할 내용**
>
> 입주자가 셰어하우스에 입주하는 첫날 집에 아무도 없다면 친절한 안내서가 필요하다. 입주자에게 다음과 같은 사항들을 정리해서 보내 주면 도움이 된다.
>
> - 공동현관, 도어락 비밀번호
> - 와이파이 비밀번호
> - 운영자 연락처
> - 보일러 전원 스위치 및 주의 사항
> - 가스차단기 위치 및 주의 사항
> - 쓰레기 배출 시 주의 사항

❻ 셰어하우스 입주자를 위한 오리엔테이션

입주 계약을 한 입주자에게 어떤 교육을 해야 할까? 여기가 무슨 학교도 아니고 교육이 왜 필요한지 의아하다면 아무런 준비물도 없이 여행을 떠난 상황을 생각해 보자. 내가 말하는 교육은 운영자의 일방적인 전달이 아니다. 셰어하우스에서 생활하는 기간 동안 운영자와 입주자 간의, 또는 입주자들 간의 원활한 커뮤니케이션과 운영을 위한 안내다. 입주자가 계약 기간 동안 이 셰어하우스에서 편안하고 만족스러운 생활을 할 수 있도록 안내하는 나침반 역할을 하는 것이다.

보일러 사용법, 현관문 도어락 비밀번호, 쓰레기 배출 방법 등 기본 사항부터 공용 공간 청소 당번, 사용 수칙까지 셰어하우스 운영자가 복합생활공간에 대한 교육을 제대로 하지 않으면 입주자들이 혼란스러울 수 있다. 따라서 이런 내용을 미리 안내해서 입주자들의 적응 시간을 단축하는 것이 목적이다. 만약 이런 교육이 진행되지 않으면 기존 세입자들과 마찰, 갈등, 오해가 생길 확률이 높다. 입주자들 간에 오해나 문제가 발생하면 극단적으로 중도 퇴실하는 입주자가 나오기도 한다. 입주 전 1시간 이내의 간단한 오리엔테이션을 하면 일어나지 않을 일이다. 한마디로 호미로 막을 것을 가래로 막는 일이다.

스티븐 코비의 《성공하는 사람들의 7가지 습관》에 나오는 한 부분을 소개한다. 성공하는 사람들의 세 번째 습관으로, 소중한 것을 먼저 하는 습관이다. 이는 우선순위에 집중하라는 뜻이다. 책에서는 '긴급도'와 '중요도'에 따라 일의 우선순위를 다음과 같이 구분한다.

	긴급함	긴급하지 않음
중요함	위기 급박한 문제 기간이 정해진 프로젝트 ①	예방, 생산능력 활동 인간관계 구축 새로운 기회 발굴 중장기 계획, 오락 ②
중요하지 않음	일부 전화, 우편물, 보고서 일부 회의 눈앞의 급박한 상황 인기 있는 활동 작업 흐름을 방해하는 사소한 일 ③	바쁜 일, 하찮은 일 일부 우편물 일부 전화 시간 낭비 거리 즐거운 활동 ④

[시간 관리 매트릭스] 스티븐 코디, 《성공하는 사람들의 7가지 습관》, 김영사, 2017년

《성공하는 사람들의 7가지 습관》에서는 ②의 일을 하기 위한 루틴을 강조하고 있다. ②의 일에 대표적으로 해당하는 것이 '청소'다. 긴급하진 않지만 중요한 일이다. ②의 일을 평상시에 루틴으로 해 두면 큰 시간과 비용이 들지 않는다. 그만큼 투자 인풋 대비 아웃풋이 나오는 항목이다. 반대로 인풋이 없다면 아웃풋이 없고, 망하는 것은 너무나 자연스러운 일이다.

입주자 교육에는 생활 청소도 포함되어 있다. 셰어하우스가 일반 원룸, 오피스텔과 가장 차별화되는 점은 운영자가 정기적으로 셰어하우스를 관리한다는 것이다. 운영자는 셰어하우스 입주자들이 편하게 생활하도록 에어컨, 세탁기, 냉장고 등의 가전제품과 시설을 확인하고 욕실과 주방 등 공용 공간을 청소한다. 일반 원룸이나 오피스텔에서는 제공하지 않는 서비스다. 따라서 입주자들도 기본적인 생활에서 지켜 줘야 하는 사항이 있고, 운영자가 정기 관리를 수월히 할 수 있도록 협조해야 한다.

예를 들어, 화장실 배수구가 막혀서 물이 내려가지 않으면 하수구 뚫는 기술자를 불러야 한다. 이때 출장 오는 기술자들의 평균 일당이 10만 원이다. 입주자들이 배수구에 쌓인 머리카락을 그때그때 치우면 이런 비용은 들지 않을 것이다. 차라리 그 비용으로 셰어하우스 입주자들에게 간식을 사 준다면 그들이 느끼는 만족도가 더 클 것이다.

간단하고 사소한 습관에 대한 교육도 필요하다. 평균 4~6명 정도의 인원이 모여 살다 보면 각자의 습관으로 인해 자기도 모르게 불편을 끼칠 수 있다. 예를 들어, 식사하면 설거지를 바로 해 놓는 것이 원칙이다. 그런데 '나는 오늘 계속 집에 있을 거니까 이따 저녁까지 먹고 한 번에 설거지해야지'라고 생각하고 설거지를 미루면 어떻게 될까? 그 사이 다른 입주자가 주방을 사용하는데 너저분한 그릇들이 설거지 통에 쌓여 있다면? 불쾌하고, 덩달아 주방이 지저분해지는 건 당연하다. 가족들 사이에서도 그런 마찰이 빈번한데, 가족이 아닌 남에게 지적하는 건 더더욱 쉽지 않은 상황이다. 이런 사례를 들어 입주 전에 사전 오리엔테이션을 진행하면 입주자들 간의 마찰을 대부분 줄일 수 있다.

❼ 오리엔테이션 진행 방법

중요 사항을 인쇄물로 준비해서 입주계약서 작성 시 전달한다

인쇄물을 읽어 보게 하고 대표적인 사례 2~3가지(공동생활 매너, 강제 퇴실 사유)를 핵심적으로 전달한다. 학부모도 동행한 경우, 집에 돌아가서 부모님과 함께 내용을 한 번 더 숙지해 달라고 언급한다. 입주자가 새로운 조직에 합류하는 신입의 마음가짐을 가질 수 있도록 보호자도 도와야 한다. 오리엔테이션 사항을 알고 입주하는 경우와 그렇지 않은 경우의 문제 발생 빈도나 해결 과정이 전혀 다르다.

사전 오리엔테이션을 못한 경우 티타임을 갖는다

입주 일주일 이내에 신규 입주자와 약속을 정해 셰어하우스에서 티타임을 가지면서 셰어하우스의 생활 규칙과 세탁기, 건조기, 청소기 등 기계 작동법을 알려 준다. 쓰레기 분리수거와 음식물 쓰레기를 모아 두는 방법 등도 언급해 주는 것이 좋다. 공식적으로 이런 시간을 갖는 것은 셰어하우스 생활 중에 발생할 수 있는 예상치 못한 문제와 갈등을 해결하는 열쇠가 된다. 입주 초기에 가진 티타임에서 언급했던 얘기와 연계해서 부연 설명하며 문제 해결의 실마리를 얻을 확률이 높아진다.

주의 사항과 생활 규칙은 이메일로 보낸다

입주신청서를 받을 때 입주자의 이메일 주소를 함께 받아 놓는 것이 좋다. 입주자들이 카톡이나 전화보다 이메일을 무게감 있게 받아들이는 경향이 있고, 증거가 남는다. 추후에 이런 내용을 못 들었다든지, 알려 주지 않아서 몰랐다는 컴플레인을 예방하는 방법이다.

❽ **70년대생 운영자가 90년대생 고객에게 한 황당한 실수**

지금보다 개인 정보에 대한 인식이 약했을 때의 일이다. 당시 나는 1년 차 초보 운영자였기 때문에 의욕이 매우 앞섰고, 매일 셰어하우스 블로그에 어떤 글을 쓸지 고민하던 시기였다. 나는 블로그에 학생들의 전공과 학년을 언급하면서 우리 셰어하우스에서 인하대학교, 인하공업전문대학교 여학생들이 잘 생활하고 있다는 내용으로 글을 썼다. 그리고 입주 환영회라고 해서 네 명의 학생들과 함께 모여 식사 자리를 마련한 적이 있었다. 우리 셰어하우스에 입주해 준 것에 대한 고마움의 표현이었다. 그리고 셰어하우스 블로그에 홍보할 글감도 되었다. 그래서 그날 먹은 음식 사진과 입주자들과 찍은 사진을 모자이크 처리하지 않고 그대로 올렸다. 현실감을 살리고 싶었던 것뿐이었다.

입주 학생들이 연이어 나에게 컴플레인하기 시작했다. 본인들의 사생활이 노출되었다는 것이다. 당시 나는 그런 것에 예민하게 구는 학생들의 행동이 당황스러웠다. 그러나 그때를 생각하며 이 글을 쓰고 있는 지금은 그때 내가 잘못 판단했음을 안다. 당시에는 당황스러웠지만, 입주자들은 고객이고 고객들이 불쾌하게 생각하는 것은 사과하고 조치를 취해야 한다는 생각으로 입주자들에게 단체 메일을 보냈다. 단톡방을 통해서 사과할 수도 있었지만, 단톡방은 중요한 내용의 무게감이 떨어지는 것 같아서 아래와 같은 메일을 보냈다. 이 일을 경험한 이후로 새로 입주하는 학생들에게도 같은 내용을 고지하고 있다.

초고 운영자로 의욕이 넘쳐 실수를 하긴 했지만, 나는 문제를 해결하는 데에만 급급하지 않았다. 입주자들을 통해서 변해 가는 사회 분위기를 배웠고, 이후에도 같은 문제가 재발하지 않도록 운영 체계에 접목했다. 다음은 내가 당시 입주자들에게 보낸 메일 전문이다.

안녕하세요? 클레오 셰어하우스 운영자 클레오입니다.

우선, 이렇게 입주자들께 메일로 연락 드리게 되어 반갑습니다. 제가 셰어하우스를 운영한 지 이제 2개월 차네요. 셰어하우스 운영에 큰 도움을 주신 여러분들 감사드립니다. 제가 마음과 열정이 더 앞선 상태라 제가 혼자 생각하고 판단하고 처리하는 일들 중 잘하는 것도, 부족한 것도 있을 겁니다.

셰어하우스 운영과 서비스에 대한 여러분들의 피드백과 의견이 제게 큰 도움이 됩니다. 앞으로 클레오 셰어하우스의 고객으로서 여러분들이 틈틈이 주시는 의견을 경청하고 귀 기울이겠습니다. 더불어, 지난주에 연락 주신 것처럼 여러분들의 개인 신상이나 얼굴 등이 노출되지 않도록 더욱 신경 쓰겠습니다.

이런 전달 사항을 공지하는 가장 큰 이유는 현재 생활하고 있는 클레오 셰어하우스 입주자들의 개인 정보 보호와 생활의 편의성 때문입니다. 이것은 기본적이지만 매우 중요한 내용입니다. 말 안 해도 알아주겠거니 하고 암묵적으로 운영하면 추후에 본의 아니게 오해와 불신이 생길 수 있다는 걱정이 되었습니다. 그래서 운영자와 입주자 간의 신뢰를 쌓는다는 생각으로 다시 한번 저의 블로그 운영 계획과 방침을 정리해 이를 여러분께도 공유하게 되었습니다.

여러분들이 클레오 셰어하우스를 알고 함께하게 된 경로도 블로그를 통해서라고 알고 있습니다. 그래서 저에게 네이버 블로그는 매우 중요한 도구입니다. 여러분들이 입주하기 전에 블로그에서 꼼꼼히 살펴보신 내용으로 제게 질문하실 때 왠지 모를 성취감을 느꼈고 더 신경 써서 운영해야겠다는 책임감이 생겼습니다.

한쪽이 다른 한쪽을 무조건적으로 짝사랑하는 관계가 아닌 서로 신뢰하고, 배려하고, 이해하는 운영자와 입주자 관계가 되었으면 합니다. 저 또한, 현재 클레오 셰어하우스에서 생활하고 계신 여러분들의 입장과 상황을 우선으로 배려하며 운영하겠습니다.

여러분에게 전달해 드리는 블로그 포스팅 관련 공지사항입니다.

1. 블로그 포스팅 목적
    1) 클레오 셰어하우스 홍보
    2) 셰어하우스 운영상의 중요 기록
    3) 공실 발생 시 입주자 모집 공고

2. 블로그 포스팅 주요 내용
    1) 셰어하우스 운영 이슈 공지
    2) 셰어하우스 운영 및 관리 상세 내용
    3) 셰어하우스 운영자의 운영 방침 및 철학 공유
    4) 셰어하우스 입주자 모집 공지

3. 블로그 운영 계획
    ★ 운영자로서 현재 거주하는 입주자를 최우선으로 배려합니다 ★
    1) 호점별 시설 및 변경 사항 공지
    2) 셰어하우스 운영상 이슈 공지
        (시설 변경 및 관리 내용, 월세 변경, 기간 한정 이벤트, 서비스 운영 관련 내용 등)
    3) 입주자 개인 신상 노출 금지
        (단, 셰어하우스 내부 공용 공간 사진 촬영 시 개인 물품이 일부 노출될 수 있습니다.)
    4) 운영자와 입주자가 주고받은 키톡 및 글 일부 캡쳐 가능
        (입주자의 카톡 프로필, 실명 등 개인 정보가 노출되지 않도록 중요 사항들은 지웁니다.)
    5) 운영자 입장에서 클레오 셰어하우스를 홍보하는 도구로 활용할 계획

긴 글 읽어 주셔서 감사드립니다. 아침저녁으로 쌀쌀한 환절기에 건강 유의하시고, 행복한 봄 지내시기 바랍니다.

❾ **퇴실자 관리하기**

　셰어하우스 입주자가 계약 종료로 퇴실할 때 시간이 맞지 않으면 직접 가서 보기 어려운 경우가 생긴다. 그럴 때는 미리 그전 정기 방문 때 인사하고, 마지막 날까지 잘 지내다 가라고 인사한다.

퇴실 전날 미리 인사하고 물건 정리 및 청소를 부탁하는 카톡을 보낸다
[예시] "OO씨, 내일이 퇴실하는 날이지요? 6개월 동안 우리 셰어하우스에서 잘 지내 줘서 고마워요. 휴학하는 건 아쉽지만, 타이밍이 맞는다면 복학할 때 다시 만나길 바라요. 퇴실하시면서 물건 정리와 퇴실 청소도 부탁드려요. 마지막에 방 정리하신 사진 한 장만 보내 주시면 돼요." (계약서에도 해당 내용 표기하고, 계약 시 언급했던 내용 환기하기)

입주자와의 관계가 좋았다면 후기를 요청한다
[예시] "OO씨, 뒷마무리까지 깨끗하게 해 주신 점 고마워요. 혹시 가능하시면, 우리 셰어하우스 후기를 남겨 주실 수 있을까요? '룸앤스페이스'라는 사이트는 회원 가입 없이 후기 작성할 수 있거든요. 바쁘면 괜찮고요. 혹시 후기 남기게 되면 캡처해서 저한테 보내 주세요. 저도 따뜻한 마음에 보답해서 커피 쿠폰 보내 드릴게요."

보증금은 칼같이 먼저 연락해서 돌려준다
　입주자가 기다리다가 먼저 연락하지 않도록 보증금 보낼 날짜를 알려 주고 약속한 날짜에 환급해 준다. 마지막까지 깔끔하게 마무리하여 신뢰감을 주는 것이다.
　셰어하우스 운영은 사람의 생활과 아주 밀접한 관련이 있다. 그래서 기본에 예민하게 반응하고, 기본기가 잘 지켜졌을 때 상식적인 선에서 입주자와의 원만한 계약 관계를 유지할 수 있다. 끝을 생각하고 시작하는 마인드라면 과정이 약간 험난

하더라도 서로 상생할 수 있다. 모든 입주자가 운영자 마음처럼 100% 올바르게 생활해 주고 가는 것은 아니다. 하지만 그 만족도를 높이는 것을 목표로 운영해야 실제로 입주자들의 만족도가 높아지고, 마지막에 퇴실할 때에도 좋은 마음으로 헤어질 수 있을 것이다.

❿ 셰어하우스로 돈 벌기 전에 생각해야 할 것

셰어하우스 운영자들의 커뮤니티가 있다. 그곳에서 셰어하우스 운영과 관련된 고민이나 질문을 하면, 그 안에서 경험이 있거나 의견이 있는 사람들이 대답해 주는 방식으로 소통한다. 예를 들면 "계약 기간이 3개월이나 남은 입주자가 중도 퇴실한다고 합니다. 학생이 이렇게 카톡을 보내 왔어요. 이럴 때 어쩌나요?"와 같은 질문이 올라온다. 이 질문의 정답은 '계약서에 명시한 대로 위약금 내고 중도 퇴실하게 한다'이다. 그런데 이상하게도 셰어하우스 입주자 중에는 계약을 계약으로 보지 않고, 위약금을 내지 않겠다고 하는 경우가 종종 있다. 이럴 때 단번에 정리하지 못하고 어떻게 처리해야 하냐고 커뮤니티에 묻는 것을 보면 아쉬울 때가 있다. 물론, 방법을 몰라서 묻는 것이 아니라 당황스럽고 답답하니 공감해 달라는 의미일 것이다. 부동산 중개인을 거치지 않고 입주자와 계약하기 때문에 입주자들이 약간의 억지를 부릴 때가 있고, 셰어하우스 운영자들은 계약에 근거해서 딱 부러지게 말하지 못하는 경향이 있다. 하지만 내가 정직하고 합리적인 기준을 세워 두면 그 누가 소리 지르고 위협을 해도 흔들리지 않을 수 있다. 일반 원룸 임대와 다르게 침대 개수대로 월세를 더 받을 수 있다는 장점만 보고 시작해서는 안 된다. 입주자 관리, 정확한 계약 관리, 정기적이고 주도적인 셰어하우스 관리 등이 미흡하면 적반하장으로 큰 소리치는 사람들에게 휘둘릴 수밖에 없다.

셰어하우스에 대한 구체적인 법령은 2021년 4월 현재 없는 상태이며, 임대차 계약만 임대차보호법을 따르고 있다. 이것을 가지고 법제화를 운운하기 전에, 과연 나는 셰어하우스 운영을 위해 얼마나 많은 고민과 실행과 노력을 하고 있는지 운영자 마인드를 먼저 점검해 보길 바란다. 셰어하우스 운영자가 업에 대한 자부심, 책임감, 성취감이 있어야 업무의 완성도가 높아진다.

요즘 부동산 가격이 미쳤다고 표현할 정도다. 고용, 경제, 사회가 모두 불안하지만, 그중에서도 인간의 기본 생활에 가장 중요한 주거 문제가 안정되길 간절히 바란다. 특히, 먼 곳으로 공부하러 오는 학생들이 집 걱정 없이 학업에 전념할 수 있으면 좋겠다. 더불어 부모님들은 먼 곳으로 유학 보낸 자식들 걱정을 조금 덜 했으면 좋겠다. 나는 회사 밖에서 돈 벌기 위해 사이드 잡으로 선택한 일이지만, 청년과 취약계층의 현실적인 주거 대안에 일조한다는 사명감으로 셰어하우스를 운영하고 있다. 셰어하우스라는 주거 형태가 수요자들에게도 안정적이고, 신뢰할 수 있는 주거 대안으로 정착되면 좋겠다. 필요한 이에게 적절한 주거 환경이 된다면 그 의미로도 내 사이드 잡은 충분히 가치 있는 일이 될 것이다.

에필로그

    나는 직장을 다니면서 사이드 잡으로 셰어하우스를 운영하는 내 삶에 만족한다. 부동산 투자를 배워서 실전에 활용하고 싶었지만, 목돈이 부족했고 공부도 부족했다. 무엇보다 부동산 투자에 대한 남편의 반대가 심했다. 남편이 반대하더라도 내가 고집을 부려서 부동산 투자 공부를 해도 되지만, 그런 식으로 배우자와의 갈등을 만들고 싶지는 않았다. 현실을 탓하는 것은 내 적성과는 맞지 않는다. 소액이지만 내가 감당할 수 있는 만큼 대출받아서 나만의 작은 현금 흐름을 만든 것에서 가능성을 보았다. 생전 안 해 본 블로그를 만들고, 글을 쓰고, 홍보하는 일은 신선하고 재미있었다. 물론 그 이상의 스트레스가 동반된다. 남의 돈 벌기가 어디 쉬운가!

    하지만 셰어하우스라는 사이드 잡을 통해 나는 회사 밖에서 수입을 만든 것은 물론이고, 셰어하우스를 2~3채 더 운영할 자신감도 얻었다. 그러나 계속해서 마이너스 통장 대출을 받을 수는 없기 때문에 우선 숨 고르기 중이다. 목돈 모으기 목표를 세우고, 그 목표를 달성하기 위해서 푼돈을 아끼면서 셰어하우스의 수익으로 종잣돈을 모으고 있다. 셰어하우스 운영을 통해 긍정적인 마인드와 실행력으로 돈을 버는 방법을 하나씩 터득하고 있다. 이 일이 게임을 하는 것처럼 재밌고 성취감을 느낄 수 있어 매력적이다.

    대학 때 시작한 아르바이트부터 지금까지 20년이 넘는 시간 동안 직장 생활에서 얻는 근로소득에 전적으로 의지했다. 물론 결혼과 출산 이후로 육아의 책임 때문에 직장을 다니고 싶어도 못 다니는 분들에 비하면, 나도 고충은 있었지만, 결과적으로 경력을 이어 왔다는 것만으로도 감사할 일이다. 그렇지만 경력을 이어 온 나도 언제까지 안정적인 직장 생활을 할 수 있을지는 그 누구도 모른다.

    우리나라의 교육 자체가 학교에서 가르치는 국어, 영어, 수학을 기준으로 수업을 잘 알아듣고 이해하는 사람으로 만들어 내는 시스템이다. 학교를 졸업하고 사회생활을 시작할 때 이미 시스템화되어 있는 조직에서 말귀를 잘 알아듣고, 순종적인 조직원의 역할을 잘하라고 공부를 강조하는 것은 아닐까? 20대 신입 직원, 30대 중 고참 직원, 40대 관리자급 간부의 직장생활 주기를 옆에서 지켜보며 스스로 답을 찾았다. 왜 학교에서 밥벌이하는 데 하등 쓸모없는 미적분을 그렇게 열심히 풀게 했는지 말이다. 어려운 문제일수록 잘 배워서 시험을 잘 보려고 노력하는 아이들에게는 공부거리가 되고, 시험 결과에 따라 대학이 달라지고, 대학에 따라 진로가 정해지니 '대한민국에서 성공하려면 공부를 열심히 해야 한다'는 공식이 정해진 건 아니었을까? 공식에 맞는 인생을 사는 사람도 있고, 공식과는 반대의 인생을 사는 사람도 있는 걸 보면 학교에서 배운 게 전부는 아닌 것만은 확실하다.

중간고사와 기말고사, 입시 평가 등 단편적인 점수 기준으로만 성공의 서열을 정하는 우리나라 교육시스템을 부정하려는 것은 아니다. 다만 마흔이 넘도록 학생, 직장인, 엄마로 모두 살아 보니 성인이라면 경제적 능력을 갖춰야 한다는 것을 깨달았다. 그리고 경제적 능력은 회사에 다니는 것만으로는 만들 수 없다는 것을 알았다. 그런 상황을 직접 마주하고 나서야 나의 상태를 파악했다. 미리 알았더라면 인생에 대한 내 태도가 달라졌을까? 이 또한 장담할 수는 없다. 내가 직접 경험한 것만 믿는다는 고집스러운 내 성격 때문이다.

우리 인생의 매시간이 첫 경험이다. 고3 생활도, 대학생활도, 첫 직장 생활도, 결혼도, 출산도, 육아도 그렇다. 어느 집안의 며느리가 되어 그 집안의 경조사를 챙기는 일도 그렇다. 모두 '처음'이 있었다. 이 모든 과정에서 주변 사람과의 조율, 경제적 여유가 필요하다는 것을 미리 알았더라면, 경제 생활의 시행착오를 좀 덜 겪었을까?

우리 인생에서 갈등이나 문제는 대부분 경제적인 이유로 발생한다. 그래서 내 가정을 꾸려 열심히 바르게 살기 위해서는 경제적인 능력이 있어야 한다. 그렇다고 해서 모든 사람이 돈을 벌겠다고 부동산 투자를 할 수는 없으므로 각자 자기 상황에 맞는 방법으로 직업을 선택하고, 사이드 잡을 하기도 한다. 내가 이 책에서 가정을 잘 유지하고 가족과 행복하기 위해서 열심히 사는 엄마들에게 말하고 싶었던 것은, 스스로 돈을 버는 사이드 잡에 도전해 보라는 것이다. 회사나 남편의 월급에 의존하지 않고 나 스스로 돈을 버는 시스템을 만드는 것. 이거 하나만 성공해도 또 다른 도전을 할 자신감이 생긴다. 그런 도전과 자신감이 내 경제적 능력을 만드는 큰 동력이 된다는 것을 말하고 싶다.

누군가 응원하는 이가 없으면, 내가 무엇을 하든 말리는 사람도 없다. 혹여라도 말리는 누군가가 있다면, 가뿐하게 무시해라. 나에게 어떤 도움도 안 주는 사람들이 주변에서 걱정한답시고 말리면 그건 도리어 내 에너지를 빼앗아 가는 것이다. 나를 응원하고 지지하는 것은 나 자신이면 충분하다. 이 책을 읽고 온라인에서 단 10만 원이라도 벌기 위해 도전하고 노력한다면 1년 후의 당신은 지금보다 더 나은 인생을 살고 있을 것이다. 나 스스로 돈 벌기, 당신의 도전을 응원한다.

엄마테크,
돈 잘 버는 엄마들의 온라인 출근 로드

SNS, 네이버카페, 유튜브, 디자인툴, 공방, 셰어하우스로 수익 창출하기

초판 1쇄 발행 2021년 10월 29일

지은이 | 강민영, 박지숙, 안지희, 윤소영, 조여정, 허지영
펴낸이 | 김범준
기획·책임편집 | 권혜수, 김수민, 오소람
교정교열 | 한이슬
편집·표지디자인 | Aapaper

발행처 | 비제이퍼블릭
출판신고 | 2009년 05월 01일 제300-2009-38호
주소 | 서울시 중구 청계천로 100 시그니처타워 서관 10층 1011호
주문·문의 | 02-739-0739   팩스 | 02-6442-0739
홈페이지 | http://www.bjpublic.co.kr   이메일 | bjpublic@bjpublic.co.kr

가격 22,000원
ISBN 979-11-6592-101-9
한국어판 © 2021 비제이퍼블릭

이 책은 저작권법에 따라 보호받는 저작물이므로 무단 전재와 무단 복제를 금지하며,
내용의 전부 또는 일부를 이용하려면 반드시 저작권자와 비제이퍼블릭의 서면 동의를 받아야 합니다.

잘못된 책은 구입하신 서점에서 교환해드립니다.